MERIDIANE

Aus aller Welt

Band 74

Stefan Weidner

Mohammedanische Versuchungen

Ein erzählter Essay

Ammann Verlag

Der Autor dankt der Stiftung Niedersachsen, die die Arbeit
an diesem Buch im Rahmen ihres Autoren-Förderprogramms 2004
mit einem Stipendium unterstützt hat.

Erste Auflage

Homepage: www.ammann.ch

Satz: Gaby Michel, Hamburg
Druck und Bindung: Clausen & Bosse, Leck
ISBN 3-250-60074-1

Das Mögliche hat einen Geschmack im Sein
Ibn Arabi

Sommer 1985: Tunis und Sousse

Das Koranexemplar, in das er sich verguckt hatte, kostete fünf tunesische Dinar. Das waren damals, Mitte der achtziger Jahre, zwanzig D-Mark, für ihn viel Geld. Nachdem er das Schiffsticket für die Überfahrt von La Goulette, dem Hafen der tunesischen Hauptstadt, nach Genua gekauft hatte, blieben ihm sechzig Mark übrig. Erstand er diesen Koran, mußte er fünf Tage lang, bis die Fähre ablegte, mit vierzig Mark auskommen. Auf dem Schiff würde es Frühstück und Abendessen geben wie in einem Hotel mit Halbpension. Er brauchte dann also nichts mehr. Von Genua könnte er nach Hause trampen, die Verpflegung würde er sich auf dem Schiff zusammensparen, und mit ein bißchen Glück würde er bereits auf der Fähre jemanden finden, der ihn in die Bundesrepublik, vielleicht sogar bis nach Köln mitnähme.

Tunesien war nicht teurer als Algerien oder Marokko, wo er die Wochen zuvor verbracht hatte. Ein Bett in einem Hotelzimmer, das man mit anderen teilte, bekam man bereits für zwei bis drei Mark. Ein eigenes, mit Toilette und kalter Dusche auf dem Gang, für fünf Mark. Kaufte er den Koran, hatte er für jeden Tag noch acht Mark, zwei Dinar. Zugegeben, das war sogar für seine Verhältnisse wenig, er hatte pro Tag, freilich mit allem Drum und Dran, Fortbewegungskosten inklusive, fünfzehn Mark gerechnet. Er überlegte: Einen stark gesüßten Pfefferminztee bekam man für umgerechnet zwanzig Pfennige, ein Kilo Orangen für fünfzig, einen Laib Fladenbrot für zehn. Sein Überleben war folglich nicht in Frage gestellt, seit sechs Wochen hatte er sich fast ausschließlich auf diese Weise ernährt. Mit siebzehn, das hat dieses Alter allen späteren voraus, ist man genügsam. Er durfte den Koran kaufen, aber er mußte darauf bauen, daß ihn sein Glück nicht verließ, daß er weiterhin Leute fand, mit denen er ein Zimmer teilen konnte, und daß es gelingen würde, bis nach Sousse, wo er die restlichen Tage in Tunesien verbringen wollte, eine Mitfahrgelegenheit zu finden. Tunis, das er drei Tage kreuz und quer durchlaufen hatte (selbst zu den Ausgrabungsstätten von Karthago war er gefahren), glaubte er zur Genüge zu kennen. Er wollte direkt ans Meer, dorthin, wo die Touristen waren, wie um sich auf diese Weise allmählich der Heimat anzunähern.

Da die Geldfrage, obschon nur mit Hilfe zweckoptimistischer Finten, geklärt war, hatte er der Versuchung durch den Koran nichts mehr entgegenzusetzen. Denn mit diesem Buch glaubte er die Summe all dessen zu erwerben, was er in den vorangegangenen sechs Wochen erlebt hatte. Fast wäre er nämlich selber Muslim geworden, und womöglich war er es längst, ohne daß er es sicher wußte. Alle dafür erforderlichen Rituale, soweit er dies überblickte, hatte er vollzogen. Er teilte das Hotelzimmer mit einem Algerier, den er im Zug von Constantine nach Tunis kennengelernt hatte. So war es öfter auf dieser Reise geschehen, er hatte ein blindes Vertrauen in diese Begegnungen, in seine zwar jugendliche, aber geheimnisvoll instinktsichere Menschenkenntnis, und tatsächlich wurde er nicht enttäuscht, nie wurde er bestohlen oder belästigt, vielmehr fühlten sich alle für ihn verantwortlich und wurden ihrer Verantwortung gerecht. Dieser Algerier nun gab sich als Imam zu erkennen, als ehemaliger Imam, der, soweit er es verstand, jetzt von einem anderen, offensichtlich islamischen Vorbeter verdrängt worden war, eine Geschichte, die er nicht richtig verstand. Jedenfalls arbeitete dieser ehemalige Imam nun als kleiner, zwischen Annaba und Tunis pendelnder Händler, und der junge Deutsche, der sich natürlich mit den Feinheiten der Muslim-Werdung nicht auskannte, wußte nicht, ob die auf Anregung des vormaligen Imams und im Grunde nur zu Übungszwecken oder mehr noch aus Koketterie vollzogenen, im übrigen ja keineswegs aufwendigen Rituale – das Sprechen von Koranversen, das Waschen, das Sprechen des Glaubensbekenntnisses – ihn zum Muslim gemacht hatten. Die wenigen, sich auf die Kenntnis der Buchstaben und einfachster grammatischer Regeln beschränkenden Arabischkenntnisse des Deutschen, mit denen er die Leute zuverlässig beeindruckte, hatten den Algerier zu seinem Bekehrungsversuch animiert, und jetzt, da die Glaubensformeln gesprochen waren, wollte er sich seinen raschen Erfolg natürlich nicht zerreden lassen und strahlte: Hervorragend, jetzt bist du ja schon ein Muslim. Und doch, da war sich der Deutsche sicher, hatte er ihm ursprünglich nur zeigen wollen, wie einfach es sei, Muslim zu werden: Mach dies, tu das, mach es nach, ja genau dies, sprich die Sure, murmele das Bekenntnis, das geht so, ganz richtig, ebenso, und schwupp, ehe du dich versiehst, bist du Muslim. Zwar hätte es ihn durchaus gereizt, warum nicht?, Muslim zu werden, aber er hätte es vorgezogen, sich vorher besser über die Konsequenzen einer solchen Bekehrung zu informieren, auch fand er, man müsse ihm ein ordentliches Papier geben, eine Bescheinigung über seinen neuen Glauben. Der Mitbewohner indessen meinte nur, ein solches bekäme er in jeder beliebigen Moschee, sobald er dort durch Wiederholung der eben erlernten Rituale beweise, daß er Muslim geworden sei.

Doch nun, wo es geschehen war, oder wo es zumindest womöglich geschehen war, und es sich vermutlich genau so verhielt, wie er dachte, nämlich wenn er sich jetzt dafür entschied, dies gewollt zu haben (aber entscheidet man sich, so fragte er sich, für ein Wollen? Will man nicht einfach?), dann würde er auch Muslim geworden sein, wenn aber nicht, so galt die Bekehrung nicht. Daraus folgte, daß er sich irgendwann entscheiden mußte, welchen tatsächlichen Sinn er seiner potentiellen Bekehrung im nachhinein geben wollte. Zu dieser Frage, die eine Anschaffung des Koran dringend ratsam erscheinen ließ, kam nun hinzu, daß er nicht unbeeindruckt blieb von der Begeisterung, ja Schwärmerei, die alle, denen er begegnete und die ihn freundlich aufnahmen, bezüglich ihrer Religion an den Tag legten. Eine Religion, die überdies anders als jegliche Religion in der Heimat allerorts spürbar und lebendig war, was ihn um so mehr faszinierte, je weniger er davon verstand. Den Koran zu kaufen war der Weg zur Quelle dieser Faszination. Und im Vorgefühl einer Empfänglichkeit, die er nie wieder mit dieser Intensität spüren sollte, machte er sich darauf gefaßt, von diesem Buch begeistert, ja überwältigt zu werden. Er hatte bis dahin nur wenig gelesen, und nun stellte er sich dieses Werk als eine Art ultimativer Poesie vor, ein jeder Zeitlichkeit entrücktes, sprachliches und ethisches Totalkunstwerk, das seine Leser stets aufs neue erbauen, inspirieren und ihnen bei allem Möglichen und Unmöglichen beistehen würde. Freilich hätte er diese Vorstellung damals nicht in Worte fassen können. Sie stellte sich ihm diffuser dar, wie eine weit geöffnete Hand, bereit, endlich all das herzureichen, was immer schon fehlte, und erst indem dies geschähe ihm auch vermittelnd, was genau gefehlt hatte.

In dem Moment, wo er in der französischsprachigen Buchhandlung auf den zweisprachigen Koran stieß, als sei der dort eigens für ihn ausgelegt worden, war sein Schicksal besiegelt. Wie hätte er ihn nicht kaufen können, und wäre er auch noch so teuer gewesen? Wie nicht? Kaum daß er die Buchhandlung betreten hatte, um zu schauen, ob es französische Koranübersetzungen gab, erblickte er diese Ausgabe, ein ausgewachsener französisch-arabischer Koran, und wenn er damals auch nur wenige arabische Wörter kannte, beherrschte er doch die Schrift, konnte die Wörter entziffern und laut vor sich hin lesen. Zudem hatte dieser Koran – auch das, ahnte er, war sinnvoll – zahlreiche, schon beim ersten Aufblättern unübersehbare Anmerkungen. Mit einem Wort: Er kehrte zurück ins Hotel, zählte sein Geld und entschied, daß er dieses Buch kaufen mußte, wobei die Tatsache, daß es mehr Geld kostete, als sein Budget hergab, und der Kauf ein echtes Opfer bedeutete, einiges zum Charme seiner Entscheidung beitrug. Und weil das Buch für seinen kleinen Rucksack zu großformatig war, stellte er sich tags darauf mit einer Plastiktüte unter dem Arm an die Schnellstraße in Richtung Sousse und streckte den Arm nach Mitfahrgelegenheiten aus.

Die ersten Tage hatte er Glück. Rasch wurde er von der Straße aufgepickt, und kaum war er in Sousse aus dem Wagen gestiegen, lernte er drei junge Engländer kennen, in deren Hotelzimmer er mit übernachten durfte. Gemeinsam besichtigten sie die Stadt, und sie zahlten ihm sogar den Eintritt ins Museum und in die Katakomben. Wenn es stimmte, was ihnen der Führer erzählte, sah man hier die verstreuten Knochen der ersten afrikanischen Christen, die in diesen unterirdischen Gängen im zweiten und dritten Jahrhundert begraben wurden. Daß sie in der modrigen Luft nach so vielen Jahrhunderten nicht zu Staub zerfielen, war schwer zu glauben. Es schien, als hätte man ihnen, ausgerechnet ihnen, aus Gründen, die niemandem einsichtig waren, den Zugang zum Paradies verwehrt, und die Folge war, daß ihre Knochen nun bis ans Ende der Zeit hier vor sich hingammeln mußten, während die der Eingelassenen schon lange zu Staub zerfallen und im Jenseits zu neuem, herrlichen Leben wieder zusammengeflickt waren. Nach drei Tagen reisten die Engländer in Richtung Kairuan weiter, und da er das Hotel, so schlicht und auf Rucksacktouristen wie ihn ausgerichtet es war, nicht bezahlen konnte, mußte er sich für die letzte Nacht in Sousse eine noch billigere Bleibe suchen, bevor er am nächsten Tag mit dem Zug nach Tunis zurückfuhr, um am übernächsten Morgen die Fähre von La Goulette nach Genua zu nehmen. Er wanderte in der bereits stechenden, fast mittäglichen Hitze die Strandpromenade entlang, vorbei an den Touristenhotels, zur Jugendherberge am anderen Ende der Stadt. Es war keine richtige Herberge, sondern ein Ensemble von Bungalows. Der Verwalter, der auch kein richtiger Herbergsvater war, behandelte ihn schroff, seinen Jugendherbergsausweis wollte er gar nicht erst sehen. Ein Bett in einem der Bungalows, für die man einen Schlüssel brauchte, war fast so teuer wie ein Zimmer im Hotel. Er wußte, etliche der Bungalows standen leer, es war mitten im Sommer, nicht gerade die Hochsaison hier, und so schickte er sich an zu verhandeln. Der Mann blieb stur. Doch so schnell wollte er nicht klein beigeben, zumal er die Unhöflichkeit dieses Menschen deutlich empfand. Und da es nun definitiv zu heiß war, um ziellos mit Gepäck in der Stadt herumzulaufen, setzte er sich an einen der Tische, die unregelmäßig auf dem scheinbar völlig verlassenen Gelände verteilt waren, und bestellte einen Tee. Er würde bis Nachmittag bleiben und dann sehen, was sich ergab. Vielleicht wurde der Mensch gegen Abend freundlicher. Auf dessen Gnade angewiesen zu sein, was die kommende Nacht betraf, flößte ihm gleichwohl eine unterschwellige Panik ein.

In diesem Zustand, erst am Tisch sitzend, dann unter einem der staubigen, nur schwach belaubten Eukalyptusbäume den spärlichen Schatten suchend, öffnete er zum ersten Mal seinen

Koran, um intensiver, um wirklich darin zu lesen. Erst jetzt, wo er zum Warten verdammt war, fand er die Zeit, um mehr als nur die Schönheit der arabischen Schrift zu bewundern. Bislang hatte er das Buch eher wie einen Talisman mit sich herumgetragen. Und während er so zu lesen begann, sagte er sich: Das ist also der Koran, das also ist das Buch, das also die Religion, von der all die freundlichen Araber, die mir begegnet sind, so begeistert erzählt haben.

Er hatte einmal eine Darstellung der neueren algerischen Geschichte gelesen. Aber über den Islam wußte er nichts, außer daß der dazugehörige Prophet Mohammed hieß. Über der ersten Seite, die ihm ins Auge stach (trotz der Zweisprachigkeit mußte man das Buch auf arabische Weise öffnen, dort, wo »normale« Bücher endeten), stand: »Avertissement« – Hinweis, Vorbemerkung, Warnung? »Dieses Buch ist zweifelsfrei das Wort Gottes und verlangt daher von jedem gesitteten Menschen, mit höchstem Respekt behandelt zu werden. Niemand sollte dieses Buch anfassen, ohne sich am ganzen Körper mit der festen Absicht gewaschen zu haben, Reinheit zu erlangen, um so würdig zu werden, das Wort Gottes zu empfangen.« Da war er gleich auf dem falschen Fuß erwischt worden. Was tun? Nicht nur hatte er keine Waschgelegenheit, es war auch nicht seine Art, um nicht zu sagen, er hätte es lächerlich gefunden, auf eine solche Aufforderung hin jetzt eine Waschgelegenheit aufzusuchen. Für Reisende, die sich nicht allenthalben waschen können, aber gleichwohl den Koran lesen wollen, würde es doch Ausnahmen geben. Zudem wäre ein solcher Gehorsam gegenüber diesem »Avertissement« kaum mit seinem Selbstverständnis zu vereinbaren gewesen, das ihn immerhin, und gegen das ausdrückliche Gebot seiner Eltern, bis tief in die algerische Sahara, bis nach Tamanrasset geführt hatte. Nichtsdestoweniger fühlte er sich wie auf frischer Tat ertappt, verspürte nach dieser Ermahnung den fauligen Anhauch eines schlechten Gewissens, und darin lag etwas, das seiner Aufgeschlossenheit gleich von Beginn an in die Quere kommen wollte, ein Gefühl der Überforderung oder des Unvorbereitetseins.

Dann las er die dem »Avertissement« folgende Einleitung: »In seiner unendlichen Barmherzigkeit hat Gott uns mit einem völlig klaren und verständlichen Arabisch angeredet.« Um so besser, dachte er. Mit einer sich steigernden, widerstreitenden Mischung aus Neugier und Skepsis folgte er den Worten des Übersetzers: »Es ist eines der Wunder dieses von einem Analphabeten gemäß den Einflüsterungen des Erzengels Gabriel diktierten und keinen späteren Korrekturen unterworfenen Buches, daß man darin, trotz des Gewichts der Themen, die es behandelt, eine durchgängige Harmonie und keinerlei Widersprüche findet. Unser Erstaunen wird noch durch die Tatsache gesteigert, daß es in völliger Übereinstimmung mit den von der modernsten Wissenschaft aufgespürten Wahrheiten steht.« Es folgten mehrere Seiten über die Zusammenstellung und die verschiedenen Lesarten des Koran, die er überblätterte, und über die Geschichte der Koranübersetzungen. Bevor er endlich auf die erste Sure stieß, kehrte er noch einmal zum »Avertissement« zurück, um einen Satz nachzulesen, der einen unauslöschlichen Geschmack in ihm hinterlassen hatte und dessen apokalyptische Stimmung sich leicht mit seinen eigenen, freilich viel trivialeren Befürchtungen in bezug auf die kommende, voraussichtlich obdachlos zu verbringende Nacht verband: »Diese Menschheit, die wie ein Ertrinkender verloren und kopflos mit den Armen fuchtelt, um ein Seil zu fassen zu kriegen, an dem er sich festhalten kann, wollen wir auf die Hand aufmerksam machen, die Gott allen seinen Geschöpfen hinhält, bevor die unerbittliche Stunde herannaht, in der die Ungerechten alles herzugeben bereit sind, damit sie ihrer harten, aber gerechten Strafe entgehen; aber es nützt ihnen nichts, dann noch glauben zu wollen, nachdem sie immer ungläubig waren.«

So stand es da. Aber was es war, das er unbedingt glauben sollte, wußte er immer noch nicht. Die Mittagshitze hatte ihren Höhepunkt erreicht. Er hätte einschlafen können, wäre da nicht seine bohrende Neugier gewesen. Die erste Sure, die er nun las, kannte er. Er konnte sie auf arabisch lesen, wenngleich er nicht jedes Wort verstand, denn er hatte sie mit dem Algerier in seinem Hotel in Tunis geübt. Sie klang schön. Aber es stand eigentlich nichts Besonderes darin. »Führe uns auf den rechten Weg«, das gefiel ihm, wahrscheinlich weil es ihm vertraut vorkam und ebenso in einem christlichen Gebet hätte stehen können. Dann kam ein Satz, der ihn verwirrte, weil er eigentlich überflüssig war. Es hieß: »Den Weg derjenigen, denen Du Gnade erweist, gegen die Du nicht zürnst, die nicht fehlgehen.« Daß der rechte Weg nur dadurch bestimmt war, daß diejenigen, die auf ihm gehen, nicht auf dem falschen Weg gehen, erschien ihm an dieser wichtigen Stelle gegen Ende der ersten, bei jedem Gebet zu rezitierenden Sure als eine überraschend banale, tautologische Definition. Verstand er diese Stelle nicht, oder war sie tatsächlich so banal, wie sie auf den ersten Blick wirkte? Der ausführliche Kommentar – dieser nahm die weitaus meiste Lesezeit in Anspruch –, vom selben Dr. Saladin Kechrid verfaßt wie die Einleitung, beharrte darauf (»alle Exegeten sind sich einig«), daß es sich bei denen, die fehlgehen (war aber nicht vielmehr von denen die Rede, die nicht fehlgehen?), um Christen und Juden handelte. Dieser Hinweis half wenig, aber es war egal, denn schon hatte die zweite Sure begonnen, die Sure mit dem seltsam prosaischen Titel »Die Kuh«. Es war ihm beim besten Willen unmöglich, diesen Titel nicht häßlich und unangemessen zu finden. Die

Kuh. Wie konnte man einen heiligen, hochverehrten Text mit »Die Kuh« überschreiben? Er stellte sich Kühe vor. Gewiß, sehr nützliche, sehr friedliche Tiere. Man konnte gegen Kühe nicht wirklich etwas einwenden. Aber gab es langweiligere, unpoetischere Lebewesen? Wenn er an eine Kuh dachte, fiel ihm nichts ein außer einer Weide mit einer Kuh darauf, und das war noch die geschönte Variante verglichen mit der Massentierhaltung, die für die heutigen Kühe wohl charakteristischer war. Selbst ein Schwein, dachte er, die Abneigung der Muslime gegen Schweine in Betracht ziehend, hatte mehr Bedeutung als eine Kuh. Ein Schwein taugte zumindest für ein brauchbares Schimpfwort. Nicht einmal dazu eignete sich »Kuh«. Es mußte schon eine blöde Kuh sein, und selbst das war eines der schwächsten und langweiligsten, überdies nur gegen Mädchen anwendbaren deutschen Schimpfwörter. Hinzu kam das lächerliche Detail, daß diese Sure auf französisch »La vache« hieß und er sich während seiner Reise zum größten Teil von einem Käse ernährte, der »La vache qui rit« hieß – »Die Kuh, die lacht« –, und daß die entsprechende, richtiggehend niedliche rote Kuh, wohl ein Kälbchen, ihm beinahe täglich von den Käsepackungen entgegenlachte. So fand er sich erneut vor die dem Neuling in der Religion wenig förderliche Alternative gestellt, die Sache mit der Kuh entweder für einen grausigen Mißgriff zu halten oder aber sein völliges Unverständnis und, jedenfalls in Anbetracht seiner bescheidenen Mittel, auch die schiere Unmöglichkeit einer baldigen besseren Einsicht zuzugestehen. Gleich wie es sich damit verhielt, eines ließ sich bereits zu diesem Zeitpunkt sicher sagen: Rein didaktisch betrachtet war der Koran, jedenfalls für den unvorbereiteten Gymnasiasten aus Deutschland und in dieser eigentlich sorgfältig und liebevoll gemachten Ausgabe, ein wenig geglücktes Werk.

Dennoch, das spürte er, mit der zweiten Sure ging es richtig los. »An diesem Buch gibt es nichts zu zweifeln. Wer Gott fürchtet und an Übersinnliches glaubt, den führt es gut.« So ging es einige Verse, und er ahnte, lange würde er nicht mehr durchhalten. Vielleicht waren es nur seine Müdigkeit, das schwerfällige Französisch, die ausufernden Kommentare – gute Gründe, enttäuscht zu sein, hatte er. Nur zu gerne hätte er sich nämlich von den Versen auf den rechten Weg leiten lassen. Aber diese Möglichkeit schien sich gar nicht zu eröffnen. Vielmehr empfahl sich dieses Buch immer nur jenen, die schon auf dem rechten Weg waren. Und es verdammte die, die es nicht waren. Wie aber einer überhaupt darauf kommen sollte, das wurde nicht verraten. Es wurde auch nicht verraten, was die, die auf dem rechten Weg waren, auszeichnete, außer, daß sie auf dem rechten Weg waren – und keine Juden und Christen, was freilich nur der Kommentar, nicht der Text selbst so bestimmt anzugeben wußte und was nicht half, wenn man wissen wollte, was die Gläubigen auszeichnete. Zwischen Glauben und Nichtglauben, so schien es, gab es nichts Drittes, nichts, das ihn dort abgeholt hätte, wo er stand. Von der ausgestreckten Hand Gottes, die das »Avertissement« versprochen hatte, war nichts zu sehen. Der rechte Weg hatte keinen Zubringer. Man mußte wie aus dem Nichts dorthin springen, ohne zu wissen, wo »dort« war. Überzeugungsarbeit wurde nicht geleistet, Überredungskünste wurden nicht angewandt, jedenfalls nicht ihm gegenüber, allein gedroht wurde: Wenn du nicht glaubst, bist du verdammt. Wo war »Der Barmherzige, der Erbarmer«, von dem andauernd die Rede war? Eher handelte es sich bei diesem Allah um einen Angeber, der, ohne Gründe zu nennen, Gehorsam fordert, und dann noch behauptet, er wisse, wo's langgeht. Das jedenfalls waren seine Schlußfolgerungen nach den ersten sechs Versen der zweiten Sure.

Hitze, Müdigkeit, die Aussicht, die kommende Nacht im Freien zu verbringen, und die Unzugänglichkeit dieses Koran, der, statt ihn zu trösten, seine Verlorenheit noch steigerte, tauchten ihn in eine trübselige Stimmung, machten ihn so mutlos wie nicht einmal in Tamanrasset, als man ihm sagte, sein Flug nach Algier sei gestrichen und er müsse die 3000 Kilometer nach Norden durch die Wüste mit dem Bus zurücklegen. Jetzt, gegen 14.30 Uhr, war alles still um ihn. Selbst die Straße vor dem Gelände schien nicht mehr befahren zu werden. Er unternahm einen letzten Versuch, einen Einstieg in dieses Buch zu finden, und las noch einmal gründlich die Kommentare zu den wenigen Versen, die er bis dahin gelesen hatte, und dann, weil der Kommentar sich am leichtesten lesen ließ, las er einfach immerfort weiter im Kommentar und nur gelegentlich überhaupt noch die Verse. Das war gar nicht nötig, stellte er fest. Um den Kommentar zu verstehen, mußte man den Koran nicht kennen. Und der Kommentar leistete etwas, das die komischen Koranverse selber nicht leisten wollten: Er nahm ihn an die Hand. Aber mehr noch und wichtiger: Er verriet, wohin die Reise gehen sollte, und eröffnete ihm die Möglichkeit, eine eigene Position zu gewinnen, ja oder nein zu sagen.

»Der Teufel«, besagte die Anmerkung zu Vers elf der zweiten Sure, »tut niemals das Böse im Namen des Bösen, denn dann würde ihm niemand folgen. Vielmehr gibt er sich als rechtschaffener Reformator aus, obwohl er diejenigen, die ihm folgen, in die ewige Verdammnis führt.« Auch hier war nicht klar, wer gemeint war und wie man die Bösen von den Guten unterschied. Das war jedoch vorerst nicht wichtig. Es reichte, daß er, um die Aussage des Kommentars gutheißen zu können, hätte akzeptieren müssen, daß es so etwas wie einen Teufel und eine ewige Verdammnis gibt. Obwohl er aber, wie alle Siebzehnjährigen überall in der Welt, Böses und Gutes verblüffend klar unterscheiden zu können meinte (später war das nicht mehr so klar) und ferner überzeugt war, daß alle Guten nur so denken konnten wie er, und er etwas anderes gar nicht für möglich hielt, schien ihm das Gerede von Teufel und Verdammnis übertrieben. Zudem war er sich nicht sicher, ob das nur bildlich gemeint war und nicht vielmehr wörtlich und ernst. Dann aber wäre es für ihn nur Aberglauben gewesen. Hinzu kam, daß nach seinem damaligen, von ihm unhinterfragt für universell gehaltenen Weltbild ein Reformator – und das sagte er als gebürtiger Katholik! – immer ein Guter war, denn die Ideen mußten ja fortentwickelt und verfeinert werden, wohingegen der Kommentar das glatte Gegenteil behauptete: »Um die Menschheit vor allen Scharlatanen zu bewahren, hat Gott uns gelehrt, daß Mohammed der letzte seiner Propheten sei und seine Gesetzgebung die letztgültige.« Er wäre womöglich bereit gewesen, Mohammed als den letzten Propheten anzuerkennen, aber die Gleichsetzung von Reformatoren mit falschen Propheten leuchtete ihm nicht ein, denn welcher Reformator gab sich schon als Prophet aus? Wenn aber die Gesetzgebung Mohammeds die letztgültige sein sollte, folgte daraus, daß die Verbesserung dieser Gesetze nicht vorgesehen war, und dies, selbst wenn man die Vorzüglichkeit der Gesetze zugestand, war ihm ein zutiefst fremder, seinem ganzen Weltverständnis zuwiderlaufender Gedanke. Freilich hätte er diese Überlegung damals so klar kaum formulieren können, es bestand auch keine Notwendigkeit dazu. Es waren aber exakt diese Zusammenhänge, die seinen zunehmenden Unwillen, seine Enttäuschung und Unzufriedenheit über das, was er las, begründeten.

Eine Seite noch las er weiter, einen Kommentar wollte er noch begreifen. Fast rechnete er damit, daß man ihm erklären würde, Adam und Eva habe es wirklich gegeben, und die Sterne seien keine Sterne, sondern am Himmel aufgehängte

Lampen, wie es ihm die beiden jungen Grundschullehrer, sich auf den Koran berufend, erklärt hatten, mit denen er vier Monate zuvor, in den Osterferien desselben Jahres, in Marokko einige Tage auf ihrem Posten auf dem Land abseits von jeglicher Zivilisation verbrachte hatte. Heftig mußten sie diskutieren, immer wieder mit den Händen nach oben in diesen berauschenden, vor Sternen berstenden Himmel zeigend, als ob man mit bloßen Augen erkennen konnte, worum es sich bei den glitzernden Punkten handelte. Und das Ergebnis war, daß am Ende alle erschüttert waren. Die beiden Lehrer, weil ihre koranische Kosmologie heftig in Zweifel gezogen und die gesamte westliche, auch von ihnen nicht verachtete Wissenschaft dagegen ins Feld geführt worden war. Nicht daß sie jetzt wirklich glaubten, die Sterne seien energiegeladene Feuerbälle, wie ihnen der siebzehnjährige Deutsche weiszumachen versucht hatte. Aber irgend etwas war doch mit dieser Welt nicht in Ordnung, wenn es zwei so konträre, jede für sich von einer glaubwürdigen und anerkannten Autorität vertretene Meinungen zu ein und demselben Thema gab, zumal doch allgemein anerkannt war, daß der Koran »in völliger Übereinstimmung mit den von der modernsten Wissenschaft aufgespürten Wahrheiten steht«.

Hier hatte also ein Weltbild einen Knacks bekommen, aber nicht anders verhielt es sich mit dem jungen Deutschen. Niemals hätte er vorher geglaubt, daß es in dieser Zeit, zum Ende des 20. Jahrhunderts, Menschen, ja sogar Lehrer geben könnte, die die Sterne für von Gott in den Himmel gehängte Lampen hielten und das, was in einem alten religiösen Buch stand, tatsächlich wörtlich nahmen. Aber dies war vielleicht nicht das Schlimmste. Unwissenheit konnte es geben, das hätte auch er, recht besehen, recht bedacht, nicht ausschließen können, nicht einmal heute, heutzutage, in dieser modernen Zeit. Das

Schlimme, ja Tragische, was ihn zur Verzweiflung brachte und ihm seine Ohnmacht vor Augen führte wie kaum je etwas zuvor, war die Unmöglichkeit, diesen armen Lehrern die Wahrheit dessen, was er sagte, zu beweisen. Er wußte mit absoluter Sicherheit, daß das, was er sagte, wahr war (oder sagen wir, so wahr, wie einfache sprachliche Beschreibungen komplizierter physikalischer Tatsachen eben wahr waren – also, genau besehen, doch nicht so sehr wahr? War der Unterschied zwischen der koranischen Beschreibung, die die Lehrer anführten, und seiner eigenen, wirklich so groß? War es nicht vielmehr dasselbe, dieselbe Ebene, nur daß die koranische schöner, poetischer, menschengemäßer war und seine einfach nur prosaisch, aber dafür letztlich, am echten wissenschaftlichen Anspruch gemessen, genauso ungenau?), aber es war ihm unmöglich, diese Wahrheit zu beweisen, sowieso im Moment dieses Gesprächs, aber freilich auch sonst, dazu hätten sie, die Lehrer und er, schon Astrophysik studieren müssen, und womöglich hätte dazu ihr Grips nicht ausgereicht, so daß sie sich am Ende immer mit einer schlecht bewiesenen Halbwahrheit hätten begnügen müssen. Mit einem Wort, der sich als so aufgeklärt empfindende deutsche Gymnasiast hätte seine Ansichten gar nicht beweisen können, sie waren, in diesem konkreten Moment jedenfalls bei den Lehrern auf dem Land in Marokko, wo es kein fließendes Wasser gab, keinen Strom, kein Telefon (schon gar kein Mobil- oder Satellitentelefon, es war ja das Jahr 1985), nicht mehr wert und nicht wissenschaftlicher als die aus dem Koran geschöpften Wahrheiten, und diese Machtlosigkeit des – seiner Ansicht nach – besseren vor dem falschen Wissen, des wissenschaftlichen, modernen, vor dem mythischen, alten, war ein herber Schlag für seinen jungen Blick auf die Welt. Und ebenso schmerzlich war die Einsicht, daß, wenn man richtig hinsah, wenn man wirklich nur das als Grundlage nahm, was sie in dem Augenblick, wo sie darüber stritten, sahen, also das, was in diesem Moment unbestreitbar wirklich war, was die reale Erfahrungswirklichkeit der Wirklichkeit war, daß dies unstreitig einer Vielzahl hoch in den Himmel gehängter Lampen sehr ähnelte, während die gleißenden Feuerbälle, die die Wissenschaft daraus machte, eher einem apokalyptischen Horrormärchen zu entstammen schienen. (Die Mondlandung, die er als Beweis noch anführte, taten sie als Hollywood-Inszenierung ab und spotteten sogar über ihn, daß er so gutgläubig war, dieses Fortschrittsmärchen für real zu halten. »Bei Allah«, sagten sie, »wo ist dein kritischer Verstand geblieben?«)

Der folgende Kommentar in seinem Koran, den er nun, vier Monate später und längst in den Sommerferien, längst in Tunesien, las, sagte etwas, das ihn an das Gespräch mit den Lehrern erinnerte. Er erläuterte ein eigenartiges Gleichnis aus Vers siebzehn der zweiten Sure, das besagt: »Die Ungläubigen sind wie einer, der ein Feuer entzünden will. Kaum daß es ringsum alles erleuchtet, nimmt ihnen Gott das Feuer und hüllt sie in Finsternis, nicht mehr können sie sehen.« Manches Mal, so verriet der Kommentar, begäben sich die Undankbaren und die Verneiner der unzählbaren Wohltaten des Schöpfers auf die Wege der Wissenschaft. Sobald sie aber Wissen erlangt hätten, erlösche ihr inneres Gewissen angesichts dieses äußeren wissenschaftlichen Glanzes und sie fielen dem tiefsten Irrtum anheim. »Müssen wir zur Illustration das naheliegende Beispiel der atheistischen Völker liefern, die sich einbilden, ein Höchstmaß an Wissenschaft und Technik zu besitzen, aber in Wahrheit nicht einmal fähig sind, den Seelenfrieden und das Glück zu genießen, das selbst die wilden Tiere kennen?«

Er war eingeschlafen. Welches Wort er als letztes las, was er im Traum hinzufügte, weiterdachte oder Gabriel selbst ihm eingab, er wußte es nicht. Lange dürfte er so an den Baum gelehnt geschlafen haben, als ihn eine grölende Gruppe tunesischer Jugendlicher, etwa seines Alters oder nur wenig jünger, in die Gegenwart zurückholte und die ersten Muezzine zum Nachmittagsgebet ihre Tonbänder laufen ließen. Um nicht aufzufallen und das Mißtrauen des Verwalters zu wecken, beschloß er, das Gelände zu verlassen und gegen Abend wiederzukommen in der Hoffnung, einer der Bungalows sei dann vielleicht geöffnet und er könne sich in eines der Betten legen oder zumindest eine Matratze stibitzen, auf der er ebensogut die Nacht im Freien verbrächte. Seinen kleinen blauen Rucksack deponierte er, ohne daß es jemand sah, in einer Lücke zwischen zwei Bungalows, die durch einen vertrockneten, aber dichten Strauch gegen Einblicke geschützt war. Nur sein Geld, den Paß, die Minox und den Koran nahm er mit, um den Strand und die zugehörigen Touristenhotels stadtauswärts in nördlicher Richtung zu erkunden. Vielleicht ergab sich dort in einer Düne oder auf einem Liegestuhl eine weniger regelwidrige Übernachtungsmöglichkeit als auf dem ungastlichen Herbergsgelände.

Der Strand war nicht voll. Die Mittagshitze hatte die Touristen vertrieben, und nur wenige waren im Lauf des Nachmittags zurückgekehrt. Er schlenderte an ihnen vorüber, fast ein Fremdkörper, ungepflegt, mit staubigem T-Shirt, an dem die graue Rinde des Eukalyptusbaumes, ohne daß er es gemerkt hatte, einen dunklen, kreuzförmigen Abdruck hinterlassen hatte. Wo er jüngere Frauen erspähte, alleine oder zu zweit, erkannte er in einem Sicherheitsabstand von zwanzig bis dreißig Metern, welcher gute Beobachtung, aber doch die vorläufige Vermeidung direkten Kontakts garantierte, Gruppen junger tunesischer Männer. Wenn er nah an den von ihnen Beobachteten vorbeilief, riefen sie ihm etwas Anzügliches oder Anfeuerndes zu, und daran merkte er, sehr zu seiner Befriedigung, daß sie ihn eher zu den ihren als zu den Touristen rechneten. Vor sich hatte er eine scheinbar endlose Strecke aus feinem Sandstrand, der ohne weitere Abgrenzung in die Grundstücke der Hotels und als Hotel genutzten Bungalows überging. Wenn ihm ein Hotel interessant schien, bog er einfach in das Gelände ab und stieß bald auf betonierte Terrassen, Swimmingpools und als Ausschank genutzte Hütten. Die Gäste machten sich für das Abendessen zurecht. Unter den wenigen, die im Freien waren, fiel er weniger auf, als er befürchtet hatte. Er wirkte wohl doch wie zu einer der nicht mehr ganz jungen Familien gehörig, von denen er welche in der Stadt entdeckt hatte, Eltern im Alter seiner Eltern, Jugendliche in seinem Alter, aber vom Gefühl her ganz anders als er.

Da er Hunger hatte, und jetzt, während die Dämmerung sich über das Meer wölbte, in den Hotels das Büffet aufgetragen wurde und schon die ersten Gäste mit ihren Tellern anstanden, beschloß er, seinen unerkannten Status zwischen Streuner und Sohn auszunutzen und, so wie er war, mit dem Koran in der Plastiktüte, als käme er gerade vom Baden, in den Speisesaal hineinzugehen und sich zu bedienen. Tatsächlich, niemand beachtete ihn, schon stand er mit dem Teller in der Hand in der Schlange, schon ließ er sich geben: Fisch, und noch mal Fisch, ein Stück Lamm, Soße, Reis, der Teller war voll, und auf alles eine Gabel Salat, doch was tun mit dem Teller? Unschlüssig schaute er herum. Die anderen setzten sich, von hinten rückten weitere nach, wenn er länger zögerte, würde er auffallen, aber wenn er sich setzte, fragten sie ihn nach der Zimmernummer und welches Getränk er wolle und brachten ihm eine Rechnung, so sah er es bei den andern, die bereits saßen. Er nahm den Weg Richtung Ausgang und fragte den Kellner, der am Eingang die Gäste begrüßte, auf französisch, ob er draußen essen könne, bis seine Eltern kämen, er sei die ganze Zeit am Strand gewesen und habe Hunger, seine Eltern seien irgendwo unterwegs. Mit einer lässigen Geste wurde er rausgelassen. Dem Speisesaal entronnen, blieb er nicht im Hotelbereich, sondern setzte sich, vom Hotel nicht mehr zu erspähen, aber den Speisesaal noch im Blick, auf die erstbeste Düne und aß.

Das viele Essen machte ihn erneut träge, auch war er in einer kontemplativen Stimmung, die Reise näherte sich ihrem Ende. Da wollte er lieber nachsinnen und zurückblicken, als noch groß Neues entdecken, und so blieb er sitzen, wo er war, mal aufs Meer starrend, das immer dunkler wurde, mal in den festlich erleuchteten Speisesaal, wo ein ständiges Kommen und Gehen herrschte, eine durch nichts zu erklärende Unruhe. Noch war es hell genug, um zu lesen. Er zog den Koran aus der Plastiktüte, war im Begriff, ihn aufzuschlagen, zögerte, besann sich, legte das Buch auf die Tüte in den Sand und lief über den Strand bis zur Wasserlinie, wo er sich im lauwarmen, salzigen Wasser die Hände wusch.

Befriedigt ob der sauberen, sofort vom Wind getrockneten Hände schlenderte er zurück zu seiner Düne, und da kam ihm der Einfall, den Koran auf deutsche Weise zu öffnen, also einfach hinten anzufangen, was ihm um so klüger schien, als es in der Einleitung geheißen hatte, die zuerst offenbarten Suren seien die am Ende befindlichen, die ersten waren also sozusagen die letzten. Er überblätterte den Index und das Register und verweilte zunächst bei der Bibliographie. Ohne daß es ihn wunderte (denn was eine ordentliche Literaturangabe war, lernte er erst später), bestand dieses Literaturverzeichnis aus kaum mehr als einem Dutzend Titeln, überdies ohne jede Angabe der Jahreszahlen oder Verlagsorte. Zu lesen war da nur der Name des Autors in Großbuchstaben und danach immer nur eine Angabe wie: »Commentaire du Coran«. Lediglich zwei Titel fielen aus diesem Schema heraus, ein Werk mit einem für seine Begriffe sehr doppeldeutigen Titel: *Dans les ombrages du Coran,* eines gewissen Sayid Qotb. Und ein Werk von Mohammad Abouzahra mit dem schönen Titel: *Le plus grand miracle.* Dann folgte die letzte – oder vielmehr die erste? – Sure mit dem Titel *Les Humains* – »Die Menschen«. Er übersetzte sie für sich wie folgt: »Sag: Ich suche Zuflucht beim Herrn der Menschen, dem König der Menschen, dem Gott der Menschen, vor den bösen Gedanken, die in die Brust des Menschen senken Geister oder Menschen.« Die Sure war so kurz, er konnte sie auf arabisch lesen, und das versuchte er jetzt: Bismillah ar-rahman ar-rahim. Qul: Audhu bi-rabbi n-nas, malik an-nasi, ilahi n-nasi, min scharri l-wiswasi l-chanasi l-ladhi juwaswisu fi suduri n-nasi, mina l-djinnati wa n-nasi. Das war schön, obgleich er nicht hätte sagen können, warum. Zum Lesen war es jetzt fast zu dunkel. Nur der Mondschein, der verblüffend helle Schein eines mageren Sichelmondes, erlaubte ihm, die arabischen Buchstaben zu entziffern.

Nach 9/11: Algier, Aleppo und Annaba

Unter den vielen Arten, sich die Hände zu reichen, gibt es eine, die ich unweigerlich mit einem alten, entrückten Deutschland verbinde. Zweimal bin ich ihr begegnet, und beide Male war es in der arabischen Welt. Zum einen natürlich, weil mich meine Reisen eben dorthin geführt haben; zum anderen jedoch, weil sich in diesem Umfeld Traditionen weniger abschleifen oder abnutzen. So finden sich heute noch im Nahen Osten eine Vielzahl kleiner christlicher Religionsgemeinschaften, deren Unterschiede nur ein Kirchenhistoriker genau erklären kann und die, so wie ich es als Laie verstand, oft nur an der Frage sich spalteten, wie die Natur des Gottessohnes sich zu der des Gottvaters verhielt, ob beide ein gleiches oder nur ein ähnliches Wesen hätten, und wie in Christus die göttliche und die menschliche Natur sich zueinander verhielten, ob sie eins seien oder getrennt, vermischt oder jede für sich vollkommen.

Wenige Kilometer außerhalb von Damaskus, in Maalula, existiert eine Sprachinsel, in der sich der westaramäische Dialekt, den Jesus gesprochen haben soll, bis heute erhalten hat, und in der syrischen Hauptstadt, so hatte man mir erzählt, gibt es in einem Slum außerhalb der Altstadt, östlich vom ehemaligen, nach der letzten Auswanderungswelle verlassenen Judenviertel, eine von allen, Behörden und Bewohnern, wie Aussatz behandelte, eben deshalb freilich in Ruhe gelassene Gemeinde von Judenchristen, jenen ersten, zum Christentum bekehrten

Juden, die die jüdischen Ursprünge und Bräuche ihres Glaubens an den gekreuzigten Messias nicht aufgegeben haben, sondern zur Bedingung des wahren christlichen Glaubens machten. Als ich mich anschickte, dieses Viertel zu erkunden, wirkte es so verkommen auf mich, daß ich mich ebensowenig hineintraute wie die Syrer selbst. Vielleicht wollte ich den Wahrheitsgehalt dieses Gerüchts aber auch gar nicht überprüfen. War es nicht viel poetischer, die Möglichkeit der Wahrheit dieses Gerüchts als Möglichkeit einfach stehenzulassen?

So wie sich also in der Levante manche dieser alten Gemeinden bis heute erhalten haben, findet man in der arabischen Welt ältere Herren, Deutsche und Araber, vornehmlich solche, die Diplomaten waren oder in Diplomatenkreisen verkehrten, welche noch die eingangs erwähnte, altehrwürdige Art der Begrüßung praktizieren. Es ist kein simples einander die Hand Geben, sondern ein echtes, ausgewachsenes Schütteln der Hände oder vielmehr des ganzen Unterarms. Zum Wesen dieses Schüttelns gehört es, nicht sogleich abzubrechen, sondern eine Weile anzudauern, und zwar, wie ich glaube, so lange, bis die Worte zur Begrüßung oder zum Abschied und das, was sich an zu Sagendem um sie rankt, gesprochen sind. Dieses Schütteln ist viel bedeutungshaltiger als ein bloßes einander Reichen der Hände. So formell und wie gemacht für offizielle Zusammenhänge es scheint, ist es übervoll an Herzlichkeit, Verbindlichkeit und Pathos. Für den aber, der sie nicht kennt, ist diese Begrüßung von einer fast peinlichen Unsachlichkeit.

Als ich mich später daran zu erinnern versuchte, wo sie ausgerechnet mir schon einmal begegnet sein könnte, kam mir eine Szene mit meinem Vater in den Sinn, wie er eine Beförderung oder eine Urkunde erhielt, während ich zuschaute, und ihm dabei auf diese Weise die Hand geschüttelt wurde – aber vielleicht sah ich es nur später auf einem Foto, und es wirkte wie ein vergleichbarer Händedruck (Soldat war mein Vater). Und vielleicht hat er selbst manches Mal bei einer feierlichen Gelegenheit mir auf diese Weise die Hand geschüttelt oder seine Kameraden mir, aus Anerkennung für meinen Vater.

Das andere Bild, das mir beim Nachdenken über den Händedruck sofort einfiel, war unheimlicher. Wochenschauschwarzweiß. Eine Reihe strammstehender Jugendlicher in Uniformen mit kurzen Hosen, Haare gescheitelt. Ein gealterter Mann mit einem langen schwarzen oder grauen Mantel tritt ins Bild, so lang, daß man nur seine Stiefel sieht. Er wirkt schon geknickt, und jetzt beugt er sich vor und hantiert an der Brust eines der Jungen, als knöpfe er ihm das Hemd zu. Dann richtet er sich ein wenig auf, tritt einen halben Schritt zurück und schüttelt dem Jungen die Hand, scheint etwas zu sagen, schüttelt und schüttelt, und alle Verbindlichkeit, zu der er noch fähig ist, liegt in diesem Schütteln, bis man denkt, er zittere und suche bloß Halt an dem Jungen. Schließlich tritt er wieder zurück, geht einen Schritt in Richtung Kamera und wendet sich dem nächsten zu. Etwas Dickes, Dunkles, Böses scheint ihm aus der Nase geflossen zu sein.

Trotzdem oder gerade deshalb rührte mich diese Art des Abschiednehmens auf besondere Weise an (und zum Abschiednehmen, habe ich gelernt, war das Händeschütteln vor allem geeignet, wenn nicht eigens erfunden), als sie mir in Algier ein Jahr nach dem 11. September zum ersten Mal wieder begegnete. Es war eine Nacht im Mai, schon sehr warm, eine der Siedlungen auf den Hügeln landeinwärts über der Stadt, das Meer zeigte sich, wenn man den Blick nur der Straße anvertraute, die sich sanft durch die Häuser zur Küste hin fallen ließ. Wir standen unter einem blühenden Pfefferbaum, ich staunte, Pfeffer hier?, der grüne Schrot hing in Trauben herab. Ein älterer Mann, Ende fünfzig, würde ich sagen, verabschiedete sich von mir. Eben erst, vor dem Essen mit den anderen, hatte ich ihn kennengelernt, geredet hatten wir kaum, die Wahrscheinlichkeit, daß wir uns wiedersähen, war gering. Wir gaben uns die Hand, wie man das zum Abschied zu tun pflegt, und während ich meine schon zurückziehen wollte, begann er sie zu schütteln, nicht einfach so, vielmehr in einem bestimmten, gemächlichen Takt, der seine Abschiedsworte in einem umständlichen, formellen Deutsch passend akzentuierte und diesem Abend einen Geschmack verlieh, als würde sein ursprünglicher Sinn erst jetzt offenbar werden. Der Herr, der mir so die Hand schüttelte, war am Ende seiner bescheidenen Diplomatenkarriere in Algier zum »Islambeobachter« ernannt worden und gab sich alle Mühe, dieser ihn hoffnungslos überfordernden Aufgabe mit pflichttreuem Diensteifer nachzukommen, ohne daß die Frage nach der Zweckmäßigkeit oder den Erfolgsaussichten in seinen Horizont trat. Darin, aber nur darin, glich er den Jungen in Uniform, denen sechzig Jahre zuvor der andere Mann die Hand schüttelte wie er jetzt mir. Über die große Frage nach Sinn und Zweck und Unsinn hatten seine Dienstherren zu befinden, nicht er, und sie taten es, indem sie ihn aus Laos abberiefen und nach Algier schickten, und er folgte, indem er auf seine alten Tage Arabisch lernte, um eines Tages wenigstens theoretisch in der Lage zu sein, den Islam zu beobachten.

Gerne, meinte er, hätte er sich mit mir unterhalten, von meinen Kenntnissen, wie er sagte, profitiert, aber es hatte sich nicht ergeben (und er hatte das Gespräch nicht gesucht). Ohnehin, tröstete ich ihn, sei ich nicht der richtige Ansprechpartner (während meine Rechte wie von einem Masseur durchgeschüttelt wurde), die Terrorszene in Algerien kannte ich nicht, mein Gebiet war die arabische Literatur. Doch bei einem anderen Abendessen, drei Tage später, ich war gerade von meinem Vortrag in Annaba nach Algier zurückgekehrt, dachte ich wieder an ihn. Amin Zaoui, der noch junge Schriftsteller und schon Leiter der Nationalbibliothek, hatte eingeladen, außer mir waren noch ein alter Professor für romanische Sprachwissenschaft, ein algerischer Journalist und ein Schweizer Fotograf mit dabei. Der Journalist, ich nenne ihn Walid, dominierte das Gespräch. Er schrieb gerade an einem Buch über seine Recherchen in der algerischen Islamistenszene und stützte sich dabei auf Tonbandaufzeichnungen von einem bislang geheimen Kongreß verschiedener islamistischer Untergrundgruppen, der Mitte der neunziger Jahre in Ghardaia, einer der berühmten algerischen Saharastädte, stattgefunden hatte und auf dem die programmatischen und strategischen Leitlinien der Fundamentalisten festgelegt worden waren. Für die politische Wirklichkeit Algeriens war dies bereits Vergangenheit, einige Gruppen waren zerschlagen, andere hatten ihre Waffen abgegeben, und die übrigen waren nur noch verkappte kriminelle Banden. Was Walid jedoch interessierte, war die Frage, wie diese damals aktiven und sich gezielt als islamisch verstehenden Gruppen ihre exzessiven Gewalttaten, oft nichts als Massaker an einer unbeteiligten Landbevölkerung, an Männern, Frauen, Kindern, Tieren gleichermaßen, ideologisch rechtfertigten.

Zu seiner eigenen Überraschung, sagte er, beriefen sich diese Leute auf theologische Traktate aus dem 14. und 15. Jahrhundert, mit denen heute kaum mehr bekannte islamische Sekten, die in die Berge und die dahinterliegende Sahara geflüchtet waren, die Ausbeutung und Unterdrückung der einheimischen, zumeist aus nicht-arabischen Berbern bestehenden Bauern rechtfertigten. Die Ursprünge dieser Ideologie gingen einerseits auf die nach Afrika ausgewanderten Fatimiden mit ihrem Chiliasmus und dem Glauben an einen Mahdi zurück, der den

Islam reformieren und das Ende der Zeiten einleiten soll, andererseits auf die kämpferischen islamistischen Reformbewegungen der Almoraviden und Almohaden, die vom 11. bis zum 13. Jahrhundert im Maghreb große Berberreiche gegründet hatten und eine Zeitlang auch in Andalusien herrschten.

Im 19. Jahrhundert, erklärte uns Walid, wurde dieses militante, radikalislamische Gedankengut im Kampf gegen den französischen Kolonialismus wiederentdeckt und rehabilitiert, und die islamistischen Schlächter von heute könnten sich darauf nicht nur berufen, nein, man könne sogar sagen, sie seien die direkten Nachkommen dieser nun fast ein Jahrtausend alten Überlieferung. Wenn man diese Tonbänder hört, sagte er, und den Eifer und den Fleiß erahnt, mit dem sie sich auf die ältesten Texte beriefen, glaubt man nicht, daß seither soviel Zeit vergangen ist. Dieses alte Gedankengut ist für sie lebendig wie eh und je, sie haben keinen Begriff von Geschichte. Man sehe daran, sagte er, wie unerläßlich es sei, Geschichte aufzuarbeiten und selbst den einfachsten Leuten einen Begriff von Historie zu vermitteln. Es komme ein Weiteres hinzu, nämlich der sich durch die gesamte algerische Geschichte seit der Antike ziehende Konflikt zwischen der städtischen, naturgemäß zum Mittelmeer hin orientierten Bevölkerung der Küste und den nie völlig unterworfenen Bewohnern der Berge. Wenn man wolle, könne man den brutalen Guerillakrieg der Islamisten als eine Wiederkehr der früheren Attacken der Berber auf die Städte und gegen die Zentralmacht deuten, obschon die Islamisten heute keiner Ethnie mehr zuzuordnen sind und sich aus verschiedenen Bevölkerungsgruppen zusammensetzten. So daß gleich welche Ideologie nur ein Firnis über Gegensätzen und Konfrontationen ist, die auf ältesten Verteilungs- und Machtstrukturen beruhen.

An dieser Stelle mischte sich der Professor in das Gespräch

ein, den zwar alle respektvoll behandelten (er war fast doppelt so alt wie wir anderen), aber doch keiner so recht ernst zu nehmen schien: Er sei der Ansicht, daß das Problem nicht erst mit dem Islam begonnen habe (hier erntete er zustimmendes Nikken), sondern vermutlich schon in der Antike, und zwar nachweisbar seit der römischen Zeit und der Christianisierung des Maghreb im zweiten Jahrhundert. Nicht umsonst, sagte er, seien die Märtyrer Nordafrikas für ihre Unbeugsamkeit berüchtigt gewesen. Unzählige Katakomben zeugten davon (»waren Sie jemals in Sousse?«), von denen die meisten übrigens noch zu entdecken seien, wenn man den alten Quellen glauben dürfe. »Aber natürlich haben unsere islamischen Regierungen kein Interesse daran. Wissen Sie, wer die Donatisten waren? Lesen Sie es nach! Ebenfalls eine Gruppe von Radikalen, aber Christen. Bevor Augustinus in Hippo Regius Bischof wurde, hatten sie ganz Nordafrika in ihrem Griff. Fast wäre es ihretwegen zu einer Spaltung der Christenheit gekommen. Und dann die Vandalen, Ihre Vorfahren, junger Mann«, sagte er an mich gewandt, »die kurz danach einfielen. Glauben Sie, die wären ohne Unterstützung durch die einheimische Bevölkerung auch nur einen Schritt weit gekommen? Ihnen war jedes Mittel recht, die Macht der Städte zu brechen, Vandalismus, nicht wahr, noch heute gibt es in allen Sprachen das Wort.«

Auf dem Heimweg verriet mir Zaoui, daß Bou Ward, wie der seit über zehn Jahren emeritierte Professor hieß (»Vater der Rose«, bedeutet der Name), es liebe, anhand weniger Indizien entwickelte Theorien als weithin anerkannte Gewißheiten hinzustellen. Ich solle vorsichtig sein, falls ich ihn zitieren möchte. Doch diese Eigenschaft, fuhr Zaoui fort, teile er mit vielen Algeriern, »selbst mit mir«, und er lachte. Dieser bei Bou Ward allerdings besonders ausgeprägte Zug mache ihn freilich auch sympathisch – und genial. Er verstehe es, aus den verstreutesten Einzelheiten urplötzlich eine Synthese zu entwickeln, und seine ausgefallenste und bislang beste Idee sei die – jedenfalls wenn wir ihm glauben – lückenlose Rekonstruktion des nordafrikanischen Vulgärlateins, das sich zu dem Zeitpunkt, da sich seine Spuren verlieren, also etwa gegen Ende des zwölften Jahrhunderts, bereits zu einem eigenen Idiom entwickelt hatte. »Weißt du«, sagte er mir, »was das heißt: In Algerien gab es eine eigene romanische Sprache, Algerisch, irgend etwas zwischen Portugiesisch und Italienisch, ähnlich mit Arabismen durchsetzt wie das Portugiesische, aber näher am Latein als Italienisch, eine Sprache aus eigenem Recht, vielleicht, wer weiß, die schönste, die wildeste romanische Sprache!«

Das jedenfalls glaube Bou Ward, und er beschäftige sich auf seine alten Tage mit nichts anderem, als die Grammatik dieser nie entstandenen romanischen Sprache, so wie sie heute wäre, zu rekonstruieren, sie aus den wenigen Daten und Bruchstükken, die wir kennen, hochzurechnen. Auf seine alten Tage habe er den Computer als Hilfsmittel für seine Studien entdeckt, und aus einem Vergleich der Entwicklung aller romanischen Sprachen seit dem Punkt, wo sich das Algerische verliert, wolle er unter Hinzunahme der algerischen Besonderheiten, das heißt eines starken Einflusses des Arabischen und vor allem der Bersprachen, dieses Algerisch als moderne Sprache (mit allen im Lauf der Zeit hinzugekommenen Fachausdrücken, versteht sich) neu generieren, um, so sein Traum, einem unabhängigen (eben nicht frankophonen!), gleichwohl zum Mittelmeer gehörigen und sich nach Norden (eben nicht nach Mekka!) orientierenden Land eine eigene Sprache zu schenken.

Dies erzählte Zaoui, der, obwohl um einiges geerdeter als Bou Ward, nicht minder genialisch veranlagt ist. Seine Romane schreibt er mal auf arabisch, mal auf französisch. Auf den algerischen Krieg hat er, wie Walid, seinen eigenen Blick.

Auch für ihn beginnt er nicht mit dem radikalen Islamismus der neunziger Jahre, sondern mit der algerischen Unabhängigkeit. Das befreite Algerien wollte seine arabisch-islamisch Identität stärken. Arabisch wurde zur Unterrichtssprache an den Schulen erklärt. Aber die Lehrer fehlten, denn die, die es gab, waren französisch ausgebildet; und die, deren Muttersprache nicht der algerisch-arabische Dialekt, sondern eine der Berbersprachen war, beherrschten das Arabische oft gar nicht richtig. Also wurden Lehrer importiert. Besonders viele schickte Ägypten. Für Nasser, den ägyptischen Diktator und pan-arabischen Visionär, war es nur die Gelegenheit, alle Lehrer auszuweisen, die eine Verbindung zu den islamistischen Muslimbrüdern hatten. Und das waren viele. Tausende ägyptischer Radikaler wurden so zu Lehrern an den Schulen des jungen Algerien. Wiederum einige Tausend der von ihnen ausgebildeten Kinder pilgerten Anfang der achtziger Jahre nach Afghanistan, um dort im Namen des Islam gegen die Russen zu kämpfen. Ideologisch gefestigt, ein Guerilla-Leben in den Bergen gewohnt und zu etwas anderem als dem Kampf kaum befähigt, kehrten sie in den neunziger Jahren nach Algerien zurück – und kämpften weiter.

Einer ihrer Gegner war der Panzeroffizier Mohammed Moulessehoul, der später unter dem Pseudonym Yasmina Khadra mit seinen Algerien-Krimis bekannt geworden ist, in denen er die Korruption der Regierung und die Brutalität der Islamisten schildert. Über seine Erfahrungen bei der Armee schreibt er nicht. Doch einmal, beim Essen nach einer Lesung in Hamburg, erzählte er. Wie es sei, in ein Bergdorf zu fahren, das von den Islamisten überfallen worden ist; kurz vor Ende des Ramadans, wenn sie immer am schlimmsten wüteten. Alle Einwohner, ein knappes Hundert, massakriert. Diesen Anblick habe er gekannt, gelernt, damit umzugehen. Einige Einwohner erschossen, die, die Waffen gehabt hätten. Den anderen, wehrlosen, die Kehle durchgeschnitten. So viel Blut, daß noch nicht alles geronnen war. Als hätten sie ihre Opfer schächten wollen. Neunundneunzig Mal *bismillah* dabei gesprochen. An all das hätte er sich gewöhnt. Nur jetzt, warum die Tiere? »Das war mehr als Mord, das war Mordlust. Nichts, gar nichts haben die in diesem Dorf am Leben gelassen. Sie haben die Ziegen nicht mitgenommen, sie haben sie umgebracht und liegengelassen wie die Menschen. Vier geschlachtete Katzen habe ich gesehen. Wieso die Katzen? Ein einsames, verletztes Huhn lief herum. Den anderen hatten sie den Kopf abgeschnitten – und sie liegenlassen. Sie hätten sie mitnehmen können, verzehren, aber nein, reine Zerstörungswut, reine Verachtung für alles Leben und allen Sinn. Den Rest gab mir, auf einer Wäscheleine zum Trocknen aufgehängt, der einzige weiße, unbesudelte Fleck in diesem Dorf, ein Kleid, das Festtagskleid für ein kleines Mädchen, das weiße Kleid für das Fest zum Ende des Ramadans, es hing unbefleckt auf der Leine, und das Mädchen – eines der Kinder mit aufgeschlitzter Kehle. Dieses Bild, das weiße Kinderkleid auf der Wäscheleine, aufgehängt für den Tag, an dem alles hier tot lag, das war zuviel, ich konnte nicht mehr, und zum ersten Mal weinte ich.«

Als Khadra, der sich, auf sein Verhältnis zur Religion angesprochen, stets einen praktizierenden Muslim nennt, mir ein halbes Jahr nach meinem Besuch in Algerien diese Geschichte erzählte, kamen mir meine Diskussionen mit Mohammed Boudiba wieder in den Sinn, dem Kulturdirektor der Stadt Annaba, mit dem ich am Tag vor dem Abendessen in Algier mit Zaoui, Walid, Bou Ward und Graffenried, dem Schweizer Fotografen, zwei Tage verbracht hatte. Auch in den Gesprächen mit Boudiba war der Bürgerkrieg das beherrschende Thema. Doch während üblicherweise ich der Fragende, Neugierige, Verständnislose war, kehrte sich in diesem Fall das Verhältnis bald um, und ich mußte Boudiba Rede und Antwort stehen. Er warf mir vor, ebenso freundlich wie entschieden, daß wir – wir der Westen, wir die Deutschen – die Algerier im Stich gelassen hätten. Den Mördern, den Islamisten hätten wir zu Tausenden Asyl gewährt, in Deutschland hätten sie ihre Taten planen, hätten Geld sammeln und sich ausruhen können. »Ihr Franzosen und Deutschen«, sagte er, »habt mit eurer Toleranz den Bürgerkrieg verlängert, wenn nicht überhaupt möglich gemacht. Kannst du mir erklären, was ihr euch dabei gedacht habt?«

Ich gab ihm recht, im Prinzip jedenfalls, und sagte, von heute aus gesehen, nach dem 11. September, habe sich diese Politik natürlich als falsch erwiesen. Doch das genügte ihm nicht.

»Diese Politik war schon vorher falsch, was ist das für eine Politik, die Mördern, Kinderschlächtern, Menschenverächtern Asyl gewährt? War das vor dem 11. September richtig, nur weil es euch nicht betraf?« – »Wir wußten nicht«, entgegnete ich, »in den meisten Fällen wußten wir nicht, wem wir Asyl gaben.« – »Aber ihr hättet es wissen können. Wir haben es euch gesagt. Algerien hat es immer gesagt, aber es hat euch nicht interessiert.« Ich sagte: »Unser Asylrecht ist weltanschauungsneutral. Jeder, der wegen seines Glaubens oder seiner politischen Überzeugung verfolgt wird, muß aufgenommen werden, gleichgültig, was er glaubt.« – »Ist es euch wirklich völlig egal, wem ihr Asyl bietet? Kennt ihr keine Wertvorstellungen, politische Normen? Woher kommt diese Einstellung?« – »Aus der Nazizeit«, sagte ich, »eine Lehre aus der Nazizeit, als viele Deutsche Asyl suchen mußten und dankbar waren, wenn man sie akzeptierte, gleich welche politische Einstellung sie hatten. Der Staat muß neutral sein gegen den Flüchtling, das haben wir gelernt.« – »Neutral, das ist gleichgültig«, entgegnete er nur, und wenn das Gespräch hier auch abbrach, den ganzen langen Tag, den ich mit ihm verbrachte, kam er darauf zurück, er verstehe das nicht, er verstehe das nicht, das ist eine Schande für Deutschland, und ich gebe zu, ich konnte es ihm nicht erklären und wußte es am Ende selber nicht mehr – ja, wieso haben wir den Islamisten Asyl gegeben? Wieso haben wir uns so wenig dafür interessiert, wer diese Menschen sind und was sie wollen? »Der 11. September«, so wiederholte Boudiba immer wieder, »war ein Glück für Algerien.«

Wenige Wochen nachdem ich aus dem nordafrikanischen Land zurückgekehrt war, stieß ich in der Buchhandlung König in Köln auf einen Band mit Fotografien eben des Michael von Graffenried, mit dem ich in Algier am Tisch gesessen hatte. Kaum daß ich das Buch aufschlug, bereute ich es, mich nicht länger mit ihm unterhalten zu haben. Offensichtlich war er einer der wenigen westlichen Fotografen, die während der heißen Phase des Bürgerkriegs regelmäßig Algerien bereisten. Der Band mit dem Titel »Inside Algeria«, den ich anschließend zu Hause sorgfältig studierte, ist ein Meisterwerk des Fotojournalismus. Unter anderem fotografierte Graffenried die in den Polizeistationen ausgehängten Fahndungsfotos mit Islamisten, die von den »Ninjas« genannten Spezialeinheiten der algerischen Polizei gejagt wurden. Ihre Aufgabe war nicht, die Islamisten gefangenzunehmen, sondern sie zu töten. Die Getöteten wurden durchgestrichen, und das großformatige, mit einer Panoramakamera aufgenommene Foto zeigt die gesuchten Todeskandidaten, die schon länger Getöteten und Durchgekreuzten und die gerade eben erst Markierten in unheimlicher Eintracht nebeneinander. Die meisten der Abgebildeten dürften ebenfalls Killer gewesen sein.

Es gab mir einen Stich, dann im Begleittext aus der Feder

von Graffenried lesen zu müssen, daß es vor allem deutsche Anwälte gewesen waren, die systematisch versuchten, für die auf den Fahndungsfotos Abgebildeten Asyl zu erwirken. Nachdem Graffenried sein Foto in einer Zeitschrift veröffentlicht hatte, baten ihn diese Leute, weitere Fahndungslisten zu fotografieren, um damit in den anstehenden Asylverfahren für die schon in Deutschland befindlichen oder erst nach Deutschland zu holenden Islamisten Beweise dafür zu haben, daß sie vom algerischen Staat verfolgt würden. Graffenried schreibt: »Als mein Foto in Deutschland veröffentlicht wurde, riefen mich Rechtsanwälte an, um weitere Fotos zu bekommen und so für die algerischen Islamisten, die eindeutig vom Staat verfolgt wurden, Asyl zu erlangen. Doch ich verweigerte die Mitarbeit, da ich mich nicht von einer der beiden Seiten in diesem Krieg mißbrauchen lassen wollte. Außerdem scheint es mir ungerecht, daß Islamisten, die vom Staat zum Tode verurteilt werden, sich dadurch für politisches Asyl qualifizieren, während die Journalisten, die von den Islamisten zum Tode verurteilt werden, von der internationalen Gemeinschaft nicht geschützt werden.«

Welche Schlüsse hätte unser Islambeobachter, wenn er bei all diesen Gesprächen dabeigewesen wäre, daraus ziehen müssen? Was hätte er seinem Außenministerium berichtet? Daß es eine Gruppe von Anwälten gibt, die diese Leute nach Deutschland holen will, und daß dies nach deutschen Gesetzen sehr richtig ist? Daß sich die islamischen Killer auf lange Traditionen beriefen, ja, daß diese Traditionen seit alter Zeit in Algerien existierten und vom Islam aus der vorislamischen, der christlichen oder der vorchristlichen, der römischen oder der vorrömischen, der karthagischen Zeit ererbt worden sind? Sehr gut den Islam beobachtet und doch nichts Brauchbares gelernt zur Islamabwehr. Etwas über die Logik der Mörder gelernt, einen Nervenstrang abergläubisch-finsterer Zeiten wiedererkannt, der bis heute überlebt hat, nicht einfach irgendwann gerissen ist. Doch müßte der Beobachter nicht auch nach Berlin berichten, daß es noch viele andere, ebenso alte, aus finsteren Zeiten überlieferte Stränge gibt, die nicht auffallen, weil sie friedlich sind, die sich einschmiegen in die Gesellschaft und vielleicht sogar eine positive Kraft, eine Stärke vermitteln, die es in einer bloß modernen Gesellschaft nicht gibt? Graffenried, mit der Frage konfrontiert, warum er trotz der Gefahren immer wieder nach Algerien gefahren ist: »Meine Antwort ist, daß ich in Algerien etwas gefunden habe, das bei uns im Westen nicht existiert: Inmitten all der Gewalt findet man eine große Moralität und einen starken Zusammenhalt unter den meisten Menschen. Das muß man erleben.«

Ist es nicht so, daß diese sich scheinbar widersprechenden Tendenzen immer miteinander verflochten sind? In Afghanistan: Ein Strang Gastfreundschaft. Ein Strang Frauenunterdrückung. Ein Strang Blutgier. Ein Strang Zählebigkeit. Im neuen Westen ein ähnlicher Widerstreit mit freilich anderen Koordinaten: Freiheit und Menschenrechte gegen Smartbombs, die nicht so klug sind, wie sie sein müßten, um ihren Namen zu verdienen. Zugegeben, die Kollateralschäden, die die schlauen Bomben verursachen, sind nicht erwünscht, anders als der Tod der Katzen und Kinder, wenn die Islamisten mit ihren Schlachtmessern durch die Dörfer ziehen. Gewiß sind diese Kollateralschäden nicht erwünscht, aber sie werden bei vollem Bewußtsein in Kauf genommen, und ist das nicht schlimmer, böser, weil das Bewußtsein des Bösen entwickelter ist und das Böse willentlich in Kauf genommen wird, während die Islamisten immerhin glauben, das Rechte zu tun, selbst wenn sie töten? Aber darf man so fragen? Oder muß man nicht geradezu so fragen? Eine andere, vielleicht die bitterste, gar nicht mit Verstand zu stellende Frage fügt sich da an:

Gesetzt, es wäre möglich, im Zuge einer fundamentalen Reeducation der islamischen Welt, wie sie vielen, auch moderaten und realistischen Politikern im Westen vorschwebt, die Blutgier und die religiöse Rechtfertigung des Mordes auszurotten: Was würde alles mit ausgerottet? Wären die Kollateralschäden nicht auch da womöglich zu hoch? Und wie (wenn wir jetzt schon dabei sind mit Fragen) äußern sich in Deutschland die Spätfolgen der Reeducation (nicht daß ich gegen die Reeducation wäre: Ich war auch für den Krieg zur Vertreibung der Taliban. Trotzdem will ich wissen, was bei dem einen wie dem anderen unbeabsichtigt mit zerstört wurde. Wie hoch der Preis war.)?

Das ausgiebige Händeschütteln, wie es mir damals in Algier zum ersten Mal seit langer Zeit wieder begegnete, lädt ein zu solchen Fragen.

Ähnlich erging es mir beim zweiten Mal, als ich vom Händeschütteln überrascht wurde. Es geschah in Aleppo. In dieser Stadt in Nordsyrien, von der behauptet wird, sie sei die älteste unentwegt fortbestehende menschliche Siedlung, gibt es einen deutschen Honorarkonsul, ein kleingewachsener (aber fast alle Syrer seiner Generation sind klein, Adonis zum Beispiel, der große Dichter, ist ein ganz kleiner, zierlicher Mann), höflicher und zuvorkommender Mann mit dem typischen Aleppiner Namen Sabuni. Sabuni bedeutet ungefähr »auf Seife bezüglich«, und Leute, die so heißen, stammen aus Familien, die entweder mit der Herstellung von Seifen oder mit ihrem Verkauf beschäftigt waren. Für die Herstellung reiner Naturseife aus Oliven und Lorbeer ist Aleppo seit jeher berühmt. Als Bettina, die mich diesmal begleitete, und ich Sabuni an dem Tag, nachdem wir ihn kennengelernt hatten, in seinem Büro besuchten, sahen wir im Flur eine Pyramide aus mehreren Hunderten, sorgfältig wie Bauklötze aufeinandergeschichteten Seifenstücken, die das ganze Büro mit ihrem herben Duft aus Lorbeer und Lauge durchdrangen. Sabunis Zweig der Familie hatte freilich der Seifenmacherei seit langem abgeschworen und war in die Versicherungsbranche gewechselt. Mit seinen 73 Jahren so quirlig wie ein junger Mann, verdient er heute sein Geld als Havariekommissar für deutsche Firmen und überprüft die Richtigkeit gemeldeter Versicherungsschäden der aus Deutschland nach Syrien überführten Waren. Ob er nicht allmählich in Rente gehen wolle, fragten wir ihn bei einem unserer Abendessen. Und dann sagte er etwas, das so deutsch war wie das Händeschütteln später und zugleich genauso vergangen, nur mehr weit außerhalb von Deutschland zu hören: »Arbeit macht das Leben süß. Und, ja«, fügte er hinzu, »das stimmt wirklich«, und wiederholte dann: »Arbeit macht das Leben süß.«

Was sollten wir dazu sagen? Wir schmunzelten und nickten. Ich hatte gegen diese Lebenslehre nichts einzuwenden, hätte mich, wie ich gestehen will, gerne gerühmt, sie selber vollmundig verkünden zu können – und hätte es doch nicht über mich gebracht, selbst wenn ich mir das Recht dazu verdient hätte, es wirklich zu tun, nämlich dieses Arbeitspathos in solchen Sentenzen nach außen zu kehren. Vielmehr hätte ich es wie eine peinliche Krankheit behandelt, wie eine Sucht, die man verschweigt und die ziemlich aus der Mode gekommen ist, die in diesem Land keine Opfer mehr findet. Es ist, als hätten sich die Deutschen das Biertrinken abgewöhnt und als sei jetzt alles genau andersherum, verglichen mit früher, und niemand wolle mehr das Wort Bier in den Mund nehmen oder wäre auch nur kraft seiner Biertrinkererfahrung berechtigt dazu. Selbst ich, wenn ich jetzt darüber nachdachte, war ja nicht wirklich dazu berechtigt, meine übrigen Landsleute, dachte ich, sowieso nicht, die wollen (im Unterschied zu mir, würde ich gerne schreiben) diesen Spruch nicht einmal mehr in den Mund nehmen (bedauern es nicht einmal), und wenn es andere gab, hörte man nicht von denen, denn, wie gesagt, es gehört sich nicht zu sagen: Arbeit macht das Leben süß.

Lieber Sabuni, sagte ich da, den Deutschen möchte ich sehen, der das noch sagt, und im selben Moment hätte ich vor Wut gegen dieses heruntergekommene, im Anspruchsdenken erstarrte Deutschland losbrüllen können, gut, sagte ich, daß Sie in Syrien leben, sonst wäre Ihnen dieser Spruch vergangen und ich hätte ihn nie in meinem Leben gehört. Tatsächlich hatte ich ihn nie gehört, obwohl er mir wie aus einem pränatalen Gedächtnis sozusagen bekannt vorkam und in mir nachschwang. Anders als Sabuni wußte ich aber zugleich, daß es sich mit der dem Spruch zugrunde liegenden Einstellung ähnlich verhielt wie mit dem Händeschütteln, es war ausgewandert, es hatte sich zerstreut und ausgerechnet in der arabischen Welt Wurzeln geschlagen. Einige Zeit später schlage ich zu Hause in einem Zitatenlexikon den Spruch von Sabuni nach. Er stammt aus dem 18. Jahrhundert, aus einem Werk mit dem irrwitzigen Titel »Kleine Lieder für kleine Jünglinge« von einem gewissen Gottlob Wilhelm Burmann (1737–1805, nähere Auskünfte verweigern mir meine Lexika), und lautet im Zusammenhang: »Arbeit macht das Leben süß, / macht es nie zur Last, / Der nur hat Bekümmernis, / Der die Arbeit haßt.«

Im selben Moment aber, in dem mich dieser Spruch sentimental machte und es mich beschämte, ihn zum ersten Mal von einem Syrer in Aleppo zu hören, der, ohne es zu müssen und gegen einen unerheblichen Lohn, für ein Deutschland arbeitete, das selber nicht mehr arbeitete, jedenfalls wenn man den Medien glaubte, jedenfalls wenn man dem eigenen Eindruck glaubte, im selben Moment, noch während ich das dachte, zuckte mir gleich einem Reflex, der meine selbstmitleidige Sentimentalität wie mit einem Dolch durchstieß, ein anderer Spruch durch den Kopf: »Arbeit macht frei«, als wären diese beiden Sprüche hier austauschbar, als stände der eine jetzt für den anderen, und sosehr ich überzeugt war, daß ich Sabuni unrecht tat, indem ich so dachte, war es mir doch nicht möglich, diesen Beigeschmack zu verdrängen, der eine Spruch wurde eskortiert von dem anderen, und diese Verstrickung war für mich, anders als für den in Hinblick auf den Konzentrationslagerspruch unbefangenen Sabuni, Trauer, eine Verstümmelung, ein Riß, denn ich hatte ja beides verloren, das »süß« aus dem einen Spruch, leider, und das »frei« aus dem andren, zum Glück, und in der Nostalgie über diesen Verlust (vermutlich war es nur Nostalgie, die ja, anders als Trauer und Schmerz, ein unverbindliches Gefühl ist, eines, das zu nichts verpflichtet und von dem man nicht fürchten muß, daß es Konsequenzen zeitigt), in dieser Nostalgie erkannte ich die pränatale Erinnerung, das Nachschwingen des Burmannschen Loblieds der Arbeit, also Reste der inneren Möglichkeit, Arbeit als das Leben süß machend zu empfinden, und das heißt, die Arbeit als Arbeit unabhängig vom Lohn als Wert an sich zu erkennen und den Rat für Jünglinge mir zu Herzen zu nehmen; damit aber auch die unheimliche Möglichkeit der Umkehrung, wobei aus der Arbeit, die das Leben süß macht, die Arbeit wird, die zum höhnischen Spruch wird und frei macht. Beide Male »macht« die Arbeit etwas, und zwar für sich, unabhängig von ihrem eigentlichen Zweck, wie Produktion, Leistung, stets ist die Arbeit in diesen Sprüchen Selbstzweck an sich, und genau dies ist das Heikle, Gefährliche, daß die Arbeit unabhängig von ihrem Kontext und Sinnzusammenhang einen absoluten, nicht anzweifelbaren, allen Tauschbeziehungen entzogenen Wert darstellt, eine losgelöste, absolute Bedeutung außerhalb der Zeichen- und Verwertungskette. Denn einerseits ist nicht zu arbeiten vor diesem Hintergrund ein Verrat am Selbstzweck der Arbeit. Andererseits braucht Arbeit nicht mehr entlohnt werden, wenn sie sich selbst genügt, wenn sie ihr eigener Lohn ist. Sie muß nur noch das Überleben des Arbeitenden sichern – glücklich, und in einem bewährten Sinnzusammenhang stehend, ist er schon durch die schiere Arbeit selbst.

Während Sabuni, glücklicher Syrer, der er war, davon nichts zu ahnen schien, sah ich synchron zur Moral ihre Perversion, und zugleich kam mir der Verdacht – den ich nicht weiterverfolgen wollte, das war nicht mein Thema, nicht mein Problem, wenngleich es an sich durchaus eins ist –, ob die wachsende Unfähigkeit der Deutschen, die Arbeit als süß zu empfinden, mit dem anderen Spruch ursächlich zusammenhängt, daß also etwa eine überkonsequente, selbstauferlegte Reeducation mit dem Teufel auch den Gott ausgetrieben hat, mit dem »frei« auch das »süß«. Eine Reeducation im übrigen, bei der sich Kommunismus und Kapitalismus auffällig die Hände gereicht haben, wenn in beiden Fällen Arbeit immer nur eine Ware ist, ein Element in einem Tauschprozeß, jedoch nichts jenseits dieser Tausch- und Warenkette, kein Wert für sich. Wer ohne angemessenen Lohn arbeitet, ist ein Narr. Wer ohne angemessenen Lohn arbeiten läßt, ein Gauner. Es gibt in der Tat keine bessere Garantie gegen die Ausbeutung als das allgemeine Bewußtsein, daß es sich genau so verhält. Freilich wirkt dieses Bewußtsein nur so lange, wie es nicht ums Überleben geht, und ironischerweise ist es ausgerechnet die Arbeitslosigkeit, die die Arbeit unabhängig vom Lohn wieder zu einem immensen Wert macht. Unter rein materiellen Gesichtspunkten verbietet es sich, die Arbeit süß zu finden.

Wo die Arbeit als Wert an sich begriffen wird, herrscht ein

transzendentaler, metaphysischer Bereich, ein Bereich außerhalb quantifizierbarer Werte, außerhalb der Zeichenkette, die nichts anderes ist als die wirtschaftliche Verwertungskette. Als dermaßen Absolutes, nicht Eingebundenes ist er unkontrollierbar, wenn er sich als kollektive Idee einmal festgesetzt hat. Er kann beliebig benutzt und mißbraucht werden, »süß« und »frei« sind austauschbare Stellen in einer Gleichung von identischer Logik. Jeder absolute Wert kann Teufelszeug werden – wenn man jedoch die teuflischen Stellen aus der Gleichung austreibt, zerstört man auch die Gleichung an sich und damit die Möglichkeit, Werte als Werte unabhängig von einer Verwertungskette zu denken. Diese Möglichkeit ist mittlerweile so gründlich ausgetrieben worden, daß wir, als Menschen, als Arbeitende, was auch immer Arbeitende, Schreibende, Kochende, Verkaufende, Druckende, Leitende, Stempelnde, Transportierende, Erziehende, Lehrende, ja noch Lernende, Helfende, Verteidigende... uns an nichts mehr festhalten können als dem Lohn in Heller und Pfennig, den wir für das erhalten, was wir tun. Die große Kette läuft durch uns hindurch, und wir werden davon angetrieben wie von einem Zahnrad, und wenn sie nicht läuft oder zu langsam läuft, dreht sich nichts mehr in uns. Denn wir wissen, oder wir glauben zu wissen, denn wir haben erfahren oder glauben erfahren zu haben, wie gefährlich sie sind, diese transzendenten, nicht auf Erden bewerteten, nicht an konkreten Gegenwerten bemessenen Ideen. Wir sind ihnen aufgesessen, und wie zur Strafe haben wir jetzt keine mehr und haben verlernt, wie wir sie zurückbekommen. Wir sehen sie bei anderen, und heimlich, ein bißchen, beneiden wir sie. Aber wir verachten sie auch, sie sind Narren. Diese Dschihad-Kämpfer. Unvorstellbar, daß sie für Gott kämpfen. Nein, sie müssen es schon für die Freiheit tun (heißt für Besitz in Form eines eigenen Stückes Land), gegen Unterdrückung, Ausbeutung oder aus irgendeinem, letztlich gewiß sich auf Materielles gründenden Haß, also Neid.

Man könnte das die Hyperrationalität nennen: Die Irrationalität einer Ratio, die das Irrationale nicht mehr denken kann. Daß Arbeit süß ist. Daß Zukunft als Zukunft immer schon wertvoll ist. Daß einer sein Leben für eine Idee riskiert oder daß einer sich für seinen Gott opfert. Zeit mit dem Schreiben eines Buchs verbringt, dessen Erfolg er nicht kennt. Kinder als Kinder in die Welt setzt, obwohl es ruinös ist. Daß einer glaubt, überhaupt irgend etwas glaubt. Für die Hyperrationalität ist dies unvorstellbar, und wenn sie damit konfrontiert wird, sieht sie zwangsläufig, wie das schiefgeht, was es ja immer auch tut. Aber eben immer nur auch.

Ich erkannte in Sabuni, als er seinen Spruch sagte, eine Unschuld, um die ich ihn hemmungslos beneidete. Gewiß hatte die Unschuld einen Preis, aber der war für ihn lächerlich gering, als Preis kaum spürbar, und für mich unbezahlbar, so wie umgekehrt manche Dinge in diesen Ländern für mich in meiner Währung praktisch nichts kosteten, während sie für einen einheimischen Lohn unbezahlbar waren. Um die Geringfügigkeit des Preises, den er zu zahlen hatte, beneidete ich ihn vor allem deshalb, weil es meine ureigenste Geschichte war, die er sich auf diese Weise billig und spielend erkaufen konnte und die ich wie durch eine unglückliche Prädestination oder Erbschuld für immer verloren hatte. Ich kann nicht mit seiner Unschuld sagen: Arbeit macht das Leben süß. Ich kann nicht auf meine Geschichte schauen, wie er es tut, der sie sich als Fremder zu eigen gemacht hat, und ich werde es nie können. Um so lieber, natürlich, und um so nostalgischer (weil unmöglich nachzuahmen; darum wissend, war ich frei, mich in dieser Nostalgie zu verlieren) folgte ich seinen Sprüchen, lauschte ich seinen Geschichten. Unbestritten gibt es ja solche Zufälle, die wie für einen gemacht sind. Man begegnet ihnen so selbstverständlich, als wäre es nie anders möglich gewesen, als hätte es nicht anders passieren können. Und wenn man später klar darüber nachdenkt, kann einem schwindelig werden ob der Unwahrscheinlichkeit dieses Zufalls, man schaut schnell weg, sonst käme man nicht umhin, an die Vorsehung oder an Gott zu glauben. Sabuni also hatte in Köln studiert und später von Syrien aus eine Zeitlang für Gerling gearbeitet. Klar, er hatte in Köln studiert, warum auch nicht, irgendwo muß man ja studieren, wenn man studiert, warum also nicht in Köln, und die Kölner Uni galt damals als gut, besonders die Wirtschaftswissenschaften. Selbst heute sind die Wirtschaftswissenschaften in Köln angeblich nicht restlos verkommen, was nichts anderes heißt, als daß sie zu den besten in Deutschland zählen, wo mittlerweile alles nicht restlos Verkommene zwangsläufig das beste ist.

Wie sah es aus, damals in Köln, als er ankam, es muß im Jahr 1958 gewesen sein, es war noch viel zerstört damals, fragten wir, sicher sehr viel zerstört, nicht wahr, wie man Dinge so fragt, die man eigentlich weiß, weil man es noch einmal hören will, hören von einem, der es sah, der es roch, der da durchlief, sich wunderte und abfand, ganz sicher noch viel zerstört, nicht wahr? Sabuni also damals in Köln, das ich so gerne gesehen hätte, bevor dann jeder anfing zu bauen und alle Lücken verschwanden, heute muß man sie suchen. Köln also sicher doch sehr zerstört damals, und Sabuni: Im Gegenteil, nein, damals war kaum noch etwas von Zerstörung zu sehen, so gut wie nichts mehr, ich habe eigentlich nichts gesehen, und wir schauen uns an, Bettina und ich, so, aha, und denken, vielleicht war das ein höfliches Mißverständnis, ein Mißverständnis aus Höflichkeit, denn es ist ja nicht schön, wenn einem so die Stadt kaputtgebombt worden ist, die geliebte Heimatstadt, Heimat der Vorfahren und Vorvorfahren, wer möchte schon gerne an den elenden Zustand seiner Heimatstadt erinnert werden, und wer höflich ist und ein Diplomat wie Sabuni, der erspart einem das, denn er kann ja nicht wissen oder will ja nicht wissen, daß uns gerade dieser elende Zustand interessiert, daß wir geradezu eine Sehnsucht nach diesem elenden Zustand haben und unsere Wehmut nicht aus dem elenden Zustand kam, nicht davon herrührte, sondern daher, daß wir ihn verpaßt hatten, daß es uns nicht möglich war, ihn nachzuempfinden, daß wir die Wurzeln dessen, was wir geworden sind, nicht mehr selber begutachten, beurteilen, erleben können.

So daß wir natürlich enttäuscht waren, als Sabuni uns nichts davon erzählen konnte oder wollte, aber schließlich erzählte er doch, erzählte zum Beispiel, daß er sich gut mit der alten Dame verstand, in deren Haus er ein Zimmer zur Untermiete bezogen hatte und an deren Tisch er essen durfte, daß das Geld sehr knapp war und er jeden Morgen Zeitungen austrug, den Kölner Schtattantseiga, erinnert er sich, spricht er es richtig aus, Schtattantseiga, so wie es die Araber schreiben würden, Schtattantseiga, gibt es den noch? Der geliebte Kölner Schtattantseiga holt uns noch in Aleppo ein, dachten wir, eine Zeitung, ergänzte Sabuni, die »ihrer Stadt ansteht«. Bettina und ich schauten uns an, was meinte er jetzt, bisher hatten wir an ihm keine Ironie feststellen können, aber wer weiß, oder war es sein Deutsch, das angesichts der Erinnerung an diesen Schtattantseiga versagte? Trotz alltäglicher Frondienste für den Kölner Schtattantseiga hatte er nicht viel Geld, konnte von seinem Vater, dessen Geschichte wir später erfuhren, nicht finanziert werden, hatte den Ehrgeiz zu einer guten Ausbildung, einer guten Auslandsausbildung, wie er in allen namhaften Aleppiner Kaufmannsfamilien gepflegt wurde, geerbt, nur den dazugehörigen Reichtum nicht.

Diese Armut sei aber selten ein Problem für ihn gewesen, außer, wenn er, wie er sagte, eine Frau ausführen wollte, wie es ihm einmal passierte, die Dame, wie er sagte, wollte er also ausführen, zum Essen ausführen, und da er sich in solchen Dingen nicht auskannte, nicht wußte, wohin man in Köln eine Dame so ausführt, schlug sie den Gürzenich-Keller vor, wovon er freilich einmal gehört hatte, der Gürzenich-Keller hatte ja einen Namen, und ihm wurde etwas mulmig zumute, wollte aber auch die Dame nicht verprellen und stimmte zu mit der Einschränkung, daß sie aber vielleicht dort besser keinen Wein trinken sollten, der, so erläuterte er uns, aber wohl kaum der Dame, die ihn wahrscheinlich gar nicht verstand, der also sein Budget gesprengt hätte, eine Flasche Wein im Gürzenich-Keller, sagte er, und er hätte drei Tage hungern müssen, kein Geld für einen Bissen Nahrung gehabt. Da die Dame, wenn er sie richtig verstand, aber nichts dagegen zu haben schien, sich mit Bier, genauer gesagt mit Kölsch, was ja eben kein Bier ist, sondern ein Kölsch, sich mit Kölsch also zu begnügen, stimmte er zu, und so saßen sie eines Abends im Gürzenich-Keller, studierten die Speisekarte, und Sabuni bestellte ein Kölsch. »Und die Dame?« fragte der Kellner. Sie sagte: »Eine Flasche Wein bitte, Riesling, und nicht zu trocken!«, so daß es Sabuni heiß und kalt wurde, er freilich auch nicht die Unhöflichkeit aufbrachte, ihr den Wein zu versagen, und daher nur eine Möglichkeit sah, aus der Affäre zu kommen, nämlich eben mal schnell, bevor noch der Wein geöffnet wurde, die Toilette aufzusuchen und von der Toilette unbemerkt in die Garderobe zu schlüpfen, den Mantel auszulösen, die Dame sitzenzulassen, und ab ins Freie, bloß weg.

Die alte Frau jedoch, bei der er wohnte und mit der er täglich seine Mahlzeiten einnahm, eine strenge Katholikin, gleichwohl freundlich und hilfsbereit in all ihrer Strenge, und mit der er sich gut verstand, sagte eines Tages bei Tisch zu ihm: »Ich kann Sie gut leiden, mein lieber Herr Sabuni, das wissen Sie, aber ich kann Ihnen nicht länger verhehlen, wie bedauerlich es ist, um nicht zu sagen: als wie hochgradig schmerzlich ich es empfinde, daß ein wirklich guter Mensch wie Sie ein Heide ist. Schade, Herr Sabuni«, sagte sie, »daß Sie Heide sind.« Aber Sabuni war so weise oder vielmehr schon damals ein so praktisch und lebensklug veranlagter Mensch, daß er sich nicht mit einer Kölner Katholikin auf ein Gespräch über Religion einlassen wollte, zumal es damals, meinte er, noch umgekehrt war und Religion in seiner Heimat kein Thema, in Deutschland aber ein großes, jedenfalls in Köln, wo keiner, der nicht Katholik war, bei Gerling jemals eine Stelle bekommen hätte, und auch der Stadt-Anzeiger hatte ihn ja lediglich als Austräger akzeptiert, und selbst dies wahrscheinlich nur, weil er Heide war, also sicher kein Protestant. Und weil die Religion bei ihm daheim in jener Zeit keine Rolle gespielt habe, war er doch sehr verwundert, wie er in Deutschland eintraf, oder sagen wir, in Köln, in Hamburg sei man ein wenig gelassener gewesen, wie er also in Köln eintraf und bei aller Bewunderung für Deutschland dieses Land sehr tief in die Religion verstrickt sah, so daß er sich, jedenfalls was die Mentalität betraf, vergleichsweise fortschrittlich vorkam. Und dies ja wirklich auch war.

Er erzählte uns diese Geschichten in einem italienischen Restaurant in der Altstadt von Aleppo, dem Teil der jüdisch-christlichen Altstadt, der mit Hilfe deutscher Entwicklungsfördergelder seit Mitte der neunziger Jahre saniert wurde, große gekachelte Innenhöfe, jetzt im Winter mit einem zeltartigen Kunststoffgewölbe überdacht, stets ein Springbrunnen in der Mitte, sowie ringsum, nur vom Hof zu erreichen, zahlreiche Zimmer, darunter eines so hoch wie das ganze Haus, mit einer zu einem spitzen Giebel sich wölbenden Decke und ohne Wand, offen zum Hof, nur leicht um die Höhe einer Stufe erhaben, der sogenannte Iwân. Von der Zitadelle mit der an sie grenzenden islamischen Altstadt *intra muros* liegt dieser christlich-jüdische Stadtteil *extra muros* weniger als einen Kilometer Luftlinie entfernt. Bei den restaurierten Häusern, die heute fast alle als Hotels und Restaurants dienen, obwohl die Touristen, zumal nach dem Irakkrieg, wie Sabuni klagt, ausbleiben, handelt es sich zumeist um Stadtvillen von Notabeln und reichen Kaufleuten aus dem 18. Jahrhundert. Aber die Fundamente, und vor allem die Keller, sind älter, einige datieren auf das Mittelalter zurück.

In einem dieser Häuser gibt es drei ausgewachsene Stockwerke unter der Erde, große, schöne, kühle Gewölbe, deren unterstes über einen eigenen Brunnen verfügt und eine Art Kamin für die Atemluft. In einem toten Winkel sehe ich ein vergittertes schwarzes Loch von einem halben Meter Durchmesser, das sich seitlich in die Erde zu bohren scheint. Dieser Gang, erklärt der Restaurantbesitzer, der uns auf einen Wink Sabunis hin durch sein Haus führt, schlängelt sich mehrere hundert Meter durch die Erde bis hinauf zur Zitadelle. Das Gangsystem, das in Teilen bereits im frühen Mittelalter bestanden haben muß, diente im Kriegsfall zur Flucht. Für die Belagerten oben in der Zitadelle gab es so stets eine Verbindung zur Außenwelt. Für die Bedrohten in den Vierteln ringsum immer die Möglichkeit, in die Zitadelle zu entkommen. Jedes bessere Haus, berichtete er, hat einen solchen Wurmfortsatz in den Hauptgang zur Zitadelle, und jede Abzweigung ist an ihrem Ende mit einem Gitter versperrt, um die Bewohner vor Einbrechern zu schützen.

Dieses Maulwurfsystem faszinierte mich, ich stellte mir vor, wie es wäre, gäbe es in deutschen Häusern derartige Gänge, und ich hätte zum Beispiel von meinem Keller aus die Möglichkeit, unter der Erde in die Krypta des Kölner Doms zu kriechen oder auch nur bis in den Altstadtbereich. Undenkbar. So funktionslos ein solches Gangsystem heutzutage war (aber war es das wirklich, erlebten nicht gerade alle erdenklichen Fluchtwege und Verstecke im Nahen Osten eine regelrechte Renaissance à la Tora Bora?), seine schiere Existenz begriff ich als Weg, als Durchschlupf in die Vergangenheit, ein zwar nicht mehr gebrauchtes, aber gleichwohl jederzeit aktivierbares und letzten Endes vor allem geistiges Röhrensystem, dessen Charakteristikum es ist, daß das Neue nicht anstelle des Alten, sondern darauf, auf seinem Fundament gebaut war. Ein Wurzelwerk hinab in die Zeiten und zugleich von einer seltsamen Gegenwärtigkeit, ein Schutz gegen jede Art Gegenwartsnarrheit, Geschichtsvergessenheit, und sollte tatsächlich einer vergessen, einer glauben, er lebe nur für die Gegenwart oder die Zukunft, er müßte nur hindurch kriechen, um für immer eines Besseren belehrt zu werden, auch er nämlich käme, wie alle seine Vorfahren, dann wieder in der Zitadelle an. So stehen die unterirdischen Gänge in Aleppo für die Fähigkeit der Menschen dieser Stadt, ihre Vergangenheit nach Bedarf zu reaktivieren – eine Möglichkeit, die den Deutschen, so dachte ich mir, mit dem letzten Krieg abhanden gekommen ist. Eine Möglichkeit oder vielmehr ein Algorithmus der Seele, der hier sozusagen natürlich gewachsen war und Bestand hatte, der gepflegt und weitergeschrieben wurde, den aber wir, oder ich jedenfalls, nicht mehr fortschreiben konnten.

Doch schon am nächsten Tag sollten wir mit Hilfe des Honorarkonsuls weit tiefer in die Vergangenheit abtauchen, als es trotz aller unterirdischen Gänge in Aleppo möglich war. Sabuni stellte uns seinen Jeep mitsamt Fahrer zur Verfügung, und zusammen mit Sagallah Ghadjar, dem Doyen der Aleppiner

Hobby-Archäologen, fuhren wir hinaus nach Norden in das Gebiet der im Laufe des sechsten Jahrhunderts aufgegebenen »Toten Städte«. Toskanische Landschaft, aber wie aufgerauht, wie tausend Jahre achtlos liegengelassen, und zwischen den Ruinen der Kirchen, Klöster und Villen von einst weiden die Schafe und spielen die Kinder. Aus Säulentrommeln sind die Grenzsteine der Äcker geworden, aus verfallenen Geschlechtertürmen provisorische Getreidespeicher, und eine fürsorgliche Regierung läßt mittlerweile fliegende Klassenzimmer einfliegen und Toilettenhäuschen für die Touristen (»Urin frißt böse am alten Stein«, sagte Sagallah). Aber die Vergangenheit ist nicht kleinzukriegen. Sie ist in diesem Landstrich so übermächtig, so alles verschlingend, nachstrahlend, jede Gegenwart, jede Zukunft direkt verstrahlend und damit zerstörend (endlich einmal eine solche Vergangenheit!, eine solche Landschaft!), als hätte sie eine völlig andere chemische Zusammensetzung, eine ganz andere, nämlich viel längere Halbwertzeit als die Vergangenheiten Europas oder von Fernost, ja selbst als die Vergangenheiten Aleppos und Damaskus', als die Vergangenheit Kairos – von der Verfallszeit der neumodischen Gußbetonmoscheen, die wir auf dem Weg durch die Hügel in jeder kleinen Stadt sofort erkannten, ganz abgesehen.

Die Kinder, berichtete Sagallah, der lange in der DDR gelebt hatte, empört, gingen in zwei Schichten zur Schule, ein Schwung vormittags, der andere nachmittags, die Schulen seien zu klein, aber Moscheen gebe es so viele, daß man jetzt schon wisse, die nächste Generation, die derzeit massenweise gezeugte dritte Schicht Schulkinder, die in den normalen Schulen gar nicht mehr unterzubringen sein werde, werde in die Moschee zur Schule gehen müssen oder gar nicht, und was das bedeute, könne man sich ja denken. Und doch seien diese Betonmoscheen, ergänzte er, schon jetzt nur Objekte einer zukünftigen Zerstörung, einer langsam sich ankündigenden Kristallnacht unter verkehrten Vorzeichen. Sie erschienen ihm, sagte er, redegewandt, wie er war, zunehmend als eigens aufgestellte Zielscheiben, Blitzableiter, bewußt im Affentempo und möglichst billig hochgezogen, bewußt wertlos, bewußt mit Marmor nur hauchdünn verkleidet, bewußt nur dem Geschmack der absoluten Gegenwart geschuldet, für mehr als diese Gegenwart nicht gebaut und diese sicher nicht überlebend, so Sagallah, während wir gerade durch eine Kleinstadt mit einer riesigen Rohbaubetonmoschee fuhren.

Vom Anblick dieses Betonmonstrums zu weiteren Ausfällen provoziert, meinte er, diese Moscheen taugten zu gar nichts, sie eigneten sich lediglich für die komplette Sprengung, für Schutt und Asche, ja sie würden sich dieser Sprengung auf obszöne Weise entgegenwölben, entgegenrecken mit ihren Kuppeln und Minaretten, die sich das kitschigste westliche Klischee vom Orient nicht kitschiger hätte ausdenken können. Im Vergleich dazu verkörperten die Kirchennachbauten in den verschiedenen provinzamerikanischen Disneyländern, die er gesehen habe, geradezu das authentische Christentum, während die echten immer neuen Moscheeneubauten in den ältesten Städten der islamischen Welt, wenn überhaupt, nur für diesen versauten saudischen Disneylandislam taugten, einen buchstäblich versaudten Islam, so häßlich seien sie. Es seien die Metastasen der religiösen Degeneration, die wahrlich nichts als malignen Melanome des Islam, so drückte er es aus, die, von ihren Anhängern als Zeichen einer neuen religiösen Blüte gefeiert, in Wahrheit die Zeichen des sicheren baldigen Todes dieser Religion seien. Die, wie jedes Krebsgeschwür, den Körper, dem sie ihr Leben verdanken, zerstören und damit sich selbst zerstören, und deswegen sei es klar, daß jede neue Betonmoschee den Tod ihrer Religion und damit die eigene Abschaffung nur immer weiter und schneller beschleunige. So wie den Brücken in Europa für den Fall des einst erwarteten Ernstfalls schon von ihren Erbauern die Löcher für die Sprengsätze eingebohrt wurden, fiel ihm als Vergleich ein, sei auch bei diesen Moscheen das Sprengloch bereits eingebaut, mit dem Unterschied aber, daß sogar das Dynamit schon angebracht sei, diese versaudten Betonmoscheen selbst seien nämlich nichts anderes als Dynamit, geistiges Dynamit, sagte er, und der Zeitzünder stecke schon und laufe, schon im Rohbau höre man ihn ticken und ticken, höre nur hin!

Hier jedoch, erfuhren wir nun, im großen Kalksteinmassiv, dem Gebiet der »Toten Städte«, hatte sich seit ihrem Niedergang nichts mehr etablieren können, ein Nullgrund der anderen Art. Der Boden ist wie übersättigt mit Geist, Religion, Geschichte, Zivilisation, mehr konnte er nicht ertragen, das reicht bis ans Ende der Zeiten. Ich habe, sagt dieser Boden, meine Schuldigkeit getan, spiele der Rest der Geschichte fortan anderswo bitte sich ab, ich genieße mein Altenteil, erzähle euch meine Geschichten. Wir hatten das Glück eines wolkenfreien Wintertages, einer jener nur im Winter erlebbaren Tage, an denen das Licht in diesen Breitengraden so intensiv ist wie je, aber seine Zusätze verliert, alles, was nicht bloß lichthaft ist am Licht, Hitze zum Beispiel, Luftfeuchtigkeit, oder die Aufgeregtheit der Erde, die damit einhergeht. Kaum hatten wir die letzte größere Ortschaft, die Sagallah zu seinem wilden Exkurs veranlaßt hatte, hinter uns gelassen, war es, als träten wir in eine andere Atmosphäre, andere Welt, andere Zeit ein, und um uns seien nur noch Licht, Landschaft und Trümmer. Auch hier siedeln vereinzelt Menschen, aber sie sind nicht die Herren dieses Landes, sondern widerstrebend geduldete Gäste. Sie benutzen die anderthalb Jahrtausende alten Wasserspeicher, doch das Wasser muß ihnen in Tankwagen gebracht werden, so sehr sträubten sich Himmel und Erde gegen die neuen Bewohner, die ihre Häuser an die Fassaden der alten Kirchen lehnen und die umgestürzten Säulen als Grenzpfähle für ihre Vorgärten verwenden. Die alten Steine lassen es mit sich geschehen, sie wissen, sie haben den längeren Atem.

Wenn man, während man über die Felder läuft, zufällig auf sie stößt und aus heiterem Himmel mit dieser Überfülle an Ornament konfrontiert ist, möchte man glauben, versehentlich in einem atemberaubenden Bühnenbild gelandet zu sein. Kapitelle liegen so unbeachtet auf den Feldern wie in den Straßen der Großstadt der Sperrmüll, aus Türstürzen und Fenstersimsen brechen die steinernen Blüten frühchristlicher Symbole hervor, als gehöre das hier zur Natur. Doch was nur Ornament und Blüte schien, hatte Bedeutung, war Zeichen, quoll über vor Sinn. Wohin war dieser Sinn jetzt gesickert? Wer hatte ihn geraubt, in welchem Wasser war er gelöst worden, wer hatte sein Erbe verteilt? Hier war die Form. Doch wo der Gehalt? Unter diesem klarklaren Licht liefen wir über die steinige Erde und suchten. Oft war nicht zu unterscheiden, war der Stein ein Stein aus der Erde oder ein Stein vom Himmel, war er auf natürliche Weise durch die Erde hinaufgewachsen oder von einer Kirche, einer Mauer, einem Turm herabgefallen, war dieser von Flechten überzogene Fels dort nicht doch in Wahrheit behauen? Ist dies eine Säule oder ein Findling?

Im vierten, im fünften, im sechsten Jahrhundert waren diese Siedlungen reich. Selbst Italien, man stelle sich vor, bezog seinen Wein, sein Öl von hier. Italien! Öl und Wein! Von hier! Manches Schiff, von hier nach dort bestimmt, dann gekentert, hat man gefunden, darin: Amphoren für Öl und für Wein. Reicher Boden, ideales Anbaugebiet, jetzt ohne eine einzige Rebe. Als wollte man sich weigern, den Heiligen Geist zu ernten. Den Grund für die Weigerung denke ich mir so: Das Gefäß, ihn zu fassen, gibt es nicht mehr. Es liegt zerbrochen und verstreut hier auf der Erde. Ein glitschiges, schuppiges Ding, dieser Heilige Geist. Der Schlauch, der Krug, der Tank, in den man ihn abfüllen könnte, eignete sich zu nichts sonst. Und wenn er entfleucht, dieser Heilige Geist, wie es jeden Moment geschehen kann, was tun dann mit diesem riesigen Ding, dem eigens für ihn konstruierten Gefäß? Ein Kirchturm, immerhin, hat einen touristischen Wert. Ein Getreidespeicher wird ein Konzertsaal. Ein Stadttor wird ein Museum. Aber die Hülle für den Heiligen Geist? Man kann sie nicht erklimmen. Kann sie nicht einfach wie einen Altbau entkernen, vermieten, umwidmen.

Hügel. Eine Landschaft in Wellen. Farbe: Schwarz und Rot und – wie überall verstreute, in der Sonne glitzernde Scherben – das helle Grau der Steine, grau aus Bescheidenheit, um nicht völlig rein und weiß zu erscheinen. Kalkstein. Besseren gibt es nicht. Alles, was hier aus Stein gebaut ist, aus Stein gebaut, wie Kinder Bauklötze stapeln, so scheint es, steht wie eh und je (nur die hölzernen Dächer sieht man nicht mehr). Hier und da haben die wiederkehrenden Erdbeben eine Reihe dieser Bauklötze leicht verschoben. Hier und da ist ein Türsturz oder der Schlußstein eines Bogens tiefer gesackt. Aber dieser Fall ist von den Konstrukteuren mitbedacht worden, und nie sind diese Durchgänge eingestürzt, immer ist der ohne Mörtel gefügte Stein bloß ein wenig gerutscht. Zuweilen von Menschenhand eingerissen. Nie eigenständig gefallen.

So kann es dem phantasiebegabten Besucher scheinen, als sei hier die Schwerkraft anders verteilt. Und zwar dergestalt, daß neben der gewöhnlichen Erdanziehungskraft eine umgekehrt wirkende, ausgleichende Himmelsanziehungskraft existiert, die verhindert, daß Dinge, die in den Himmel und für den Himmel gebaut sind, stürzen. Und tatsächlich, berichtete

Sagallah, lebt bei den Bewohnern das Gerücht, daß über den »Toten Städten« kein Flugzeug abstürzen könne; diese Vermutung mache sich sogar die syrische Luftwaffe zunutze, indem sie über dem nordsyrischen Kalksteinmassiv die meisten ihrer Übungsflüge abhalte, und trotz des bedenklichen Zustands der syrischen Militärmaschinen und der oft waghalsigen Flugmanöver, die wir selber aus der Ferne beobachten konnten, sei noch nie ein Flugzeug hier abgestürzt. Gleich wie es sich damit in Wahrheit verhält, Himmel und Erde, das ahnt man beim bloßen Herumlaufen, sind sich hier näher als andernorts. Die Erde ist höher, der Himmel, wenn auch nicht niedrig, gleichsam herangerückt, gleichsam vom Thron gestiegen und mit den Füßen auf der Erde stehend, hier und nur hier zur Tangente werdend, die den einen Schnittpunkt bildet, an dem sich Erde und Himmel berühren.

Doch fällt es schwer, den wirklichen Eindruck, die Stimmung, die Empfindung, die diese Landschaft hinterläßt, von der Deutung, der man diese Stimmung später unterzieht, zu trennen. Und so lag es natürlich nahe, in einem Landstrich, in dem vor eintausendfünfhundert Jahren die Styliten – Asketen, die auf den Spitzen von Säulen hausten – nach Dutzenden zählten, eine besonders enge Verbindung von Himmel und Erde zu vermuten. Die tiefe Symbolik der Säulensteherei bestand ja darin, daß der Säulensteher dem Himmel näher kam als der gewöhnliche Christ, daß er buchstäblich in den Himmel hinaufragte. Die abstrakten Darstellungen der Styliten, wie sie tief in manchen Stein eingeritzt sind, zeigen einen langen Strich, der die Säule darstellt, und auf der Säule einen Stern. Oder auf dieser Säule ein Kreuz, dessen obere Hälfte wie von einem Heiligenschein von einem Bogen überwölbt ist. Trotz des hohen Abstraktionsgrads wirkt die ursprüngliche ikonographische Kraft noch heute, es liegt darin eine hehre, in jedem Moment, in dem ich darauf schaue, mich unmittelbar ansprechende Verheißung. Ist es die schlanke, hohe Säule, die in ihrer disproportionalen Länge kein Grieche akzeptiert hätte? Oder bin am Ende ich es, meine Vorbildung, mein Wissen um die Styliten, meine verdrängte, nach Kräften verdrängte christliche Prägung und der mir so vertraute Anblick des Kreuzes, die bewirken, daß mir diese spezielle, bislang unbekannte Variante vor dieser Landschaft, auf diesem rauhen, leuchtenden Kalkstein und vor dieser Geschichte, unweigerlich zu Herzen geht? Doch ich wünschte es mir anders, ich wünschte, dieses Zeichen, die beiden langen, vertikalen Kerben, die ihrerseits wieder in zwei sich überkreuzende, wie Windmühlenflügel nach außen hin breiter werdende Strahlen münden, ich wünschte, diese meisterhafte Abstraktion würde selbst dem Auge eines wilden Tiers unmittelbar einleuchten, selbst ihm die geistige Kraft übermitteln. Hier war etwas. Hier stand einer auf der Säule. Er wußte warum. Das strahlte ab, das strahlte aus und wurde, wie von einem Satelliten, übermittelt und weitergetragen von ebendieser Form, dem Kreuz, einer altertümlichen, für übersinnliche Nachrichten gemachten Antenne. Es gab andere Stylitendarstellungen, einfachere, aber nicht minder anrührende. Wichtig war allein, daß diese Steine nicht im Museum standen, sondern unter diesem Himmel, in diesem Licht, von dieser Luft umspielt. Man hätte sie anfassen und mitnehmen können.

Eine der Darstellungen, mehr nach der Realität gezeichnet, weniger abstrahiert, zeigte eine an die Säule gelehnte Leiter. Es ist die Leiter, auf der der Adept oder Diener des Säulenstehers zum Asketen hinaufstieg, um ihm seine Nahrung zu bringen, nicht viel, ein wenig Wasser, eine Mahlzeit in der Woche; oder um die Weisungen des Asketen entgegenzunehmen, seine Segnungen und Flüche. Es verhielt sich jedoch nicht so, daß ein solcher Asket immer nur stand und gerade soviel Platz zur Verfügung hatte, wie die Säule an ihrem oberen Ende breit war. Vielmehr waren, wie sich aus Rillen und Löchern am oberen Säulenende und aus einigen realistischeren Darstellungen schließen ließ, die Säulen mit einer Plattform ausgestattet, die bis zu zweimal zwei Meter groß war. Der Stylit konnte auf der Säule nicht nur stehen, sondern auch liegen. Die Plattform verfügte über eine Balustrade und eine Art Dach, um den Heiligen vor der Sonne zu schützen. Ferner ließ sich, so Sagallah, der auf solche Details spezialisiert war, nachweisen, daß es auf dem Podest einen regelrechten Abort gab, der allen hygienischen Ansprüchen genügte, so daß die Fäkalien des Asketen nicht einfach hinunterfielen, sondern mittels eines von oben hinabführenden bleiernen Rohres direkt in die Kanalisation des Ortes oder der Kirche geführt wurden. Im Simeonskloster sieht man neben dem Säulenstummel noch das Loch in den Steinplatten, in dem das Rohr gesteckt haben muß.

Wenn man über diese Anlage schreiben will, wie ich es seit Tagen versuche, ist man dankbar für solche nichtigen, realitätsnahen Details. An ihnen kann man sich festhalten. Sieh an, auch der Heilige Simeon hatte ein Klo. Das lenkt wunderbar ab. Solange der Blick auf dieses Kuriosum gerichtet bleibt, brauche ich über den Rest nicht zu schreiben. Nicht über den Ausblick von dieser Hügelkuppe, welcher weit über das unten liegende Tal hinausreicht bis in die Türkei, fast bis an den Taurus, wo der Ifrane entspringt, bevor er sich als silberne Schlange durch das Wadi zu uns hinabwindet. Ein Ausblick nicht wie von einem Hügel oder einem Berg, sondern wie von einer künstlichen Plattform in der Luft, ein Ausblick, wie man ihn nur haben kann, wenn man schwebt. Oder es ist umgekehrt, und der Ausblick selbst macht einen schweben? Wenn man so hinwegschaut über die Landschaft, spürt man es zum ersten Mal körperlich, es ist, als wäre man leichter, leichter als sonst, als hätte man selber gefastet wie so ein Heiliger, als sei man erhoben, erhaben, als habe man sich erhoben, man steht nicht mehr auf der Erde, man steht auf diesem Hügel, aber es ist nicht die Erde, kein Felsen, kein Stein, vielmehr ein Balkon, eine Terrasse im Himmel, einen von oben her haltend, himmlische Schwerkraft gleichsam, Leichtkraft, besser gesagt. So würde man sich, sagte Bettina, auf einem riesigen fliegenden Teppich fühlen.

Solange ich auf diesen spätantiken Abfluß starre, brauche ich mir keine Gedanken über die Schatten zu machen, die hier ein eigenes Kunstwerk darstellen, ein Lichtkunstwerk, eindeutig eine Fotografie in Schwarzweiß, ein wenig vergänglicher als tatsächliche Schwarzweißfotografien, aber in kosmischen Zeitdimensionen gerechnet schmilzt dieser Unterschied zu nichts zusammen. Schatten, Abschattungen, am Ende sogar von größerer Materialität, größerer Dichte als die Steine, die sie werfen – und die, wie sie da stehen, so vergeistigt, so geläutert sind, daß sie als Materie nur noch zur Schaffung der Schatten in Erscheinung treten, nur noch ex negativo überhaupt wahrnehmbar werden. Aber vielleicht übertreibe ich jetzt. Diese Ruinen, die nur wie Ruinen aussahen, aber in Wahrheit die Essenz, der Quellcode unserer Eindrücke waren, sie warfen nicht nur Schatten, ohne daß sie Materie waren, in ihnen klang auch der Schall, als wären es keine Ruinen. Unsere Worte in gewöhnlicher Gesprächslautstärke wurden von den Gerippen der Mauern zurückgeworfen, als befänden wir uns in einer geschlossenen Höhle. Das Verhältnis der geringen Menge an Stein zum Volumen an zurückgeworfenem Schall lag außerhalb des Vorstellbaren, und wer einmal eine Fotografie des Geländes gesehen hat, käme nie auf die Idee, daß es in diesen

Mauern hallte wie in einer riesigen Kirche. Für den Schall schienen die Kuppeln und Decken nie eingestürzt, vielmehr war es, als seien sie nach wie vor dort, Materie, die für das Auge nicht mehr sichtbar war, rein optisch also irgendwann eingestürzt, die aber akustisch wie in all ihrer ursprünglichen Materialität fortexistierte – klanglicher Gebäudezombie, spukender, vom Schall gerufener Architekturgeist, der für das Auge unsichtbar bleibt, aber für – für was, ja für was? – für einen siebten Sinn?, für ein Gefühl, was für ein Gefühl, ein Raum-Gefühl, ein religiöses Gefühl, eine Stimmung?, jedenfalls der, obwohl zu einem großen Teil unsichtbar, gleichwohl völlig erfahrbar ist, erfühlbar, erspürbar. Sicher ist all dies keine geheimnisvolle Sache und läuft auf naturwissenschaftlich völlig korrekte Weise ab. Sicher würde ein Akustiker nachweisen können, daß diese Bögen, diese Mauern, dieses bloß angedeutete Oktogon aus Stein genügte, um das, was wir darin sprachen, zurückzuwerfen wie im besten Echoraum. Und auch für das Auge war ja das Eigentliche, die Essenz, stehengeblieben, das, was es brauchte, um die Aura dieser größten Kirche der christlichen Welt vor dem Bau der Hagia Sophia ausreichend zu erahnen. Und zweifellos war es so, daß diese Ruinen, weil sie Ruinen waren, erhabener wirkten, befreit von unwichtigen Zusätzen, Verkleidungen, Ikonen, Malereien, Lüstern und Leuchtern.

Als die Basilika gebaut wurde, war der Heilige Simeon freilich schon tot. Auf der Kuppe des Hügels, der wie der Rücken eines hingeduckten Tieres aussieht, stand nur seine Säule. Um die Säule als Mittelpunkt wurde die für damalige Verhältnisse riesige, noch heute beeindruckende kreuzförmige Anlage mit ihrem zentralen Oktogon von dreißig Meter Durchmesser errichtet. Jeder der dreischiffigen Kreuzarme war auf die Säule ausgerichtet. Die leichte Krümmung des östlichen Schiffes im

Vergleich zu den anderen drei erklärt sich dadurch, daß in jedem Jahr zum Todestag des Simeon, und zwar zur Stunde seines Todes kurz nach Sonnenaufgang, der Lichtstrahl, der durch das Fenster der hinteren Apsis fällt, genau auf die Spitze der Säule treffen soll. Wenn die Architekten des New Yorker Nullgrundes (oder sollte man Nullerde sagen, Nullfeld, Nullboden?) für ihre Gedenkstätte ebenfalls einen an den Jahreszyklus geknüpften Lichteffekt vorgesehen haben – die ersten, die mit solchen Effekten arbeiteten, waren die alten Ägypter – und das alles irgendwie mit dem Tod und der Auferstehung zu tun hat, mit dem Tod und dem Gedenken der Lebenden, so reicht die eintausendfünfhundert Jahre, wenn nicht doppelt so lang währende, die verschiedensten Epochen überspannende Zählebigkeit dieser lichtmystischen Totenfeier aus, beide Nullgründe, den in New York und den im Kalksteinmassiv in Syrien, einmal zusammen zu erwähnen. Wer hätte vor wenigen Jahren gedacht, daß Orte noch einmal eine solche Heiligkeit erlangen, mit solcher Aura versehen sein werden, und wo, fragt man sich, hatte sich dieser Wille zum Weihevollen die ganze Zeit über versteckt und überlebt? Wenn aber derart urplötzlich und dramatisch wie in New York eine zuvor vergessene Aura abscondita wirksam werden konnte, wer soll uns beschützen, wenn demnächst ebenso unerwartet ein Gott aus seinem Versteck kriechen und sich entbergen will?

Von der Säule des Heiligen Simeon blieb nur ein Stummel übrig, genauer gesagt ein Ei, dessen Umfang noch auf die gewaltige Höhe der Säule schließen läßt, die sich auf fünfzig Fuß belaufen haben soll – weshalb auch das Dach des Oktogons wenigstens so hoch gewesen sein muß. Das Oktogon war nicht von einer Kuppel bedeckt, wie die Archäologen früher glaubten. Eine Kuppel über der großen Fläche des Oktogons wäre sehr hoch geworden, sie hätte wie ein spitzer Hut ausgesehen, und wie ein Hut wäre sie den Fallwinden ausgesetzt, die sie weggedrückt hätten. Daher baute man ein fächerartiges, auf eine flache Spitze in der Mitte über der Säule zulaufendes Holzdach. Wie aber aus der achtzehn Meter hohen Säule ein anderthalb Meter hohes Ei geworden ist, berichtet der arabische Geograph Jaqut in seiner »Geschichte der Länder«. Es gebe in Syrien, schreibt er, einen Ort, wo einst ein Heiliger auf einer Säule gestanden habe, zu der nach seinem Tod die Menschen pilgerten, um sich ein Stück davon abzuschlagen, oder vielmehr um ein abgeschlagenes Stück von den Kustoden zu kaufen. Es genügte ein winziges Stück, denn es sollte nicht aufbewahrt werden wie ein Talisman, sondern die Gläubigen zermahlten die Säulensplitter, mischten das Pulver unter ihre Nahrung und verspeisten die Säule, wie man heute Medizin schluckt. Sagallah, wie immer an den praktischen Aspekten der Sache interessiert, vermutete gleich, daß dies tatsächlich eine gesundheitsfördernde Wirkung gehabt haben könnte, nämlich durch die Aufnahme von Kalzium bei den Säulenessern – die Säule war bekanntlich aus bestem Kalkstein.

An dieser Stelle, inmitten der Klosterruine, wirkte das Ei, wo man doch eigentlich eine Säule erwartete, ein wenig wunderlich. Es schien, als hätte man nicht die Säule, sondern den runden Stein angebetet. Das wie aus dem Himmel, wie vom legendären Vogel Roch in diese Brutstätte des Numinosen gelegte Ei suggeriert einem Betrachter, der mystischen Spekulationen nicht abgeneigt ist, daß der neue Gott dereinst genau hier das Licht der Welt erblicken wird. Er zerpickt mit seinem Schnabel die Schale aus Kalk, pellt sich heraus, plustert sich, nimmt Anlauf über den Bergrücken und entschwebt wie ein Drachenflieger in die Lüfte zu unbekannter Mission. Was auch immer wir über Simeon dachten, er hatte den Ort für seine Askese mit einem perfekten Sinn für Wirkung gewählt, hatte sich für seine Säule einen Platz gesucht, dessen Heiligkeit nur auf einen Heiligen wie ihn gewartet hatte, um sich zu offenbaren.

Simeon war zunächst vor allem ein Ärgernis für die Kirche. Es genügte ihm nicht, ein einfacher Klosterbruder zu sein. In seiner extremen Selbstverneinung verging er sich am gesunden Menschenverstand des Mönchtums. Er schuf ein Rollenmodell, das zur Gefahr für andere wurde, deren Bemühungen um Abkehr von der Welt er sämtlich in den Schatten stellte, wenn nicht sogar entwertete. Wer versuchte, mit ihm mitzuhalten, seinem Beispiel zu folgen, begab sich in Lebensgefahr. Wer wie er vierzig Tage lang nichts aß, starb. Und wer wie er vierzig Tage nichts trank, starb sowieso. Wer seinen Büßerstrick so trug wie er, daß ihm die Venen abgedrückt wurden, daß es ins Fleisch schnitt, blutete, sich entzündete, und wer sich wie Simeon nicht behandeln ließ, mußte sterben. Daher, um zu verhindern, daß sein Verhalten Schule machte, wurde er des Klosters verwiesen. Er ließ sich auf einem Stück Land auf dem Hügel nieder, wo später seine Säule stand, und kettete sich an, um nicht in Versuchung zu geraten, einfach fort in die Welt zu gehen. So jedenfalls berichten es die Legenden. Das eiserne Schloß um seinen Fuß machte ihm eine schwärende Wunde. Nach einiger Zeit schlug er zwar die Kette entzwei (mittlerweile konnte er sich auf seine Willensstärke, seine Unverführbarkeit verlassen), behielt aber die Fußfessel und ertrug die Wunde, um nicht den Eindruck zu erwecken, sich das Leben zu leicht zu machen.

Doch allmählich, jetzt vielleicht Mitte dreißig, war er so berühmt, daß die Leute scharenweise zu ihm pilgerten und von ihm Wundertaten erhofften. Man stellt sich vor, wie dieser Kauz, völlig mit sich selbst beschäftigt, auf seinem abgegrenzten, kleinen Stück Erde hockt und vor sich hin brütet, während die Pilger ihn begaffen wie ein exotisches Tier, in der Hoffnung, an seinen Wunderkräften teilzuhaben oder einen der Funken seines asketischen Geistes zu erhaschen. Sie wollten so sein wie er, vordergründig, aber in Wahrheit genügte es, wenn einer wie er stellvertretend für alle so war und sie ihn nur anschauten. Sie bestaunten den unglaublichen Glauben, der diesen Mann gegen alles, was auf Erden und was ihm geschah, immunisierte, dem nichts etwas anhaben konnte. Der, dies doch vor allem, keine Angst hatte, jemand der, obwohl körperlich so eingeschränkt, geistig so frei war wie nur je einer vor ihm. Oder sagen wir besser: seelisch frei. Denn geistig war er auf Gott und die Evangelien beschränkt.

Nun aber, von den Leuten belagert, bedrängt, zur Aktion gezwungen, begab er sich in die Höhe, stellte sich auf eine Säule, keiner weiß, wo die herkam, vielleicht wurde sie eigens für ihn herbeigeschafft, erst nur acht Fuß hoch, hoch genug zwar, um über allen zu stehen, doch immer noch zu nah an der Erde und an den hochgereckten Armen einer hysterischen Pilgerschar. Also wurde sie aufgestockt, immer weiter und weiter, bis sie schließlich, gegen Ende seines Lebens, fünfzig Fuß zählte. Bald, damals war seine Säule nur erst fünfzehn Fuß hoch, entdeckte er, ständig dazu aufgefordert und genötigt, wie er war, sein Talent zur Rede, wie ein Wasserfall brach es aus ihm heraus, aber nicht ständig, sondern in unvorhersagbaren, eruptiven Schüben.

Lang und länger warteten unten die Pilger, tagelang, wochenlang, bis etwas geschah, bis sie auf einmal seinen verstohlenen Blick erhaschten, wo er sich sonst nicht im geringsten um sie kümmerte, bis die ersten Frauen, von diesem Raubtierblick getroffen, in Ohnmacht fielen und es sich herumsprach, daß er hinabgeblickt hatte, so daß schließlich, von hinten, bei den am weitesten von ihm Entfernten beginnend, die Rufe aus der

Menge erklangen, anschwollen, sich aufeinander abstimmten, bis überall ein langes, quälendes, jaulendes Sam'an, Sam'an zu hören war, immer lauter, rhythmischer, intensiver. Er tat so, als hörte er nichts, und doch, anders als sonst, hörte er jetzt, sah er jetzt, er wollte das nicht, wollte nicht hören, nicht sehen, und schon grämte er sich, daß er überhaupt etwas wollte, auch wenn es ein Nicht-Wollen war, er, der jeden Schmerz ertrug, konnte die Rufe, dieses Brausen der Stimmen nicht ertragen, und schließlich lief der Kelch über in ihm, all seine Ruhe war dahin, jetzt konnte er sich nicht mehr beherrschen.

Und er begann, wie er immer begann, er beschimpfte, schmähte, beleidigte sie, er war außer sich, er tobte. Ihr Kretins! Ihr armen Schweine! Korrupte Bande ihr. Sensationsgeile Ärsche. Ihr wollt von mir geheilt werden? Ich lache. Nehmt euch ein Beispiel an mir. Seid froh, daß ihr krank seid. So sucht ihr wenigstens Zuflucht bei Gott. Wenn ihr gesund wäret, sähe ich euch dann auch? Und ihr, die ihr glaubt, gesund zu sein: Ihr seid überhaupt die Krankesten. Ihr merkt es nicht einmal. Ihr denkt, ihr seid was Besonderes. Findet euch besonders fromm, was? Verpißt euch. Abschaum. Pharisäer. Gottespöbel. Juden, ihr. Perser. Römer. Manichäer. Hundeanbeter. Huren und Hurensöhne, ihr Vandalen, ihr Germanen, ihr Heidenchristen, ihr Christenschweine – dies war immer sein letztes Mittel. Der letzte Versuch. Die größte Demütigung. Wenn er selbst einsehen und sagen mußte: Es sind Christenschweine. Abergläubische, hysterische, voyeuristische, weltverfallene Christenschweine. Und er wußte, er hatte recht. Sie waren nicht besser als irgendwer. Es gab keinen Fortschritt in der Religion. Vielleicht am Ende nur Rückschritte. Es war völlig gleich, wer was glaubte. Er wußte das, und er wußte, das war der größte Schmerz, die größte Prüfung. Wochenlang hatte er geschwiegen, jetzt brach es aus ihm heraus.

Er hatte wieder einmal verloren. Es war ein ungewollter, lange bekämpfter Orgasmus. Es war schlimmer. Es war öffentlich. Es war Wut. Es war Haß. Diese Menge. Das war der Teufel. Das war die Versuchung. Fünfzehn Fuß war seine Säule jetzt hoch, niemand konnte ihn berühren, aber es nützte nichts. Eine neue mußte her, eine höhere. Sie mußten aufstocken. Doppelt so hoch. Weg von ihnen für immer. Dreißig Fuß, mindestens. Verpißt euch! Macht, daß ihr fortkommt! Ihr seid die Feinde Gottes. Ihr seid die Gestalt des Teufels. Hätte ich Steine hier oben, ich würde euch steinigen. Hätte ich Macht im Himmel: Ich würde Steine regnen lassen auf euch.

Ein Raunen ging durch die Menge der Pilger. Ein Jubel. Er hatte reagiert. Er hatte sie wahrgenommen. Ja, er hatte mit ihnen Kontakt aufgenommen, er wollte sie steinigen. Jetzt brüllte die Menge: Steinige uns, Sam'an, steinige uns, bitte, bitte, komm und steinige uns! Hast du keine Steine, hier sind sie, hier sind die Steine für uns, erklang es im Chor, viele Hundert Kehlen, tagelang hatten die Gläubigen unter freiem Himmel ausgeharrt, nur damit er sie eines Blickes würdigte, und jetzt, das spürten sie, waren sie nahe am Ziel, nicht nur sah er sie an, er redete auch mit ihnen, er beschimpfte sie, und sie riefen: Steinige uns, Sam'an, steinige uns. Hier, nimm die Steine und bewirf uns damit, und da Simeon keine Steine hatte, woher auch, fingen einige an, als spielten sie Basketball, Steine in die Plattform auf seiner Säule zu werfen, damit er sie zurückschleudern könne, immer mehr Steine flogen zu ihm herauf, er jedoch richtete sich auf, machte sich zum Ziel, die Steine prallten an seinem Körper ab, und einen Augenblick lang sah es so aus, als sollte *er* gesteinigt werden, als wollte er sich steinigen lassen, und die vier Adepten, die Säulenwächter, sie griffen ein, sie schlugen mit Knüppeln in die Menge, während er, Simeon, sich zu beruhigen schien, die Steine, ganz offensichtlich, taten ihm wohl, die frischen, unverhofften Wunden, das Blut an der Stirn, auf der Brust, das tat wohl, doch als die Menge merkte, wie er verstummte, wie seine Wut nachließ und er den Steinen trotzte, hielten sie sofort inne und jaulten, jaulten: Steinige uns, steinige uns. Doch er tauchte ab, fiel auf die Knie oben auf seiner Säule und dankte Gott für die Erlösung von dieser Versuchung.

Es war zu spät. Die Menge war hysterisch geworden. So nah waren sie ihrem Ziel, und nun plötzlich um die Frucht ihres Wartens gebracht! Sie überrannten die Säulenwächter, stellten sich am Fuß der Säule auf, sie versuchten, aufeinander an ihr hochzuklettern. Er schloß die Augen, konzentrierte sich auf das Gebet und wußte doch genau, zu genau, was geschah, er fühlte den Schmerz in den zertrampelten Leibern, er spürte den Sog der Seelen, die ihre Körper verließen und an ihm vorbei mit einem langen Schweif aus Entsetzen in den Himmel fuhren oder in die Hölle ... Schluß!, er hatte Erbarmen, so ging es nicht weiter, es war besser, ihnen jetzt nachzugeben, als sie heraufkommen zu lassen auf einem Leichenberg. So erhob er sich, und während immer weitere an der Säule noch hochkletterten, sie konnten ihn ja nicht sehen, breitete er die Arme aus zum Kreuz, dies war das Zeichen, er war bereit für sie, und von hinten nach vorn ging ein Raunen durch die Menge, sie hatten gesiegt, sie hatten ihn gekreuzigt, und so zeigte er sich: Er war schwarz, ein dunkler, dünner, von der Sonne verbrannter Strich, ein schmutziges Etwas hinter einer wilden Mähne, einem verfilzten, dreckigen grauschwarzen Bart, sie sahen die Löcher, die zurückgeblieben waren, als er sich die Brustwarzen ausgebrannt hatte, und nun blieb er in dieser Lage wie in Trance, vielleicht eine Stunde lang, bis alle von der Säule zurückgewichen waren und ihn sehen konnten, bis die zu Tode Getrampelten und die Verletzten von den beiden überlebenden Säulenwächtern beiseite geschafft worden waren. Langsam neigte sich der Nachmittag, und die Masse der Pilger wurde erneut unruhig, sie fürchteten, es würde nichts weiter geschehen, wieder würde er sie mißachten.

Da erhob er die Stimme. Was, sagte er, was seid ihr gekommen? Warum? Wenn ihr werden wolltet wie ich, wenn ihr das wirklich wollt (ich glaube es nicht!), so geht von dannen, zerstreut euch, sucht euch eine Höhle, geht in die Wüste, auf einen Berg! Aber ich weiß, ihr seid schwach. Ihr seid gekommen, damit ich euch helfe. Doch daß ihr zu mir kommt, ist in Wahrheit eure einzige Krankheit. Ich kann euch nur fortschicken. Geht, geht nur, und schon seid ihr gesund, ich sage es euch. Eure Krankheit ist euer Glaube, nichts sonst, ihr krankt daran, daß ihr glaubt, mich zu brauchen. Doch euch, euch kann niemand helfen außer ihr selbst. Ihr braucht niemanden. Ihr braucht nicht mich. Und schon gar keinen Gott. Ihr laßt euch nur einreden, daß ihr ihn braucht. Brauchtet ihr ihn, wie könntet ihr dann kommen zu mir? Wie könntet ihr mir lauschen wollen statt Gottes Wort? Was kann ich euch sagen, was Gott nicht gesagt hat? Ihr braucht keinen Gott, ihr braucht einen Hirten, wie Vieh. Ihr braucht keinen Heiland, keinen Heiligen und keinen Segen, ihr braucht Brot. Ihr braucht kein Erbarmen, ihr braucht Liebe. Gott läßt euch in Ruhe. Selbst der Teufel wird sich euch nicht zeigen. Ihr seid Kreaturen jenseits von Gut und Böse. Nehmt die Tiere: Was weiß das Tier von der Schöpfung? Was wißt ihr von Gott? Ihr sagt, ihr sehntet euch nach dem Tod? Ich lache nur. Ihr sollt leben, sonst nichts. Wer hat euren Verstand verwirrt? Bin ich Vorbild für euch? Dann eifert mir nach! Doch ihr tut es nicht – also was wollt ihr von mir? Habt ihr nichts Dringenderes zu tun? Wochenlang harrt ihr hier aus, starke Männer, hoffnungsvolle Jünglinge, schöne Frauen, erfahrene Großeltern – habt ihr keine

Arbeit, keine Felder? Habt ihr keine Kinder? Habt ihr keine Sorgen? Ihr braucht euch nicht um das Jenseits zu kümmern. Ihr seid zu gering für Gott. Tut euer Werk, laßt Gott das seine tun. Betet, wenn es euch wohl tut. Aber nur, wenn ihr niemandem sonst etwas schuldet, wenn all euer Tagwerk getan. Gott schuldet ihr nichts. Gott ist kein Schuldner. Wie könnte ihm etwas fehlen, das ihr ihm schuldet? Was könntet ihr ihm geben? Schaut euch nur an! Ihr, Gott etwas geben? Gott schuldet ihr nichts, aber eurem Leben schuldet ihr alles, die ihr hier sitzt und mich anstarrt, Tagediebe, Faulenzer, Verirrte. Habt ihr euer Feld gepflügt heute? Eure Ziegen gemolken heute? Habt ihr mit euren Kindern gespielt heute? Mit euren Frauen geschlafen heute? Eure Waren verschifft heute? Euer Geld gezählt heute? Eure Eltern versorgt heute? Euer Dach gedeckt heute? Euer Holz für den Winter geschlagen schon heute? Wohlan denn: Betet! Wenn ihr alles getan habt, alles und alles, dann betet und betet und betet. Und Friede sei mit euch bis in alle Ewigkeit. Amen.

Von da ab predigte Simeon zweimal am Tag, einmal vormittags, einmal nachmittags, immer zur selben Zeit. Die Pilger, morgens einige Dutzend, abends einige Dutzend, später auch Hundertschaften, soviel auf dem bald abgezäunten Gelände Platz hatten, zahlten Eintritt, meist in Form von Naturalien, oder sie spendeten eine Münze für den Bau der Kirche, später, nach seinem Tod. Mehrmals täglich stiegen die Säulenwächter, die Adepten, an der Leiter zur Spitze der Säule hinauf, um die Weisungen des Heiligen zu empfangen oder ihm, einmal pro Tag, eine Ration Wasser heraufzureichen. Er aß nur am Sonntag. Seine Predigten waren gefürchtet, nicht so sehr von den Pilgern, für die alles, was Simeon sagte, wie das Wort Gottes selber war, sondern von den Herrschenden in Byzanz. Denn Simeons Wort galt, dem, was er dekretierte, ließ sich schwer widersprechen, und rasch wurde es in alle Welt hinausgetragen. Allmählich wurde er die vierte Macht im Staate, die Gegenmacht, die unantastbar war. Gegen ihn vorzugehen war unmöglich, es hätte augenblicklich im ganzen Reich Aufstände ausgelöst. Aus Rom, ja sogar aus Spanien und Irland strömten die Pilger zu ihm hin. Er war unbestechlich, und jeder wußte, daß er unbestechlich war. Er wurde zur moralischen Autorität, weil man wußte oder jedenfalls überzeugt war, daß er keine persönlichen Interessen verfolgte und alles, was er sagte, seinem Gewissen, seinem christlichen Gerechtigkeitsgefühl entsprang. Da ihm an der Welt nichts lag, galt er als das Auge Gottes. Nie wieder hat in irgendeinem Reich der Welt irgendeiner solche Autorität besessen. Freilich, Reiche erobern konnte er nicht. Aber er hätte sie stürzen können. Er war die Urform des modernen Intellektuellen, war das, was dieser gern wäre, ohne es je sein zu können.

Allein, es verhielt sich komplizierter. Die Welt verführte ihn nicht, das stimmte, aber er wußte auch nichts von der Welt, und zwar je länger er auf der Säule stand, desto weniger. Mächtig, das ahnte er, das spürte er, war nicht er, Simeon, sondern waren seine Jünger, die Adepten, die Säulenwächter. Alles, was er von der Welt wußte, wußte er über sie. Aber er wußte nicht, ob er ihnen trauen konnte, und, so scheint es uns heute, zu Recht wußte er es nicht. Wie hätte er auch? Er wechselte seine Schüler häufig, und dennoch gab es den einen oder anderen, dem er vertraute, von dem er sich nicht schnell genug trennte, dem er kein Unrecht tun wollte, indem er ihn vertrieb. Er spürte natürlich, daß sie untereinander ihre Hierarchien hatten und Machtkämpfe austrugen. Zwölf waren es, seit er die Säule auf dreißig Fuß erhöht hatte, immer zwölf, die direkten Zugang zu ihm hatten und die zusammen mit einem Hausmeister und einer Heerschar von Dienern den Pilgerbetrieb verwalteten.

Daß unter zwölfen ein Judas war – nicht einmal der Heiland war dagegen gefeit. Simeon aber achtete darauf (anders als Jesus), keinen von ihnen zu bevorzugen, alle gleich oft zu sich heraufzurufen. Aber er hatte natürlich die Kontrolle darüber verloren, wer sein Adept wurde. Zwar konnte er wählen, aber die, die ihm als Kandidaten zugeführt wurden und die überhaupt in seine Nähe vorgelassen wurden, die konnte er nicht wählen, und er ahnte, sie wurden gefiltert, er mochte noch so oft rufen: Neue Adepten! Wer dann als Kandidat durchgelassen wurde, das unterlag Mechanismen, die er nicht mehr zu kontrollieren verstand, und er argwöhnte, daß die kaiserlichen Spione und Beamten sich überall versteckten, sie waren unter den Pilgern, unter den Dienern und sicher auch unter den Jüngern selbst. Zunächst hatte er verlangt, daß auch sie alle sich, zum Zeichen ihrer Loyalität und um auf Lebenszeit als Simeonsjünger gebrandmarkt zu sein, die Brustwarzen ausbrannten. Aber mehrere waren daran gestorben, und so verzichtete er auf diese Übung. Manche griffen später aus eigenen Stücken zum Kauterisiereisen, um ihre Treue und Glaubwürdigkeit zu beweisen, aber nachdem auch von diesen manche starben, verfügte Simeon, daß, wer sich die Brustwarzen mit dem Glüheisen ausbrenne, fortan als Adept ausgeschlossen werde, und so endete diese Quälerei, die letztlich auch keinen verläßlichen Schutz gegen Spione des Kaisers unter den Jüngern bot.

Und wenn wir schon dabei sind, drängt sich die Frage auf, warum Simeon, der auf das Leben offensichtlich nichts gab, der sich fast zu Tode hungerte und doch rund siebzig Jahre lebte (er starb wohl am 24. Juli 459, sein Geburtsdatum ist unbekannt, doch sicher fällt es ins vierte Jahrhundert), den Tod nicht mit letzter Konsequenz suchte, zwar seine Nähe, aber nicht ihn selbst, und ihm dort, wo er nah schien, auswich, und auch die andern, seine Nachahmer, wenn sie den Tod provozierten, stets zurechtwies. Es lohnt sich, bei diesem Gedanken zu verweilen, weil uns diese eigenartige Scheu vor dem Tod oder dieses zwar an den Tod Grenzen, die Grenze aber nicht Überschreiten abhanden gekommen ist. Im Vergleich zu diesem Seiltanz auf der Grenze pflegen wir die extreme Grenzverletzung, Grenzüberschreitung nach der einen oder anderen Seite hin, die Extremmedizin, die das biologische Leben endlos weiter verlängert, und die Euthanasie, die es willkürlich verkürzt. Das Leben zwar zu verachten, aber deshalb den Tod nicht zu suchen, vielmehr im Zweifelsfall diesen noch mehr zu verachten und entschiedener zu fliehen, das ist der abenteuerliche, großartige Balanceakt der simeonischen Ethik. Alles kann Simeon von seinen Schülern verlangen, dem Tod darf er sie nicht anheimgeben. Er ist die Grenze, die die Religion von der Ideologie unterscheidet. Für die Ideologie gibt es keine heilige Grenze. Die Ideologie kann das Sterben verlangen, die Religion nicht. Die Blutzeugenschaft ist eine ihrer Möglichkeiten, aber nicht ihr Gesetz. Davon handelte der Streit der Kirche mit den Donatisten in Nordafrika an der Wende zum fünften Jahrhundert. Diese machten die Bereitschaft, für die Religion zu sterben, zu einem unerläßlichen Kriterium des rechten Glaubens; wer seine Religion verleugnet hatte, gleich aus welchen Gründen, mußte ihrer Meinung nach neu getauft werden. Die Amtskirche, in Nordafrika vertreten durch Augustinus, widersprach: Wer die Religion nur verleugnet hatte, um sein Leben zu retten, der mußte nicht neu getauft werden.

Der Tod darf nichts an sich Erstrebenswertes werden. Selbst der Märtyrer darf den Tod nicht regelrecht suchen. Er nimmt ihn nur, um seinen Glauben zu bezeugen, in Kauf; verlangen darf der Glaube das Opfer jedoch nicht. Der muslimische Selbstmordattentäter, der das Verhältnis umkehrt und den Tod bewußt sucht (abgesehen davon, daß er zudem den Tod anderer will, was dem traditionellen Märtyrertum zutiefst fremd ist), hat daher mit einem Märtyrer im herkömmlichen Sinn nichts zu tun. Der Selbstmord kommt einer Verhöhnung der Märtyreridee gleich. Letztlich ist es Gott, der den Märtyrer wählt, und wer sich selbst dazu bestimmt oder jemanden dazu ausersieht, macht sich zum Herrn über Leben und Tod, maßt sich an, was nur Gottes ist. Märtyrer ist jemand, der wegen seines Glauben stirbt und nicht auf Geheiß seines Glaubens. Der Tod darf nicht das Medium der Glaubensbekundung werden, allenfalls kann er ihr Preis sein.

Womöglich rächt es sich, daß die modernen Gesellschaften einen positiv besetzten, genau umrissenen Begriff des Märtyrertums und des Opfers verloren haben. Wo diese Tradition, dieses begriffliche und verhaltensethische Erbe, verkümmert, ist sie offen für jeden Mißbrauch. Kaum einer im Westen schert sich um diese Begriffe. Brauchen wir nicht, wollen wir nicht, warum also sich damit abgeben? Indes, wer keinen Märtyrerbegriff kennt, hat keine Überzeugung, keine Werte und auch sonst nichts, wofür man lieber sterben würde, als es aufzugeben. Man neigt dazu, zu denken, dies sei nichts als eine Garantie gegen den Mißbrauch durch Ideologien. Tatsächlich jedoch wird man ohne den Begriff des Opfers erpreßbar. Der, der für etwas zu sterben bereit ist, kommt damit in eine stärkere Position – wie das Christentum gegenüber den Römern im späteren Römischen Reich, wie die muslimischen Kämpfer oder Terroristen gegen den Westen. Von da ist es nur ein kleiner Schritt, bis der Tod zum Selbstzweck wird, genau das, was er gemäß einem klassischen Märtyrerbegriff nie war und in keiner Religion sein kann, die nicht auf Selbstausrottung aus ist. Ein Märtyrer, der sich selbst umbringt, ist wie jemand, der sich das Zeugnis, das er bekommen soll, eigenhändig ausstellt. Es kann nicht viel wert sein.

Da Simeon wußte, daß er in seinem Urteil über die Welt und die politischen Verhältnisse in Byzanz von den Informationen seiner Jünger abhängig war, und obwohl es sich mit aller Macht und allem Wissen ähnlich verhielt, nämlich daß es stets Vermittler und Vermittler der Vermittler gab und anders die Welt nicht regiert werden konnte, verzichtete er mit der Zeit darauf, sich in weltliche Angelegenheiten einzumischen, sehr zum Unwillen vieler Pilger und mancher seiner Schüler, die alle, jung und stürmisch, wie sie waren, von einem tiefen Ressentiment gegen jede Art von weltlicher Macht geprägt waren und die alles, was gegen die Staatsmacht war, schon deshalb für richtig hielten, weil es gegen die Staatsmacht war, weil es oppositionell war, weil es kritisch war. Das allein zählte für sie, nicht ob es angemessen war oder nicht, überlegt oder nicht, konstruktiv oder nicht. Und angesichts dieser Öffentlichkeit voller Ressentiments redete er nicht mehr über Themen, die jenseits seiner unmittelbaren Erkenntnis lagen, jenseits von Askese und Gott und Heiliger Schrift, wohingegen manche seiner ehemaligen Schüler (nicht die besten!, nicht die gehorsamsten!), von seiner Aura, seiner Macht verführt, begannen, ihm nachzueifern, und bereits wenige Jahre nach seinem Tod zählte man im Oströmischen Reich über einhundert Säulensteher, eine Mode, die erst abflaute, als zunächst die Perser, dann die Araber das Gebiet überrannten und andere Sitten und Strukturen dort einführten.

Auch unseren zweiten Abend in Aleppo verbrachten wir mit Sabuni. Er bestand darauf, uns einzuladen. Wir dankten ihm für den Fahrer, für die Expertise von Sagallah, den er eigens für uns mitgeschickt hatte, schwärmten von diesem Tag und erzählten und tranken, und irgendwann fragte Bettina, was ich, aus einer seltsamen Scheu oder Angst heraus, mich nicht zu fragen getraut hätte: Wie es denn gekommen sei, daß er, Sabuni, zum Studium ausgerechnet nach Deutschland ging?

»Oh, das ist eine sehr eigentümliche Geschichte. Als ich ein kleiner Junge war, während des Krieges, haben wir immer Radio gehört. Wir haben ein Haus gehabt so wie dieses hier« – wir saßen in einem der neu eingerichteten Altstadtrestaurants –, »ein großes, altes Aleppiner Haus. Mein Vater war einer der wenigen, die zu jener Zeit ein Radio besaßen, und jeden Abend zur gleichen Uhrzeit kamen die Verwandten und Freunde der Familie zu uns, um gemeinsam mit meinem Vater im Wohnzimmer Radio zu hören. Es war der feierlichste Augenblick des ganzen Tages. Meistens durfte ich so lange aufbleiben. Während alle im Halbkreis auf Stühlen um das Radio saßen, legte ich mich auf den Diwan. Mein Vater aber hockte vor dem Radio und überwachte die Zeremonie. Er war der Generalfeldmarschall der Kurzwellen, fast erdrückt von der Last der Verantwortung, daß der Sender richtig eingestellt war und der Empfang gut – nicht selten kam es vor, daß er, Entschuldigungen vor sich hin murmelnd, Flüche ausstoßend, die ich nicht verstand, voller Verzweiflung, von den atmosphärischen Störungen wie persönlich getroffen und durchzuckt, am Frequenzknopf drehte und wild auf den Kasten schlug. Diese Geräusche und das Auf- und Abschwellen des Tons sind mir heute noch im Ohr wie vor sechzig Jahren. So döste ich, zehnjährig, oftmals während dieser wie spiritistischen Sitzungen ein, im Hintergrund, bis tief in meine Träume reichend, die Stimme: Huna Almaniya. Hier spricht Berlin.

Über dieses Radio waren wir mit Deutschland verbunden, und zwar auf Leben und Tod, wie zwei Bergsteiger durch das Seil miteinander verbunden sind. Deutschland ging voran. Es erklomm Höhen, in die wir uns allein nie gewagt hätten. Wir zitterten mit ihm, fest überzeugt, wenn Deutschland fiele, würden auch wir fallen, wenn Deutschland siegte, siegten auch wir. Die Deutschen hatten die Franzosen geschlagen, unsere Feinde, die unser Land besetzt hielten. Die Gegner Hitlers waren unsere Gegner, er war einer von uns. Manche glaubten sogar zu wissen, er, Hitler, sei zum Islam übergetreten und heiße nun in Wahrheit Mohammed Hitler. Allah müsse ihm helfen, denn wie anders wären seine Erfolge zu erklären? In seiner Gestalt würden die Muslime endlich die Welt erobern. Viele Freunde meines Vaters dachten so. Aber er wies sie zurecht: Es komme nicht darauf, ob Hitler Muslim sei oder nicht. Er sei ein guter Mensch, und er helfe uns. Das allein zähle. Nicht seine Religion. Ich will nicht die Welt erobern, sagte er. Es reicht mir, wenn wir die Franzosen vertreiben und endlich frei sind, unabhängig, unsere eigenen Herren.

Die Deutschen ermutigten uns, halfen uns nach Kräften. Sie lieferten uns Waffen. Ihre Erfolge in Europa schwächten die französischen Truppen hier in Syrien. Ermutigt von der Nachricht, daß die Franzosen besiegbar waren, brachen auch bei uns die Aufstände los. Aber es gab noch einen anderen Grund, weshalb wir den deutschen Rundfunk hörten. Die Deutschen hatten einen unglaublich begabten arabischen Sprecher. Hanna Diab war sein Name. Er soll sogar Syrer gewesen sein, ja, Aleppiner. Er sprach das reinste und schönste Hocharabisch. Und er war mindestens ein so guter Redner wie Goebbels. Noch aus den Niederlagen des Deutschen Reiches wurden in seinem Mund für uns heimliche Siege, rein taktische Niederlagen, Ablenkungsmanöver. Wir waren begeistert, ob von ihm oder vom Deutschen Reich, das wußten wir bald nicht mehr zu unterscheiden. Es war eine Stimme, und sie sprach. Und wir sahen, die Franzosen schwächelten auch hier, selbst uns gelang es, sie zu besiegen. Aus all diesen Gründen erschien uns Deutschland wie ein magisches, unbesiegbares, gutes Land. Als bekannt wurde, was keiner von uns für möglich gehalten hätte, daß Deutschland geschlagen war, ein für allemal besiegt, da wurde mein Vater krank, schwerkrank. Ein halbes Jahr konnte er nicht mehr arbeiten, und danach war er so geschwächt, daß er seine Geschäfte aufgab. Hätte ich in ein anderes Land gehen können als nach Deutschland, um zu studieren?«

Das erinnerte mich daran, wie ich zum ersten Mal und auf noch fragwürdigere Weise von der arabischen Begeisterung für das Dritte Reich erfuhr. Es war am Haus der Kulturen der Welt in Berlin in aller, freilich zum Großteil aus Arabern bestehenden Öffentlichkeit. Ich erfuhr davon aus dem Mund von Nizar Qabbani, dem populärsten, meistgelesenen arabischen Dichter seiner Generation, der ungleich beliebter ist als Adonis, ungleich gelesener als Mahmud Darwish, ein Populist von Gottes Gnaden. Er hatte es geschafft, und dies ist tatsächlich eine außerordentliche Leistung, die arabische Sprache wieder leicht zu machen, diese schwere, seit 1500 Jahren morphologisch unveränderte, von den lokalen Dialekten abgekoppelte und doch nicht zu ersetzende arabische Sprache. Er hat sie leicht gemacht, eine Dichtersprache geschaffen, die klassisch und eingängig zugleich war, mit natürlichem Tonfall, einfachen Bildern und blumigen, doch unverblümten Worten. Er konnte auf die Araber schimpfen wie ein Berserker, wie der Heilige Simeon auf die Pilger, und er wurde von ihnen nur um so mehr dafür geliebt. Freilich legte er sich nie direkt mit den Mächtigen an, vielmehr arbeitete er lange als Diplomat, unter anderem in China und in Spanien. Er schrieb zahllose schöne, leichte, leicht kitschige Liebesgedichte, die heute die Poesiealben von Millionen pubertierender arabischer Mädchen zieren. Kaum ein Liebesbrief eines wirklich verliebten jungen Arabers heute dürfte ohne ein geklautes, bewußt oder unbewußt geklautes Nizar-

Qabbani-Zitat auskommen (»Laß meine Leidenschaft wachsen, o süßeste Attacke meines Liebeswahns, Vogel meines Herzens« und so weiter...).

Auch Qabbani, geboren 1923, war Syrer – das Syrien der zwanziger, dreißiger und vierziger Jahre hat viele großartige Dichter hervorgebracht. Es war die Generation derer, die mit der traditionellen Bildung aufgewachsen waren, aber ebenfalls vom modernen, aus Europa importierten Schulsystem profitierten. Der Dichter Adonis zum Beispiel, Jahrgang 1930, kannte einen Großteil der klassischen Poesie vom Hörensagen auswendig, noch bevor er in der Koranschule Lesen und Schreiben lernte, so wie es seit Jahrhunderten üblich war. Aber weil er sich hervortat, wurde er mit vierzehn auf eine französische Schule geschickt und ist daher in beiden Kulturen, beiden Denkweisen so tief verwurzelt, wie die Schüler es heute, wenn überhaupt, nur in einer der beiden Kulturen sind. Denn die klassische Bildung ist fast ausgestorben oder in erzkonservative, wenn nicht religiös reaktionäre Kreise abgewandert, wo die moderne, westliche Bildung abgesehen von technischem Gebrauchswissen verpönt ist. Das völlig überlastete staatliche Schulsystem aber kann selbst aus dem begabtesten Schüler keinen Dichter mehr machen. Man merkt es an dem, was heute von jüngeren Leuten geschrieben wird. Es fehlt die Tiefe der Tradition, das Sprachbewußtsein, das Wissen um die Geschichte der arabischen Literatur. In mancher Hinsicht wirkt dieses Unwissen wie eine Befreiung von der Überlast der Tradition, und nicht immer ist diese neue Lyrik schlecht. Aber sie ist leicht, sie ist flüchtig und verweht schnell.

Qabbani war einer der ersten, bei denen diese Flüchtigkeit plötzlich spürbar wurde. Gegen Ende seines Lebens, er starb 1998, verkam seine Dichtung zum ressentimentgeladenen, tagespolitischen Kommentar. »Ach, hätte Hitler doch Zeit gehabt, die Juden vom Erdball zu vertilgen«, rief er in einem Gedicht aus, das er in einer großen arabischen Tageszeitung publizierte, nachdem 1996 Israel, zur Vergeltung eines Raketenbeschusses durch die Hisbullah, ein palästinensisches Flüchtlingslager in Libanon bombardierte, wobei achtzig Personen umkamen, die wenigsten davon Kämpfer. Die israelische Bombe hatte ihr Ziel verfehlt oder ein bißchen zu gut getroffen, aber das wollte kaum ein Libanese wahrhaben, man sah darin ein gezieltes Massaker. Wenig später fand man in Beiruter Buchläden einen aufwendigen, mit staatlicher Hilfe publizierten Bildband, der den Angriff dokumentierte. Zahlreiche Seiten waren schwarz. Aber wer wollte, konnte diese schwarzen Seiten aufklappen, und dann sah man all die verstümmelten und verkohlten Leichen, das verspritzte Blut und die abgetrennten und zerquetschten Glieder. Über das Gedicht regte sich niemand öffentlich auf. Nur die arabischen Freunde, denen ich es zeigte, schüttelten verschämt den Kopf. Als Nizar Qabbani 1995 (also vor diesem Gedicht) in Berlin war, zum ersten Mal, wie er sagte, sprach er von seiner Freude, endlich nach Berlin gekommen zu sein, der Hauptstadt des Landes, mit dem sie alle in den vierziger Jahren so sympathisierten, um dessen Siege zitternd sie sich alle vor dem Radio versammelten und dem selbstverständlich noch heute seine Liebe und Solidarität gelte, aus den guten, alten Gründen.

Zu Ehren Sabunis muß an dieser Stelle festgehalten werden, daß bei ihm kein Hauch von Antisemitismus zu spüren war. Vielmehr war es so, daß er das deutsch-jüdische oder arabisch-jüdische Verhältnis gar nicht in seinen Gesichtskreis treten ließ. Es war kein Thema für ihn, es klang auch nie unterschwellig an, und wir sahen daher keinen Anlaß, ihn dazu zu befragen. Nur einmal zwang ihn seine Rolle als Gastgeber und Veranstalter, das Thema doch zu berühren. Bei der Vorbesprechung im Café, offensichtlich unsicher, was ich in meinem Vortrag so von mir geben würde, sagte er: Sie erwähnen aber doch unseren Nachbarstaat nicht? – Sie meinen Israel? – Ja, ja! – Nein, warum sollte ich? Mein Vortrag handelt von der Orientalistik nach Edward Said. Ich habe gar keinen Grund, Israel zu erwähnen. – Gut! Es ist nämlich so, der Gouverneur der Region Aleppo wird dasein, und wahrscheinlich auch der Generalsekretär der Baath-Partei von Aleppo, Herr Sayyad.

Ich war verblüfft und beunruhigt, daß die Veranstaltung in einem solch offiziellen Rahmen stattfinden würde. Nicht nur, daß ich mich diesen Umständen nicht gewachsen fühlte – ein Generalsekretär der Baath-Partei, und sei es nur von Aleppo, mußte ein schrecklicher Mensch sein. Jeden Tag war er auf der Frontseite der einzigen lokalen Zeitung mit mindestens zwei Fotos abgebildet. Es ist ein sicheres Zeichen für diktatorisches Gehabe, wenn Verantwortliche, gleich welcher Couleur, in den ihnen unterstehenden Zeitungen mit ihren Fotos verfahren wie Hunde mit ihrem Urin. Dabei gilt die Regel, daß, je unwichtiger ein Despot ist, desto mehr Fotos von ihm die Seiten der Blätter schmücken müssen. Große und anerkannte Diktator-Präsidenten wie Assad oder Mubarak kommen meistens mit einem Foto auf der Titelseite aus. Beim Generalsekretär des Aleppiner Zweigs der Baath-Partei waren schon zwei nötig. Als Untertan gewöhnt man sich schnell daran. Aber man verinnerlicht diesen Selbstdarstellungsdrang der Mächtigen auch, und in der Folge will jeder, der nur ein Quentchen Macht hat, sich ebenfalls vielfach abgebildet sehen. Ich habe einmal einen tunesischen Exilanten gekannt, der eine Zeitschrift für Poesie gründete und es schaffte, in jeder Ausgabe drei Fotos von sich, dem Chefliteraten, zu plazieren, obwohl er jenseits von seinem Herausgeberdasein völlig unbedeutend war. Wenn es keine drei ausgewachsenen Anlässe zur Publikation eines Fotos mit ihm gab, behalf er sich dadurch, daß er die verkleinerte Kopie einer Zeitungsseite, worauf sein Foto zu sehen war, im Rahmen einer Presseschau oder dergleichen darbot. Und einmal, als wirklich gar keine andere Möglichkeit mehr blieb, akquirierte, nein, fingierte er die Anzeige einer jemenitischen Tageszeitung. Wer genau hinsah, entdeckte, daß auf dem verkleinerten Faksimile der Titelseite ausgerechnet der Chefredakteur dieser Zeitschrift zu sehen war, wie er dem jemenitischen Diktator gerade voller Verbindlichkeit die Hand schüttelte. Das Bild war so klein, daß er kaum zu erkennen war, aber jeder Eingeweihte wußte, nur er konnte es sein, Nickelbrille und Koteletten, seine Markenzeichen, waren sichtbar genug.

Ich fürchtete, daß das Publikum nicht wie üblich offen mit mir diskutieren würde, wenn tatsächlich der Mann von der Baath-Partei anwesend wäre. Doch ich hatte Glück. Yussuf Sayyad, seine Exzellenz der Generalsekretär des Baath-Zweiges der Provinz Aleppo, beehrte mich nicht mit seinem Besuch. Wie ich am nächsten Tag in der Zeitung las, war er auf zwei anderen, gleichzeitig stattfindenden Veranstaltungen – die Fotos bewiesen es. Und weil in diesem einzigen Blatt von Aleppo partout die Honoratioren abgebildet wurden – die zeitgleiche Festnahme Saddam Husseins fand man als fünfzeilige Meldung unter »Verschiedenes« –, mußte bei jeder öffentlichen Veranstaltung die erste Zuschauerreihe mit den wichtigen Persönlichkeiten fotografiert werden (nie indessen die Vortragenden oder Geehrten), was naturgemäß stets gleich aussah, weil es auch immer mehr oder weniger dieselben Persönlichkeiten waren. Dennoch sah ich dann, nach den zwei Fotos von Sayyad, noch ein drittes, ähnliches Bild, das meiner Veranstaltung gewidmet war. Neben dem Bürgermeister von Aleppo, neben Sabuni und dem wichtigsten Schriftsteller der Stadt, Walid

Ikhlasi, erkannte man auf diesem Foto ganz klein auch Bettina, und wie da so die Beine, perspektivisch von einem schlechten Objektiv verzerrt, aus ihrem Rock herauswuchsen, war das schon eine gewagte Fotografie für Aleppiner Verhältnisse.

Obwohl Yussuf Sayyad also nicht kam, war der Rahmen doch offiziell genug, um mich gehörig einzuschüchtern. Aus einer spontanen Laune heraus legte ich das vorbereitete Manuskript beiseite, nahm statt dessen die Notizen zu einem Komplex von Gedanken hervor, die mich in letzter Zeit beschäftigt hatten, und beschloß, meinen Vortrag ausnahmsweise frei zu halten. Und was ich dann sagte, war, obschon nicht im Wortlaut, in etwa das folgende.

KEIN POLITISCHER DENKER hat in den vergangenen Jahren, und zwar schon lange vor dem 11. September, soviel Schelte und Verachtung auf sich gezogen wie Samuel Huntington mit seiner These vom »Clash of Civilisations« und dem gleichnamigen Buch. Die öffentliche Debatte darüber, sofern es überhaupt eine Debatte war, keine Hetzjagd, wurde von denen dominiert, die auszogen, um Huntington zu widerlegen, ihm zu widersprechen oder ihn zu überbrüllen – in Europa und im Nahen Osten gleichermaßen. Charakteristisch für den Großteil der Huntington-Widerlegungen war ihre beschwörende, gleichsam apotropäische Funktion nach dem Motto: Wenn man ihm nur fleißig widerspricht, wird das, was er behauptet, schon nicht eintreten. Man bekam den Eindruck vermittelt, als versuche Huntington nicht, eine Realität zu beschreiben und zu analysieren, sondern als schreibe er sie herbei oder wünsche sie sogar. Gegen dieses Herbeischreiben und Herbeiwünschen von seiten Huntingtons haben all jene angeschrieben und angewünscht, die das Böse, das Huntington vermeintlich wünscht, nicht wünschen. Diesem reflexhaften Verhalten liegt der Glaube zugrunde, wenn man nur genug wünsche und rede, werde, was Huntington sagt, schon nicht eintreten. Merkwürdigerweise hat der 11. September in dieser Hinsicht nicht zu größerem Realitätssinn geführt. Er hat die Fronten verschärft, aber kaum jemanden zu einem Frontwechsel veranlaßt. Huntington gilt weiterhin als Persona non grata im Ost-West-Diskurs, und viele Kommentatoren (in der arabischen Welt die meisten) erachten ihn als Vordenker, mithin Macher der gegenwärtigen Ost-West-Konflikte. Als könnte sich der Politikwissenschaftler aus Harvard kein schöneres Szenario ausdenken!

Gewiß kann eine Lagebeschreibung wie die Huntingtons, zumal wenn damit, wie es bei ihm der Fall ist, eine Politikberatung einhergeht, die vermuteten oder vorausgesagten Zustände mit herbeiführen; am 11. September wird man Huntington indessen nicht die Schuld geben können. Vielmehr hat er ihn am kühnsten vorausgedacht. Das sollte genügen, um ihn als politischen Denker ernst zu nehmen. Die pointierteste These Huntingtons, wie er sie in seinem Buch formuliert, lautet: »Solange der Islam der Islam bleibt (und er wird es bleiben) und der Westen der Westen bleibt (was fraglicher ist), wird dieser fundamentale Konflikt zwischen zwei großen Kulturkreisen und Lebensformen ihre Beziehungen zueinander weiterhin und auch in Zukunft definieren, so wie er sie 1400 Jahre lang definiert hat. (...) Das tiefere Problem für den Westen ist nicht der islamische Fundamentalismus. Das tiefere Problem ist der Islam, eine andere Kultur, deren Menschen von der Überlegenheit ihrer Kultur überzeugt und von der Unterlegenheit ihrer Macht besessen sind. Das Problem für den Islam ist nicht der CIA oder das US-amerikanische Verteidigungsministerium. Das Problem ist der Westen, ein anderer Kulturkreis, dessen Menschen von der Universalität ihrer Kultur überzeugt sind und glauben, daß ihre überlegene, wenngleich schwindende Macht ihnen die Verpflichtung auferlegt, diese Kultur über die ganze Erde zu verbreiten.«

Diese Aussage weckt schon deshalb Widerspruch, weil sie so deterministisch ist. Sie behauptet, daß alle Variablen von Islam und Westen so weit unabänderlich sind, daß sie zwangsläufig in den Konflikt führen werden, wie es immer der Fall war. Nicht aufgrund dieser oder jener sachlichen politischen Differenzen kämpfen Westen und Islam miteinander, sondern weil sie traditionell einander entgegengesetzt sind. Die Behauptung kommt fast einer Tautologie gleich: Islam und christliches Abendland kämpfen miteinander, weil sie Islam und christliches Abendland sind und eben seit jeher miteinander kämpfen. Genau in dieser Tautologie liegt die frappante Genialität der These. Um sie ganz zu erfassen, muß weiter ausgeholt werden.

Huntingtons Beschreibung des Kampfes beinhaltet eine »harte« Definition des Islam und des ihm entgegengesetzten christlichen Abendlands, der »westlichen Zivilisation«. Diese harte Definition hat ihren weichen Widerpart, und die meisten Stellungnahmen zum Islam lassen sich einer der beiden Ansätze zuordnen. »Hart« und »weich« ist hier wörtlich zu nehmen und meint keinesfalls »freundlich« oder »unfreundlich«. Wenn man es in Begriffen der Computersprache beschreibt, wird der Unterschied am deutlichsten: Die einen begreifen den Islam als Software, die anderen als Hardware. In die Software kann man eingreifen, man kann sie ändern, entwickeln, fortschreiben, anpassen, modernisieren. Die Hardware ist festgelegt; Manipulationen sind nur in geringem Maße möglich. Wenn sie den Anforderungen nicht mehr genügt, muß man sie austauschen und die alte auf den Müll schmeißen – den Müllhaufen der religiösen Ideen.

Legt man die harte Definition zugrunde, ist die Bandbreite der Anwendungen, für die dieser Rechner genutzt werden kann, von vorneherein sehr beschränkt. Als Anwendungen wären zu verstehen: neue oder veränderte Bedürfnisse, neue soziale und politische Konstellationen, neue Lebensweisen. Oft erscheint der Islam in dieser Theorie wie einer dieser urzeitlichen Homecomputer, für die man Tonkassetten als Speichermedium benutzen mußte. Es versteht sich, daß darauf das Programm »Moderne«, wenn überhaupt, nur sehr langsam läuft, von häufigen Abstürzen begleitet. Und die Simpelversion von Moderne, die man darauf allenfalls zum Laufen bekäme, würde nur Äußerlichkeiten betreffen, eine tiefgreifende Modernisierung bedeutete sie nicht.

Aber die Hardwaretheorie läßt sich, wenngleich zum Preis eines sehr waghalsigen Denkmanövers, auch zugunsten des Islam verwenden. Unter den muslimischen Anhängern dieser Vorstellung, zumeist Fundamentalisten, ist es nämlich Communis opinio, daß diese Hardware perfekt sei, allen denkbaren Programmen und Umständen problemlos gewachsen. Die Religion wird als eine Art Supercomputer verstanden, der – da von Allah höchstpersönlich ersonnen – fehlerfrei wie aus dem Nichts mit einemmal auf der Welt war und seitdem nicht aufhört, fehlerfrei zu laufen. Eventuelle Macken liegen nur an unsachgemäßer Bedienung – der Mensch ist fehlbar, nicht der Computer!

Diejenigen, die den Islam lieber mit einer Software vergleichen, haben es einfacher, sie müssen nicht so dogmatisch sein. Auch hier gibt es natürlich solche, die den Islam als eine sehr gute, und solche, die ihn als eine eher mittelmäßige, den neuen Hardwarebedingungen nur mit großen Eingriffen anzupassende Software betrachten. Gleichwohl sind die Unterschiede nicht so kraß wie der Bruch innerhalb der Hardwarevertreter. Deutet man den Islam als Software, so ist die Hardware zunächst einmal die menschliche Natur, dann die Geschichte, die die Menschen prägt. Die Software muß sich diesen Bedingungen anpassen. Den Vorteil der Flexibilität bezahlt die Softwaretheorie mit einem hohen Unbestimmtheitsfaktor. Was der Islam ist, vermag sie nie gültig zu sagen, und es sind immer weitere Abweichungen vom ursprünglichen Quellcode denkbar.

In den Islamwissenschaften wird die harte Definition häufig essentialistisch genannt, obwohl deren Vertreter das nicht gerne hören. Essentialistisch meint: Der Islam habe einen letztlich unveränderlichen Wesenskern, eine Essenz. Diese Position hat eine schwerwiegende, deterministische Konsequenz, wie wir bereits bei Huntington gesehen haben. Bestimmte Elemente gehören demnach so wesensgemäß zum Islam, daß dieser ohne sie nicht denkbar ist, also kein »richtiger«, »echter« Islam mehr wäre. Der Islam ist daher nur eingeschränkt entwicklungsfähig – Hardware eben. Ein Beispiel für eine streng essentialistische Definition ist folgendes Zitat aus einem 2001 erschienenen Buch über islamisches Recht eines Göttinger Professors für Islamwissenschaften: »Sich zu dieser Religion (d. h. dem Islam) zu bekennen, ohne das Gesetz (d. h. die Scharia) in seiner Gänze zu bejahen und als unbezweifelbaren und stets gültigen Maßstab für jegliches Tun und Lassen zu befolgen, ist unmöglich; denn das Gesetz ist ein wesentlicher Teil der islamischen Heilsbotschaft.«

Der Essentialismus gibt sich hier schon sprachlich zu erkennen. Die Scharia muß in ihrer »Gänze« – ohne jede Abstriche! – bejaht werden. Andernfalls sei es »unmöglich«, sich zum Islam zu bekennen. Die Scharia ist »unbezweifelbar« und zeitlos (»stets gültig«). Sie gilt ausnahmslos (»jegliches Tun und Lassen«). Ein islamischer Fundamentalist hätte seine Sicht des Islam nicht radikaler formulieren können als dieser Islamwissenschaftler. Überhaupt ist es ein Kennzeichen des Essentialismus, daß sich Orientalisten und Fundamentalisten in der Sache verblüffend einig sind, während sie sich in der Wertung deutlich unterscheiden, wie sich bereits an der Einschätzung der Leistungen des Computers gezeigt hat.

Einer der renommiertesten Islamwissenschaftler unter den Essentialisten, Bernard Lewis, begreift die Tatsache dieser sachlichen Übereinstimmung zwischen Orientalisten und Fundamentalisten kurioserweise sogar als Beleg für die Richtigkeit seiner Darstellungen. Um sich gegen den Vorwurf Edward Saids zu verteidigen, er verzerre das Bild des Islam, verweist er darauf, daß seine Bücher sowohl von den Muslimbrüdern als auch vom israelischen Geheimdienst zur Lektüre empfohlen werden. Von ihren Gegnern werden die Essentialisten häufig der Voreingenommenheit gegen den Islam beschuldigt. Dieser Vorwurf bietet sich an. In der Wahrnehmung einer auf ständige Erneuerung und Veränderung ausgerichteten Gesellschaft wie der unseren gilt es per se als negativ, wenn etwas als nicht reformierbar erscheint – oder so dargestellt wird. Eine eher auf Bewahrung ausgerichtete Geisteshaltung könnte dies freilich auch anders sehen. Und es ist kein Zufall, daß die Gegner der Essentialisten politisch eher links, die Essentialisten selbst hingegen vornehmlich im konservativen Lager zu verorten sind.

Wissenschaftlich betrachtet ist der Essentialismus, unabhängig von der Frage, wie wir ihn politisch werten, leicht angreifbar. Stets äußert er sich in Allaussagen, die kaum historische oder geographische, geschweige denn individuelle Differenzierungen zulassen. Es versteht sich von selbst, daß jede Aussage nach dem Muster »der Islam ist ...« ausgesprochen pauschal ist und der Komplexität ihres Gegenstandes nicht gerecht werden kann. Gleichwohl ist diese Denkrichtung nicht einfach abzutun. Ohne essentialistische Voraussetzungen könnte man nämlich überhaupt keine allgemeinen Aussagen formulieren, und es gibt Fälle, wo diese unverzichtbar sind. Wirklich problematisch werden solche Urteile dann, wenn jede Relativierung ihres Gültigkeitsanspruchs ausgeschlossen wird (wie in den Formulierungen in dem Zitat des Göttinger Professors).

Der Essentialismus hat jedoch noch andere Vorteile, von denen der größte seine leichte Vermittelbarkeit ist. Er bietet anschauliche Erklärungen zu einem komplexen, unübersichtlichen Sachverhalt und erfüllt damit ein Grundbedürfnis der Öffentlichkeit. Weder dieses Bedürfnis noch die Erklärungen, die es befriedigen wollen, sind zu verachten. Allerdings muß man sich über die Grenzen dieser Herangehensweise im klaren sein. Schließlich sprechen für den Essentialismus psychologische Gründe. Gesteht man nämlich die bloß eingeschränkte Gültigkeit aller ansatzweise essentialistischen Aussagen zu, ist sogleich alles, was man gelernt, erfahren und gedacht hat, nur halb soviel wert, und dies ist, besonders wenn ein Gegenstand so schwierig zu erarbeiten ist wie der Islam, zweifellos schmerzlich. Überdies dürften manche Akademiker allgemein formulierte Erkenntnisse nach dem Schema »x ist y« immer noch für das höchste Ziel ihrer Tätigkeit halten.

Für Nicht-Essentialisten, also diejenigen, die den Islam als Software erachten, ist »Islam« nur ein Oberbegriff für sehr vielgestaltige Phänomene. Die radikalen Softwaretheoretiker halten eine Beschreibung des Islam (oder des Orients) als solchen (das heißt unabhängig von eng begrenzten historischen und geographischen Manifestationen) für unmöglich und lehnen sie grundsätzlich ab, da sie jede Rede über den Islam diskurstheoretisch als Manifestation der Macht oder als Klischee, als einen abendländischen »Mythos Orient« begreifen. Statt des Islam wird von diesen Forschern gleichsam meta-orientalistisch der Diskurs über den Islam analysiert, so daß zuweilen der Schluß nahegelegt wird, den Islam selbst gebe es nicht oder man könne jedenfalls nicht darüber reden. Weniger radikalen Softwaretheoretikern des Islam genügt es, festzuhalten, daß der Islam interpretier- und wandelbar ist und daher letztgültige Aussagen über ihn allenfalls als didaktische Pontonbrücken zu gebrauchen sind, als Einwegerkenntnisse sozusagen.

Man ahnt, die Softwaretheorie kämpft mit harten theoretischen Bandagen. Tatsächlich ist sie, was die Komplexität ihrer Denkbewegungen angeht, jeder Hardwaretheorie deutlich überlegen. Damit ist aber auch eines der größten Probleme der Softwaretheorie benannt, nämlich die Schwierigkeit, ihre Erkenntnisse einer breiteren Öffentlichkeit zu vermitteln. In aller Regel ist sowohl ihre Argumentation zu komplex, wie ihre Ergebnisse zu wenig aussagekräftig und unmittelbar verwertbar sind. Das bedeutet, daß diese Denker nur begrenzt in den öffentlichen und politischen Raum wirken können, was dem Essentialismus, sei es der Orientalisten, sei es der Fundamentalisten, sei es im Westen, sei es in der islamischen Welt, mit seinen einfachen Wahrheiten relativ leicht gelingt.

Die Softwaresichtweise hat eine weitere, substantiellere Schwäche. Sie besteht darin, daß dem Bereich dessen, was sie unter Islam versteht, theoretisch keinerlei Grenzen auferlegt sind. Um in der Computerterminologie zu bleiben, besagt dies, daß das Softwaremodell nicht einmal eine Änderung des Quellcodes ausschließen kann. Dies jedoch würde bedeuten, daß der Islam Formen annehmen kann, die mit keiner seiner historischen Manifestationen notwendig etwas zu tun haben, und es stellt sich die Frage, ab welchem Punkt der Softwareentwicklung es nicht sinnvoller wäre, auf das Label »Islam« gänzlich zu verzichten – genauso wie wir weitgehend darauf verzichten, uns als »Christen« oder »christliche Welt« oder »christliches Abendland« zu bezeichnen und statt dessen lieber »westliche Zivilisation« oder »westliche Wertegemeinschaft« sagen. Natürlich ist dagegen nichts einzuwenden, es deutet vielmehr auf eine gesunde Entwicklung hin. Wir stehen nicht unter dem Zwang, alles, was man irgendwie mit dem Christentum in Verbindung bringen kann, gleich auch christlich zu nennen. Nur dieser Ablösung verdankt es der Begriff des Christentums, wenn er trotz aller Veränderungen, die er durchgemacht hat, in der Substanz – oder Essenz – gleichsam heil geblieben ist. Wir sind uns bewußt, daß die »westlichen Werte« nicht einfach mit dem Christentum gleichgesetzt werden können, soviel Christliches darin sein mag. Gesteht man dies zu, so ahnt man auch, warum der Essentialismus trotz seiner Schwächen unersetzlich ist. Er allein könnte am Ende in der Lage sein, einen sinnvollen Begriff von Islam aufrechtzuerhalten. Und die große Gefahr für das gegenwärtige Christentum liegt wohl nicht so sehr in der Säkularisierung der Gesellschaft, sondern in der Softwarekonzeption seiner Vertreter, die es immer weiter an die Gesellschaft anpassen wollen und damit den Bezug zum hergebrachten Zentrum und Wesen der Religion aufs Spiel setzen.

Schließlich fällt auf, daß der Softwaredeutung des Islam häufig eine apologetische Sichtweise zugrunde liegt. Da der Islam gemäß dieser Denkschule stets in Entwicklung begriffen und vielgestaltig ist, bietet er natürlich wenig Angriffsfläche. Und da er nicht, wie bei den Essentialisten, dies oder das »ist«, kann er auch nicht für dies oder das verantwortlich gemacht werden. Muslime dieser Denkrichtung neigen gerne dazu, den Islam auf ihre je persönliche Weise freundlich auszulegen, was oft nichts als die Ausformulierung des eigenen Islamwunschbildes ist. Gelegentlich kippt diese Auslegung dann in eine Art Ad-hoc-Essentialismus um: Die rein persönliche Islaminterpretation wird zum »eigentlichen« Islam erklärt. Das ist fast immer nett gemeint, aber selten hilfreich, und besonders der unerfahrene Beobachter wird dadurch regelmäßig verwirrt, weil er meint, jetzt endlich, aus dem Mund eines echten Muslims, etwas Endgültiges über den Islam erfahren zu haben.

Muslime, die sich der Problematik bewußt sind, werden das individuelle Moment ihrer Sichtweise nicht verschleiern. Mit Recht wird so jemand sagen, daß er sich nicht vorschreiben lasse, was der Islam zu sein habe, sondern sich als Muslim die Freiheit nehme, seine Religion zu interpretieren, und sei es entsprechend seinen persönlichen Vorlieben. Ein gutes Beispiel für eine solche persönliche Islamdeutung, die im übrigen auf einem ausgefeilten theoretischen Fundament ruht und, jedenfalls in der hier zitierten Formulierung, von vielen Muslimen geteilt werden dürfte, stammt von Abu Zaid, dem ägyptischen Theologen, der bekannt geworden ist, als er von seiner Frau zwangsgeschieden wurde. Der Grund: Aufgrund seiner fortschrittlichen Koran-Deutung wurde er zum Ungläubigen erklärt, und mit einem Ungläubigen darf eine Muslimin – seine Frau – nicht verheiratet sein. In »Ein Leben mit dem Islam« sagt Abu Zaid: »Der Islam ist sehr einfach, und gleichzeitig ist er eine Ordnung, viel umfassender als alle Theologie und alle Rituale. Er ist eine Religion der Gemeinschaft. Muslim ist, vor dessen Hand und Zunge die Menschen sicher sind, heißt es in einem Hadith. (...) Jeder ist Muslim, der mit seinen Mitmenschen und dem Universum sorgsam umgeht und sich bemüht, eine gute Spur zu hinterlassen. Ich kann einen Arzt, der den Menschen dient und sein Leben ihrem Leben unterordnet, nur als Muslim betrachten, gleich ob er Abdullah oder Georg heißt.«

Unabhängig von diesem »soften« persönlichen Islamverständnis ist Abu Zaid einer der wichtigsten Theoretiker der innerislamischen Softwaredeutung. Sein Schicksal, die Zwangsscheidung, und daß er im Exil leben muß, wenn er sich keiner Gefahr aussetzen will, sagt einiges über die bedauerlich schwache gesellschaftliche Stellung dieser an einer Fortentwicklung des Islam interessierten Theologie. Damit kein verzerrtes Bild aufkommt, sei betont, daß, obwohl er von den Fundamentalisten angefeindet wird, seine Islamdeutung nahezu alle grundlegenden Aspekte des traditionellen Islam mit einbezieht, also auch zahlreiche Hardwarekomponenten integriert. Gerade die Nähe zur essentialistischen Deutung der Fundamentalisten, gerade die Arbeit mit ihrer Begrifflichkeit, in ihrem Kosmos, ist es, die die Islamhardliner auf den Plan ruft. Abu Zaid bewegt sich auf ihrem ureigenen Gebiet, und das macht ihn zu einer unmittelbaren, theoretisch außerdem überlegenen Konkurrenz. Abu Zaid verkörpert den Typus eines Softwaredenkers, der den Quellcode nicht anrühren, vielmehr die

Verbesserung der Benutzeroberfläche erreichen will, zu diesem Zweck jedoch, wenn es unbedingt sein muß, auch bereit ist, den Quellcode kritisch unter die Lupe zu nehmen.

Verengt man den Blick hingegen auf die radikale Avantgarde der Softwaredenker, so scheint der Islam derzeit in das Stadium zu gelangen, in dem sich das Christentum bereits seit längerem befindet. Ideen, die bis in die Gegenwart hinein dem herkömmlichen Islam-Verständnis (und zumal seiner Dogmatik) fremd sind, werden bisweilen unter Ausblendung aller Widersprüche mit dem Islam zusammengedacht. So verhält es sich zum Beispiel mit dem breit diskutierten Thema »Islam und Demokratie«. Die Versuche fortschrittlicher Islamdenker, die Vereinbarkeit von beidem zu erweisen, sind ebenso zahlreich wie verschiedenartig, oft von unglaublicher Komplexität, auf umfassendem Wissen aufbauend, von überragender Intelligenz. Nicht selten wird diese Vereinbarkeit aber einfach nur behauptet – wie sie ebenso leichtfertig von vielen rundweg geleugnet wird. Doch kann man die Vereinbarkeit von Islam und Demokratie weder beweisen noch widerlegen wie ein Naturgesetz, und die Wahrheit liegt wie immer irgendwo in der Mitte. Weder ist »der Islam« gänzlich mit der modernen Demokratie zu vereinbaren (wäre es »das Christentum«?), noch schließt er eine gewisse Kompatibilität aus. Aber was man auch dazu dekretiert, forscht oder meint, es ist einerlei. Denn gesetzt, diese Vereinbarkeit bestünde nachweislich nicht, wäre es sehr wohl möglich, sie neu zu begründen und zu diesem Zweck alle widersprechenden Dogmen nach Art einer radikalen Reformation über Bord zu werfen. Das christliche Abendland hat es vorgemacht, und ohne Probleme und Blut lief es nicht ab. Daher ist es nicht erforderlich, die Vereinbarkeit von Islam und Demokratie – oder westlichen Werten – tatsächlich aus der Religion heraus zu begründen. Es genügt, sie zu wollen, sie zu behaupten und danach zu leben und sich trotzdem »Muslim« zu nennen, wenn man nach seiner Religion gefragt wird, so wie ich mich Christ nenne, wenn ich explizit nach meiner Religion gefragt werde. Den inneren, intimen Glaubenshaushalt macht man sowieso mit sich selber aus, jenseits der großen theoretischen Begründungszusammenhänge.

Bliebe nur die Frage, wie überzeugend und vermittelbar eine solche Haltung ist. Nach dem jetzigen Stand der Dinge taugt sie wohl nicht dazu, die Mehrheit der Muslime (besonders in der islamischen Welt) dort abzuholen, wo sie gerade stehen. Aber es ist ohnehin die Naivität reformerischer Islamdenker, zu glauben, theoretische Überlegungen könnten mehr als theoretische Überlegungen sein. Nicht diese, und seien sie noch so genial, noch so überzeugend und verständlich dargestellt, noch so gut begründet, können die Menschen zu einem modernen Islamverständnis führen, sondern allein handfeste Tatsachen. Wenn es sich in einer Demokratie angenehmer lebt, wird spätestens die dritte Generation diese Demokratie lebenspraktisch mit ihrem Muslimsein vereinbaren. Ob das theoretisch funktioniert, ist für sie so unwichtig wie für mich die theoretische Vereinbarkeit der römisch-katholischen Dogmatik mit der modernen Verfassungsdemokratie.

Vor diesem Hintergrund kann man vermuten, daß es in den gegenwärtigen Islamdiskussionen, gleichgültig von wie berufener Seite, nur vordergründig darum geht, wirkliche Erkenntnisse über den Islam zu verbreiten. Vielmehr soll ein diffus gewordener, eben nicht mehr klar definierbarer Begriff – Islam – mit neuen (oder auch, wie bei den Fundamentalisten, wieder alten) Inhalten gefüllt werden. Der zunehmenden Unklarheit des Begriffs begegnet man mit zwei unterschiedlichen Strategien, die zu den skizzierten Grundannahmen führen. Dies ist einerseits die Überdeterminierung – man versucht den Islambegriff peinlich genau zu bestimmen –, andererseits die Unterdeterminierung – man bestimmt den Begriff so wenig wie möglich, man hält ihn offen. Was offensichtlich fehlt, oder was jedenfalls bedroht ist und abhanden zu kommen scheint, ist eine Art Begriffsmitte, ähnlich wie man von einer politischen Mitte redet. Diese Mitte, das gleichsam unverdorbene, ausgeglichene Islamempfinden, wie wir es in der älteren Generation noch finden (beispielhaft dargestellt in vielen Romanen von Nagib Machfus), geht allmählich verloren, es bröckelt an allen Ecken und Enden ab, es wird dauernd vor unliebsame Entscheidungen gestellt, Entscheidungen, die es nicht fällen kann und möchte.

Beide, Essentialisten und Anti-Essentialisten, tragen zur Zerstörung dieser Mitte bei. Gleich wem man folgt, man ist am Rand des Begriffs. Für einen zwar gläubigen, aber nicht radikalen, nicht radikalisierten Muslim würde sich die Definitionsnot nicht stellen. Er ist einfach in seinem Glauben. Aber da von überall her an ihm gezerrt wird, ist er nicht mehr ruhig in dieser Mitte, wie er es früher, in weniger globalisierten und noch nicht fundamentalistisch verseuchten Zeiten war. Einen islamischen Common sense zu bestimmen wird daher zunehmend schwieriger. Die Definitionswut der Fundamentalisten, um hier einen Vergleich mit der deutschen Geschichte zu wagen, verschiebt den Islambegriff in ähnlicher Weise aus dem Zentrum, wie der Nationalsozialismus in Deutschland den Patriotismus aus dem Zentrum nach rechts getrieben hat. Der Radikalisierung auf der einen steht eine Öffnung auf anderer Seite gegenüber. Islamische Fernsehprediger neuer, moderner, mondäner Schule, Islampop, nach amerikanischem Vorbild erdachte Schnellrestaurants ohne Schweinefleisch, sexy Kopftücher von Yves Saint-Laurent, ein islamisch begründeter Feminismus oder auch der völlige der Verzicht auf alle traditionellen islamischen Wertvorstellungen bei gleichzeitig bloß behaupteter Identifikation mit dem eigenen kulturellen Hintergrund und der ein oder anderen, gerade schicken all-islamischen Idee, etwa der Solidarität mit den Palästinensern.

An diesem Punkt kommt Huntington wieder ins Spiel. Auf eine nähere Bestimmung dessen, was der Islam oder der Westen ist, verzichtet er, wie wir gesehen hatten. Gleichgültig wie der Islam sich entwickelt und welches Islambild sich bei den Muslimen durchsetzt, Islam und Westen bleiben gemäß seiner Deutung ein Gegensatz, sowohl ihrer Essenz nach als historisch. Man kann mit Huntington den 11. September erklären, ohne sich für eine bestimmte Deutung des Islam entscheiden zu müssen. Dies wird dadurch möglich, daß Huntington aus dem, was zu erklären ist, den Grund selbst macht. Islam heißt: Feindschaft gegen die christliche Welt. Christliches Abendland heißt: Feindschaft gegen den Islam. Das ist eine sehr grobe Sicht der Dinge. Sie hat aber einen großen Vorteil. Ist das Problem vornehmlich die Gegensätzlichkeit der Begriffe, unabhängig vom jeweiligen Gehalt, so besteht die Lösung in nichts anderem als der Zersetzung dieser Begriffe – was darunter als ihr Inhalt zutage tritt, läßt sich dann leicht verarbeiten. Der Kampf der Zivilisationen ist ein Kampf um Begriffe, nicht mit Gewehren. Dieser Kampf um Begriffe läßt sich weniger als der Kampf um die Definition von Begriffen beschreiben, erst recht nicht als der Kampf um ihren tatsächlichen Inhalt, sondern es ist ein Kampf um ihre Gehaltsintensität, um die Gehaltsdichte von »Islam« und »westlicher Welt«.

Der Kampf der Zivilisationen ist also in vollem Gange, aber er läuft zivilisierter ab als erwartet. Seine Front ist nicht der Irak oder New York oder Palästina. Dort explodieren nur die anderswo abgeschossenen Raketen. Der Kampf ist nichts anderes als die Beschreibung des Kampfes, die Front verläuft in der Grauzone des Geredes über den Islam. Damit hat der Westen bereits einen unschätzbaren Vorteil, denn er hat die Schlacht in das Gebiet des Gegners getragen. Alle Verheerungen, gleich von welcher Seite angerichtet, treffen das feindliche Gebiet, so wie ja der Fundamentalismus bislang praktisch immer den Islam selber versehrt hat, während er dem Westen bloß Nadelstiche im Rhythmus halbjährlicher Terroranschläge versetzte. Statt über die widerlichen Seiten des Christentums zu reden, seien sie nun vergangen oder (wie manche Muslime sagen) nicht, statt über die Problematik der Universalität westlicher Werte, über ungleiche Maßstäbe und so weiter zu diskutieren (freilich tun wir das auch, Selbstkritik ist schließlich unsere Stärke, aber es geht um wenig dabei), diskutieren wir alle wie wild über den Islam.

Die Auseinandersetzung hat zwei Runden, aber es ist gut möglich, daß sie schon nach der ersten entschieden wird. Die erste Runde ist der Kampf um die Entleerung (Unterdeterminierung) oder die auf Überdeterminierung hinauslaufende Bewahrung des Islambegriffs. Wenn die Entleerung gelingt, hat der Westen den Kampf auf friedliche Weise für sich entschieden. Wie ein Trojanisches Pferd haben sich dann die westlichen Wertvorstellungen und die westliche Weltanschauungsweise in das Bedeutungsfeld von »Islam« geschlichen. Im Ergebnis wäre die islamische Kultur der westlichen weitgehend angeglichen, nicht nur äußerlich, auch was Empfindungs- und Denkstrukturen angeht. Das ist ungefähr das, was mit einem großen Teil der zweiten und fast der gesamten dritten Generation von Türken in Deutschland geschieht. Wenn man sie fragt, ob sie Muslime seien, so sagen sie ja, gewiß – aber ein Konfliktpotential ergibt sich nicht daraus. Die tatsächlichen Probleme hängen eher mit dem sozialen Status von Einwanderern zusammen als damit, daß diese Muslime sind. Gelingt aber die Unterdeterminierung nicht oder nur unzureichend, kommt es zur eigentlichen Auseinandersetzung, erst dann stehen sich beide Begriffe, beide Kulturen so im Vollbesitz ihres Gehalts entgegen, wie Huntington das, diesen Zustand nur antizipierend, behauptet.

Unter dem Globalisierungsdruck zur Unterdeterminierung – immer mehr traditionell fremde Seinselemente müssen in den Islam integriert werden – droht die Mitte des islamischen Selbstverständnisses in die Verwestlichung abzudriften. Dem entgegen wirkt die Überdeterminierung. Der Antisemitismus, besonders in Gestalt des Verschwörungstheorie-Antisemitismus, ist eines der populärsten Mittel zur Schließung der Fronten. Ein anderes Mittel ist die zunehmend rigidere Auslegung von Wein-Verboten, Fastenpflichten und ähnlichen bloß symbolischen Regeln; aber auch die explizit gegen den westlichen Menschenrechtsdiskurs gerichtete Brutalisierung und kompromißlose Anwendung des Schariastrafrechts, die eilfertige Anwendung von Apostasieparagraphen, das strikte Gebot der Verschleierung – eben weil der Westen sich in die Menschenrechts- und Frauenfrage so unrettbar verbissen hat und durch den so simplen und harmlosen Akt der Verschleierung höchst öffentlichkeitswirksam getroffen werden kann. Will einer in seinem Land noch als Muslim gelten, so die ultimative Logik der Islamstrategen, muß er sich dem Diktat der Überdeterminierer unterwerfen. Tut er es nicht, wird er eben geächtet wie Abu Zaid. Ohnedies verwestlichte Muslime wie die deutschen Türken stellen hingegen keine lohnenswerte Zielgruppe dar. Sie sind schon übergelaufen und viel zu weit von der Mitte entfernt, um in diese noch hineinwirken zu können. Selbst die fortschrittlichste saudische Frau wird nie über den Umweg der Pornodarstellerin zum Filmstar werden wollen. Auch wenn sie Filmstars nicht grundsätzlich schlecht findet und heimlich sogar selber gerne einer wäre.

Erklärungsbedürftig bleibt, warum sich Unterdeterminierer und Überdeterminierer im Westen wie im Islam finden, obwohl ja die Überdeterminierer und Hardwaretheoretiker im Westen sicher nicht in die gleiche Kerbe schlagen möchten wie die Fundamentalisten. Man könnte sie als Agents provocateurs bezeichnen. Sie bedienen sich des Stilmittels der Prolepse. Sie nehmen den Ausgang der ersten Runde des Kampfes vorweg und beschreiben den Zustand danach, als wäre er schon eingetreten. Die Unterdeterminierer, die Softwaretheoretiker werden durch dieses Verfahren für irrelevant erklärt, bevor die erste Runde überhaupt entschieden ist.

Dies geschieht vor dem Hintergrund, daß der Softwaretheoretiker ja vor allem deshalb einer ist, weil er auf diese Weise hoffen kann, den eigentlichen Kampf zu vermeiden, wie es tatsächlich gelänge, wenn er sich durchsetzte. Er ist gleichsam Optimist, ein lieber Mensch, der lieber nicht kämpfen will. Die Hardwaretheoretiker werfen ihm Wunschdenken vor und bezeichnen ihn als Idealisten. Der Überdeterminierer im Westen versteht sich dagegen als nüchterner Realist. Er läßt sich über die harte Natur des Islam nichts einreden. Er tut so, als gäbe es über den Inhalt des Islambegriffs gar nichts zu verhandeln. Er hält diese ganze erste Runde im Kampf für reichlich überflüssig, für Augenwischerei, zumal die Fundamentalisten schon längst zu den Waffen gegriffen haben. Man solle endlich zur Sache schreiten, bevor man der Gefahr nicht mehr wehren könne. Der Überdeterminierer benimmt sich wie ein General, der, während die Regierung noch Verhandlungen führt, an keine Einigung mehr glaubt und vorsichtshalber seine Truppen aufstellt. Er hat den Verdacht, und die ein oder andere Schießerei bestätigt ihn darin, der Feind tue nur so, als verhandele er, verbessere tatsächlich aber seine militärische Position. Einerseits kann man diese Generäle besonders wachsam nennen. Andererseits sind sie ebenfalls naiv. Sie wollen nicht sehen, daß es viel klüger ist, die Gegenseite zum Überlaufen zu verlocken und ihre Disziplin und Moral zu unterminieren. Statt dessen stärken sie eben diese, indem sie sich martialisch zum Kampf aufstellen.

Vielleicht wird aber auch diese erste Runde nie entschieden werden, oder während sie noch läuft, hat die zweite bereits begonnen, und beide finden jetzt irgendwie gleichzeitig statt, der Kampf um Begriffe und der Kampf mit den Waffen. Genau dies ist sogar sehr wahrscheinlich der Fall und erhöht die Unübersichtlichkeit zusätzlich. Wollen wir also lieber nicht den Durchblick behaupten.

Kaum hatte ich geendet, prasselten Fragen auf mich ein. Warum die Deutschen, anders als früher, keine guten Orientalisten mehr haben? – Das stimme nicht, sie haben sogar noch bessere, die seien aber noch nicht bekannt. Wie ich die Zukunft des Ost-West-Verhältnisses einschätze? – Die Frage ist mir zu gewaltig, darauf will ich nicht antworten. Wie konnten Sie es geschehen lassen, daß die Juden die gute deutsche Orientalistik zerstörten? – Das Problem ist anders: Deutsche Juden waren die besten Orientalisten. Aber die Nazis haben sie vertrieben und damit die deutsche Orientalistik zerstört (ganz stimmte das nicht, unter den Nazis blühte die Orientalistik erst einmal auf, man konnte sie sehr gut gebrauchen. Das wichtigste, noch heute unübertroffene Arabisch-Deutsche Wörterbuch geht auf diese Zeit zurück; aber das wollte ich hier nicht sagen). Die Juden sind ausgewandert, in die USA oder nach – und jetzt, ohne daß ich es merkte, fiel das Wort – oder nach Israel. Sofort spürte ich, daß ich etwas falsch gemacht hatte. Ich stockte. Dieses Wort hätte ich nicht benutzen dürfen. Ich kam aus dem Konzept, schob irgend etwas Belangloses nach, taxierte die erste Reihe, würde jetzt jemand aus Protest aufstehen (das sei bei anderen Veranstaltungen geschehen, hatte Sabuni mir vorher warnend berichtet)? Gleichwohl, alle blieben sitzen, es ging nicht einmal ein Raunen durch den Saal. Dennoch, daß nicht die Juden den deutschen Orientalismus zerstört hatten, sondern umgekehrt zu den besten Orientalisten zählten, das war für viele schwer zu schlucken. Sofort folgten die nächsten Wortmeldungen. Die Juden in den Medien haben doch Annemarie Schimmel attackiert, als sie den Friedenspreis bekommen hat. – Falsch, die deutsche Presse hatte nur kein Verständnis für Schimmels Verständnis für die Todesfatwa gegen Rushdi gehabt.

Spätestens an diesem Punkt wurde spürbar, daß sich das Publikum in zwei Parteien geteilt hatte. Es gab die, die das, was ich sagte, partout nicht wahrhaben oder verstehen wollten. Nicht daß sie mir offen widersprachen. Dafür waren sie zu höflich. Aber sie bohrten nach, sie wollten nicht begreifen, konnte es sein, daß da einer etwas der offensichtlichen und offiziell anerkannten Wahrheit so Entgegengesetztes sagte, als Deutscher, als Orientalist, und auf einer so offiziellen Veranstaltung? Es konnte nicht sein, es durfte nicht sein. Vermutlich verstehen wir ihn nicht richtig, er drückt sich ungeschickt aus. Doch es gab auch die anderen. Sie nickten oder riefen »ah«, als würden die Groschen jetzt fallen. Es waren, zum Großteil, die Jüngeren, viele Frauen darunter, verschleiert und unverschleiert. Was auch immer sie über Israel, die Juden und die deutsche Orientalistik dachten, ihnen schien klar, daß ihre Probleme anderer Natur und Herkunft waren und sie durch eine Diskussion über die Rolle der Juden hier oder dort der Lösung, derer sie bedurften, kein Stück näherkamen. Von dieser Gruppe kam die erste hilfreiche Frage: Was sie, die Syrer, die Araber, denn tun könnten, damit die arabische Literatur in Deutschland besser vertreten sei? – Darauf, sagte ich, antworte ich besonders gerne, und hätte niemand mir diese Frage gestellt, ich hätte sie selber aufgeworfen. Und da das Wort Israel ohne großen Schaden bereits gefallen war, konnte ich freiherzig sagen: Fördert eure Literatur so kräftig, wie die Israelis das tun, fördert alles, was Literatur ist, gleich welcher politischen und künstlerischen Richtung, gleich ob regierungstreu oder oppositionell, ob avantgardistisch oder traditionell. Und die arabische Literatur wird wieder die größte sein. Danke für Ihre Aufmerksamkeit!

Gleich wie solche Veranstaltungen abliefen, das Gefühl, Eindringling zu sein, bin ich nie losgeworden. Ich war Eindringling schon deshalb, weil sonst niemand zu diesen Leuten kam, schon gar kein Deutscher. Und wenn einer kam, sprach er vor geschlossenem Kreis, nicht öffentlich. Ich war Eindringling auch, weil ich für diese Leute niemand war, niemand kannte mich oder meine Arbeit oder hätte mich auch nur kennen können, und zugleich war ich in jenen Momenten für sie alles: Alle Orientalisten vertrat ich hier, alle Deutschen, ja am

Ende die ganze westliche Zivilisation. Seltsamerweise ist man in diesem ständigen Nie-selbst-gemeint-Sein wunderbar aufgehoben. Denn irgend etwas will irgendwer immer von einem. Und gerade die pauschale Gutwilligkeit, der unbedingte Wille, zu verstehen und zu diskutieren, bei der gleichzeitigen völligen Unmöglichkeit, zu verstehen oder sich sinnvoll auszutauschen, verleiht dieser Einsamkeit ihre Abgründe. Oft sind es Abgründe, die jeden Komiker begeistern würden, über die man sich vor Lachen kaum halten kann.

Sabuni hatte an dem Abend in Aleppo als Gastgeber die ihm unangenehme Aufgabe, mich dem Publikum vorzustellen. Man sah gleich, er sprach nicht gerne öffentlich, er zeigte sich nervös, klebte an seinem Blatt, stotterte, fast tat er mir leid. Zuvor im Café hatte er mich gefragt, als was er mich vorstellen solle, mit anderen Worten, wer ich eigentlich sei, was ich denn nun mache, außer meiner Zeitschrift, was er über mich erzählen könne. Ich erzählte ihm dies und das, aber es schien ihn nicht zu befriedigen. Er suchte nach etwas, das auch in seiner Welt ein Begriff war, was auch hier den Leuten etwas sagte. Immerhin konnte ich mit der Übersetzung vieler arabischer Dichter aufwarten. Vorislamische Dichtung, fragte er nach, oder klassische? Nein, moderne. Moderne? Aha. Wen gibt es denn da? Adonis zum Beispiel, das ist ein Syrer. Adonis, ja, den kannte er, er war im Sommer erst in Aleppo gewesen, hatte auf Einladung der EU seine syrische Heimat besucht und war hier gefeiert worden. Adonis, gut, wen noch? Fuad Rifka, auch ein Syrer. Den kannte er nicht. Mahmud Darwish. Darwish? Ja, Darwish. Ah, Sayyid Darwish! Mahmud Darwish, Mahmud Darwish, der Palästinenser. Ah, Sayyid Darwish, sehr gut. Etwas stimmte da nicht, aber Sabuni war zufrieden, und so kümmerte ich mich nicht weiter darum. Doch als er seine Einführung las – und kurz vor der Erwähnung von Darwish stotterte er noch mehr als zuvor, als ob es ihm jetzt selbst komisch vorkäme –, sagte er, ich hätte auch Lieder des uns allen bekannten Sayyid Darwish übersetzt, was einiges Murmeln im Saal verursachte, und einer rief dazwischen: Mahmud Darwish, der Dichter Mahmud Darwish aus Palästina, was Sabuni noch mehr ins Schwitzen brachte, schnell führte er seine Rede zu Ende. Am nächsten Tag im Auto fragte ich Sagallah, der am Abend vorher anwesend war, was es mit Sayyid Darwish auf sich habe. Sayyid Darwish (nicht zu verwechseln mit dem 1923 gestorbenen Ägypter) war ein mittlerweile verstorbener, wenngleich sehr alt gewordener Interpret religiöser und sufischer Lieder im klassischen Stil, aus einer alteingesessenen Aleppiner Familie stammend, und tatsächlich hatte Sabuni, der Mahmud Darwish nicht kannte (er war der erste Araber, den ich traf, der Mahmud Darwish nicht kannte), geglaubt, ich hätte Gedichte dieses Sayyid Darwish ins Deutsche übersetzt. Aber am Abend darauf, als wir mit ihm im Restaurant saßen, rezitierte er lang ein altarabisches Gedicht, das er aus dem Stegreif sofort sehr schön für uns übersetzte. Als wir uns an diesem, dem letzten Abend in der nordsyrischen Stadt von Sabuni verabschiedeten (vermutlich würden wir ihn nie wiedersehen), reichte er uns seine Hand, schüttelte damit kräftig unsere Hände, ließ sie eine lange Weile nicht los, sprach die Abschiedsformeln, und während er weiterhin schüttelte, erkannte ich in diesem Schütteln – als Empfindung, Horizont, Erleuchtung – alles das, was ich hier berichtet habe, alles das und viel mehr.

»Der 11. September«, wiederholt Mohammed Boudiba, während wir durch das Ausgrabungsgelände des spätantiken Hippo Regius laufen, »war ein Glück für Algerien.« An diesem Freitag, dem Tag nach meiner Veranstaltung, gibt es nur den späten Flug von Annaba nach Algier. Die Züge brauchen für die 450 Kilometer lange Strecke acht Stunden, die Busse fahren etwas schneller, doch Überlandfahrten sind gefährlich. In der einen Woche, die ich in Algerien verbringe, kommen mehr als fünfzig Menschen bei Überfällen von Islamisten an fingierten Straßensperren ums Leben. Als ich, wieder zu Hause, die deutschen Zeitungen nach Meldungen darüber absuche, finde ich nichts. Allein die NZZ erwähnt die Ereignisse. Ich wähle also den Flug, und das bedeutet, daß Boudiba und ich den Tag zusammen verbringen müssen, wollen wir die Spielregeln der Gastfreundschaft nicht verletzen. Ich wäre lieber alleine, er hingegen scheint für den Zeitvertreib dankbar. Seine Familie ist noch in Constantine, hundert Kilometer landeinwärts, wo er an der Universität Literatur lehrte, bevor er in Annaba zum Kulturdirektor berufen worden ist.

Um 9.30 Uhr holt er mich vor meinem Hotel ab und fährt mit mir zum antiken Stadtgebiet. Annaba, inmitten einer langen Folge malerischer Buchten gelegen, ist die Nachfolgestadt von Hippo Regius, wo Augustinus Ende des vierten, Anfang des fünften Jahrhunderts als Bischof wirkte, wo er die »Bekenntnisse« schrieb, den Streit mit den Donatisten beendete und 430 während der Belagerung durch die Vandalen starb. Wäre Algerien ein halbwegs befriedetes Land wie die Türkei oder Tunesien, die Provinz Annaba, zwei Flugstunden von Frankfurt entfernt, wäre von Touristen überschwemmt. Saubere Strände, sichelförmig an die felsige Küste geschmiegt, und Geschichte, neu und alt, abendländisch und orientalisch. Doch die einzigen Touristen, die kommen, sind Gruppen von Augustiner-Mönchen. Sie pilgern zur Ende des 19. Jahrhunderts auf einem Hügel neben der antiken Stadt gebauten Basilika des Heiligen Augustinus. Als Reliquie ist dort ein Unterarmknochen des Kirchenvaters ausgestellt; ich fotografiere ihn später, als würde er mir etwas bedeuten, als hätte er mich für den einen Augenblick, in dem ich ihn sah, in einen Pilger verwandelt.

Das archäologische Gelände, zwischen dem Hügel und den am Ufer verlaufenden Bahngleisen gelegen, ist weiträumig umzäunt und für die Öffentlichkeit vorläufig gesperrt. Der Kulturdirektor mit seinem Gast wird vom Hausmeister hineingelassen. Auf einer Erhebung steht ein kleines Museum, in dem die kostbareren Fundstücke aus dem Areal, soweit sie noch in Algerien sind, verwahrt werden. Es ist ein zweistöckiges, schmuckloses Haus aus den zwanziger Jahren. Das Gebäude, sagt Boudiba, wurde früher von der französischen Geheimpolizei genutzt und diente als Folterzentrum, später machten die Algerier ein Gefängnis daraus, daher die vergitterten Fenster, die Stahltüren. Jetzt sind einige besonders schöne Mosaiken hier ausgestellt. Neben zahlreichen mythologischen Motiven sticht ein circa vier Meter langes, aber nur einen Meter breites Mosaik ins Auge, das wie ein Gemälde an der Wand hängt. Es zeigt mit erstaunlichem Realismus die vor der Küste Annabas bekannten Meerestiere. Bis auf eine offenbar ausgestorbene Art sind es dieselben, die man auch heute noch fängt, sagt der Hausmeister stolz. Fast glaubt man, statt vor einem Mosaik vor einem Aquarium zu stehen, so lebendig wirkt das Durcheinander der vielen bunten Meerestiere. Ob es aber dem Meister, dem wir das Mosaik (*fussaifissah* auf arabisch) verdanken, nur um die Fische als Fische ging?

Dann begeben wir uns auf das Ausgrabungsgelände, überwuchert und verwildert wie ein braches Feld. An diesem Freitagmorgen wirkt alles wie seit Ewigkeiten verlassen, auch das neue Annaba, mit seinem Hafen, den Gleisen, den Straßen. In der Vormittagssonne flirrt schon die feuchte Luft. Vom Mittelmeer ist das alte Stadtgebiet getrennt durch eine Straße sowie die zum Sackbahnhof führenden, hoch abgezäunten Bahngleise und ausgedehnte Hafenanlagen. Ich erinnere mich an einen Nachmittag im Sommer 1985. Ich kam aus Algier, und der Zug hielt lange in diesem Bahnhof, bevor er nach Tunis weiterfuhr. Es war ein heißer Tag, aber selbst in der Bahnhofshalle nicht stickig. Verschwitzt war man von der langen, zermürbenden Fahrt unter der mittäglichen Sonne, nicht vom Warten hier im schattigen Bahnhof. Zwischen den Abgasen der Dieselloks roch man das Meer. Unzählige Jugendliche zwängten sich durch die Abteile oder rannten auf dem Bahnsteig hin und her, hämmerten an die Scheiben des Zugs, pumpten ihre Aggressivität in die Namen der unschuldigen Waren, die sie aussprachen wie wildgewordene Prediger ihre Verdammungen: Casse-croûte, Casse-croûte, Casse-croûte, Chewing Gum-my, Chewing Gum-my, Casse-croûte, Casse-croûte, Chewing Gum-my.

Zu Augustinus' Zeiten lag das Stadtgebiet direkt am Meer. Wo heute die Straße verläuft, begann damals der Hafen. Aber das Meer hat sich seither einen halben Kilometer zurückgezogen. Nur in den tieferen Partien des Geländes steht zuweilen das Wasser, Süßwasser. In diesem Frühjahr hat es zum ersten Mal seit vielen Jahren wieder geregnet, und alles blüht. Die Gräser und Sträucher, von einer langen Dürreperiode verbrannt und verkümmert, sind in diesem Jahr so rasch gewachsen, daß man viele der alten Steine kaum mehr erkennen kann. Eine bukolische Szene, nur ohne Lebewesen. Als einziger Lärm das Zirpen der Grillen. Kein Auto fährt vorbei, kein Gesang in den Schienen, kein Pfiff eines Zugs, kein Flugzeug. Es gibt ein Abkommen mit den Franzosen, sagt Boudiba, sie werten das Gelände aus. Aber die einzigen Spuren, die sie hinterlassen haben, sind wetterfeste, mit Sand oder Steinen beschwerte Kunststoffplanen, die zum Schutz über die Mosaiken gespannt sind. Eigens dafür entwickelt, erklärt der Hausmeister, während ich nur eine ordinäre Plastikfolie sehe. Andächtig stapfen wir zwischen den hohen Gräsern und den Steinen herum, einige Häuser sind zu erkennen, ein Brunnen, ein Badehaus und sehr gut noch die Grundmauern der Basilika, in der Augustinus gepredigt haben soll und die, nach dem Umriß zu urteilen, ungefähr so groß war wie eine bessere Dorfkirche in Deutschland. Hier das Baptisterium, hier der Altar, die Apsis, der Chor der »Großen Kirche« oder Basilica pacis, wie man sie nannte. »Das alles ist bis auf den letzten Stein verschwunden«, lese ich später bei meinen Recherchen in einem Werk mit dem schönen Titel »Augustinus der Seelsorger« aus dem Jahr 1946, »verschwunden hinter dem bleiernen, trüben Horizont des Islam.«

Neben der Basilika finden wir die alte römische Hauptstraße, schmal, keine drei Meter breit, dennoch eine richtige befestigte Straße aus breiten Felsblöcken, in denen man die Rillen der Wagenräder noch erkennt und genau die Breite der Achsen. Manchmal klingt es hohl, wenn man die Füße aufsetzt, ein Geräusch wie aus einem kühlen Traum, Echo aus der Vergangenheit. Die riesigen Steinplatten liegen nicht mehr eben auf, sondern wackeln, wenn sich unter den Schritten die Gewichte verlagern, und so merkt man, daß sich darunter ein breiter, tiefer Hohlraum befindet. Die Straße ist kanalisiert. Ein Spalt einige Meter weiter erlaubt uns hinunterzuschauen. Es steht wieder Wasser in dem Kanal. Das System funktioniert wie vor 1600 Jahren. Wir gehen weiter, gehen um den Hügel, auf dem das Museum thront, und als zöge einer einen großen Vorhang beiseite, tut sich die riesige steinerne Esplanade des aus dem 1. Jahrhundert stammenden Forums auf – einst das größte Nordafrikas, sagt Boudiba. Ein Platz, wie nur je einer das Gefühl des deutschen Wortes *Platz* vermitteln kann, *place, square* und *space* in einem. Platz, verlassen, der Sonne ausgeliefert wie wir, voller Unkraut in den Ritzen zwischen den Steinplatten, aber nicht zugewachsen. Die Steinplatten, mit denen das Forum ausgelegt ist, sind zu groß, sie werden auch in tausend Jahren nicht zugewachsen sein. Einige Säulen stehen noch und markieren sichtbar die Ränder. Wir gehen umher, ziellos, nur um darauf umherzugehen und den Platz zu erfühlen. Am einen Ende leuchtet ein riesiger Strauch in tiefem Violett, ich kenne die Pflanze nicht, aber es ist, als gehöre er immer schon zu diesem Bild. Weiter oben, ein Hügel landeinwärts, blickt die neue Augustinus-Basilika auf uns hinab. Und in der Mitte des Platzes, tief eingraviert in die Steinplatten, scharfkantig, unversehrt, als wäre der Steinmetz gestern erst hiergewesen, ein Schriftzug, die ellenlangen Lettern leserlich wie eh und je, nur jetzt ohne die bronzene Füllung von einst, erinnernd an C. Paccius Africanus, den Prokonsul von Afrika und Erbauer des Forums.

Wir haben alles gesehen. Ich gehe noch einmal zum anderen Ende des Platzes, um sicher zu sein: Ja, ich habe alles gesehen. Die Sonne steht am Zenit, wir sind schweißgebadet. Zügig nehmen wir den Weg über die Steinplatten zurück. Flüchtig wieder das dumpfe, kühle Geräusch, dann um die Ecke, an der Basilika vorbei, zum Eingang und mit durchnäßtem Hemd ins Auto.

Mohammed Boudiba ist ein bescheidener, freundlicher Mann Anfang fünfzig, aber ein so miserabler Autofahrer, daß ich mich arg zusammenreißen muß, um nicht unhöflich zu werden und ihm eine Lektion über den angemessenen Umgang mit der Gangschaltung zu erteilen. Wir sprechen arabisch, das Französische, obwohl manchmal eingeworfen, setzt sich in den Gesprächen hier, anders als bei denen in Algier, nicht fest. Der Freitag, an dem wir die Ausgrabungsstätte besichtigen, ist der zweite Tag, den wir zusammen verbringen. Am Tag zuvor, als ich gegen Mittag aus Algier ankam, hielt ich meinen Vortrag. Es war nicht so gedrängelt voll wie im Saal der Nationalbibliothek von Algier, allerdings war das alte Kino, in dem der Vortrag stattfinden sollte, auch um einiges größer. An der Decke, unendlich weit oben, Reihen nackter, zuckender Neonröhren. Auf der Bühne, nur wenig höher als der Saal selbst, ein Tisch, zwei Stühle, keine Lampe, ich war, wenn ich ablesen wollte, auf das Deckenlicht angewiesen. Aber natürlich, auch das ging.

Zuvor, im Foyer des Kinos, das nur noch gelegentlich als Kino genutzt wird und sich – Gruß aus sozialistischen Zeiten – »Kulturpalast« nennt, hatte ich mindestens vierzig Leuten die Hand geschüttelt, alle möglichen Hände, rauhe, schwammige, zerbrechliche, verschwitzte, feste, zarte, solche, die einem nur symbolisch gegeben wurden, die wie eine Feder in der Hand lagen, und solche, die einen nicht mehr loslassen wollten. Lange kam ich mir nicht mehr so fremd vor wie hier, wo meine Fremdheit ignoriert wurde und man mich begrüßte wie einen bekannten Lokalpolitiker, mit dem man gleich über die Blumentöpfe vor dem Rathaus diskutiert. Es war kaum eine elegante, auffällige Erscheinung unter dem Publikum, alle bescheiden, manche ärmlich und achteten nicht auf Äußerlichkeiten. Nicht einmal eine schöne Frau, an der sich der Blick des Fremden in solchen Momenten festhalten kann, entdeckte ich hier, irgendeine, für diesen Zweck nur, um diese unendlichen zwanzig Minuten zu überbrücken, um mich nicht so alleine zu fühlen, um nicht mehr an meine Hand denken zu müssen, den Abdruck (weniger in der Hand selbst als im Hirn) noch der letzten und vorletzten und vorvorletzten Hand, einer weichen, einer groben, einer schwitzigen, und um das rasende Bedürfnis unterdrücken zu können, mir die Hände waschen zu gehen. Nur wenige der Leute, die mich auf diese Weise berührten, wurden mir namentlich vorgestellt oder stellten sich mir vor, der wichtigste Dichter der Stadt, der größte Literaturkritiker der Stadt, die beste Dichterin der Stadt, die einzige Geigerin der Stadt, der Kinobesitzer oder vielmehr Programmacher des Kinos, die gelegentlich gezeigt wurden – er lobte das neue deutsche Kino und erwähnte dabei Fassbinder, worauf ich ihm Good Bye Lenin empfahl, und es schien ihm, er habe von dem Film schon einmal gehört. Der berühmteste Dichter machte einen gepflegten, fast parfümierten Eindruck, er trug eine Krawatte und helle, auffällige Farben, anders als alle anderen. Und sobald wieder einer erkannte, daß ich der Vortragende war, kam er zielstrebig auf mich zu, als wäre auch sein Willkommensgruß eine Auszeichnung oder wenigstens eine Art Gastgeberpflicht und Ehrbezeugung, und irgendwie war es dies alles auch, ohne daß ich in jenem Moment etwas damit anzufangen wußte.

Als wir dann hineingebeten wurden, war ich zunächst schockiert über den Zustand des Saals und mußte mir sagen: Geduld, stell dich an den Rand, bis alle sich verteilt haben, und lächele, lächele. Siebzig, achtzig Leute mochten anwesend sein, sie verloren sich in dem riesigen alten Kino, so daß es wirkte, als müßte ich vor leerem Saal sprechen. Ein Wahnwitz, hier so zu stehen. Demenzform von Entwicklungshilfe, ohne Ergebnisse, folgenlos, ziellos, ins Leere, wozu das alles? Das nächste Mal nehme ich ein Filmteam mit, wie ich durch die Provinzstädte der arabischen Welt tingele, stellte ich mir vor, und der Titel, den ich für die Fernsehsendung dann wählte, würde lauten: »Einführung in den interkulturellen Nihilismus« oder »Bericht von der Antiterrorfront« oder dergleichen. Das ist Kulturaustausch, hier, jetzt, so. »Unser deutscher Beitrag zur Terrorismusbekämpfung.« DIALOG. Keine großartige Sache, nicht die Festivals, mit denen wir daheim uns selber feiern, mit Hilfe der anderen, die als Zeuge dabeisein, zusehen dürfen, wie wir uns aufklären und immer bessere Menschen werden, sie, um deren Aufklärung wir uns nicht kümmern. Wozu auch, solange nur wir uns nichts vorzuwerfen haben?

Alles das, die Menschen, der Saal, die Charaktere, wirkte auf mich wie gestellt, eigens für mich in Szene gesetzt, nicht wie eine normale Kulturveranstaltung. Aber genau das war es. Jeden Donnerstag, alle zwei Wochen, eine solche Veranstaltung mit einem Literaten, Philosophen, Journalisten. Vor mir der Schriftsteller Rachid Boudjedra, nach mir der arabische Habermas, Tayyib Tayzini. Tatsächlich, die Nachbarschaft ehrte mich. Ich war unbedeutend dagegen, unbekannt zudem. Boudiba sprach die Einführung, dann war ich dran. Aus einer spontanen Laune heraus legte ich das vorbereitete Manuskript beiseite, nahm statt dessen die Notizen zu einem Komplex von Gedanken hervor, die mich in letzter Zeit beschäftigt hatten, und beschloß, meinen Vortrag ausnahmsweise frei zu halten. Und was ich dann sagte, war, obschon nicht im Wortlaut, in etwa das folgende.

DIE POSTCOLONIAL STUDIES haben, schlicht gesagt, das Ziel, Strukturen kolonialen Denkens auch in solchen Werken nachzuweisen, wo sie der arglose Leser zunächst nicht vermutet oder wo er sogar Kritik am Kolonialismus herausliest. Zusammen mit oder im Gefolge von Diskurstheorie und Dekonstruktion haben sie die Analyse von Machtverhältnissen auf die Spitze getrieben. Macht- und diskurssteuernde Strukturen oder einfach die »abendländische Metaphysik« werden, oft überraschend plausibel, an Texten herausgearbeitet, wo man sie am wenigsten erwartet hätte. Wer diese Literaturbetrachtung verinnerlicht hat, kennt keine heiligen Texte. Selbst die brillanteste Denkbewegung, selbst das feinste Wortkunstwerk, so weiß er, läßt sich dekonstruieren, kann auf dem Altar der letzten und radikalsten Kritik geopfert werden. Der hermeneutische Moment, wo ein Text an seiner Schwachstelle gepackt und ausgehebelt wird, vergönnt dem Interpreten ein Überlegenheitsgefühl selbst gegenüber dem größten Meisterwerk, und das spielt als Motivation für diese Art zu denken eine nicht zu unterschätzende Rolle.

Derart geschult bekommt man allerdings ein Problem, wenn man auf die geistigen Errungenschaften derer schaut, die nicht mehr dem eigenen abendländischen Kulturkreis zuzurechnen sind. Die Schwierigkeit besteht dann nicht darin, wie vielleicht die meisten zunächst annehmen möchten, daß die neuen Methoden (oder wie immer sie sich nennen, »Denkbewegungen« und dergleichen) plötzlich nicht mehr greifen würden. Vielmehr greifen sie nur zu gut. Die gesamte Literatur des islamischen Kulturkreises (Philosophie, Recht, Religion, wissenschaftliches Schrifttum natürlich eingeschlossen) bietet das ideale Exerzierfeld für postmoderne Literaturtheorien – und ist ihnen schutzlos ausgeliefert. Wer Platon und die abendländische Metaphysik kritisiert, wird über Koran, islamisches Recht und islamische Theologie nicht achtlos hinweggehen wollen – es sei denn, er findet diese vielleicht wirkmächtigste Tradition binären Denkens, struktureller Gewalt und unverhüllter Diskursherrschaft ohnedies indiskutabel.

Vielleicht sind daher indirekt ausgerechnet Dekonstruktion, Diskurstheorie und Postcolonial studies das letzte und raffinierteste Mittel der abendländischen Oberherrschaft über den Geist, eine perfide Art der Besserwisserei, die sich zunächst am Eigenen bis zur Perfektion schult, nur um schließlich die Rücksichtslosigkeit gegenüber dem eigenen Kanon auch von den anderen verlangen zu dürfen. Das Urteil sei denen überlassen, die in allernächster Zeit damit konfrontiert sein werden, den Muslimen. Hier interessiert die Verwirrung, die die kritische Schulung im eigenen Lager anrichtet, wenn wir uns mit wohlwollender Neugier der künstlerischen und geistigen Produktion der anderen nähern. Davon ahnt nicht nur die Orientalistik bis jetzt noch nichts. Zwar berufen sich einzelne, jüngere Wissenschaftler auch auf neuere Analysetechniken, aber diese konsequent auf den Forschungsgegenstand anzuwenden, wagt vorerst keiner. Mit gutem Grund: Sie liefen Gefahr, ihr Studienobjekt auf jede erdenkliche Art zu zermahlen.

Dennoch führt natürlich kein Weg daran vorbei. Wenn die Orientalisten es nicht tun, werden es die Orientalen selbst tun. Das vordergründig Beruhigende an den in Rede stehenden Analysemethoden ist dabei, daß sie sich eines Urteils über den ästhetischen Wert ihres Untersuchungsgegenstandes enthalten. Die Postcolonial studies können Joseph Conrad für einen großartigen Autor halten und ihn gleichwohl einer fragwürdigen Geisteshaltung überführen. Die Aufspaltung von ästhetischer und ideologisch politischer Wertung ist ein großer Fortschritt und war noch vor nicht allzu langer Zeit ein Kuriosum. Sie befreit von der natürlichen Autorität ästhetisch wertvoller Texte und erlaubt es uns, sie gleichzeitig zu bewundern und zu kritisieren. Ich kann also, jedenfalls theoretisch, die palästinensische Blut-und-Boden-Lyrik für große Dichtung halten, obwohl sich mir, noch während ich dies formuliere, der Magen meiner angelernten Gesinnung dabei umdreht.

Daß der Ästhetik ein eigener Raum vorbehalten wird, ist

jedoch nur ein Nebeneffekt. Tatsächlich schärft die Theorie das Bewußtsein dafür, daß selbst größte ästhetische Errungenschaften die fragwürdigsten Inhalte transportieren können. Die Ästhetik ist ihr kein absoluter Wert mehr. Uns fällt dieser Aspekt kaum noch auf, so sehr sind wir daran gewöhnt, daß Ästhetik, zumal Schönes in einem herkömmlichen Sinn, für jeglichen, in der Regel kommerziellen Zweck vereinnahmt werden kann. Das bewirkt eine gewisse Reife im Umgang mit dem ästhetisch Ansprechenden. Was manche als Abstumpfung beklagen, ist zugleich eine Resistenz gegen leichte Verführbarkeit und so gesehen eine echte Errungenschaft. Diese Resistenz dürfte jedoch viele im Westen dazu verleiten, die tatsächliche Wirkung und Wichtigkeit ästhetisch vermittelter Botschaften in Kulturkreisen mit anderer Konditionierung zu unterschätzen. Mag sein, daß wir den Arabern zugestehen, der Ruf des Muezzins sei schön. Aber diese Einsicht gilt nicht viel, unser Urteil über die Moschee in der Nachbarschaft oder unser Bild vom Islam insgesamt wird sie nicht mildern. Wenn es wirklich darauf ankommt, erachten wir den ästhetischen Aspekt als Quantité négligeable.

Damit geraten wir in einen Widerspruch. Aus der aufgeklärten, selbstkritischen Betrachtung hervorgegangene Werte wie Toleranz, Respekt und die Ahnung von der Relativität jeglicher Perspektive haben, wenn man sie Ernst nimmt, die Konsequenz, gerade die größten Errungenschaften der anderen als des Respekts und der Toleranz nur wenig würdig zu erachten – weil sie sich eben dieser Werte selber nicht befleißigen. Man kann mit ein bißchen akademischer Akrobatik nachweisen, daß der Koran ein Kunstwerk ist und, obwohl 1400 Jahre alt, so funktioniert wie moderne Dichtung. Nur ändert dies nichts daran, daß einem mit dieser Ästhetik die tiefsten Abgründe orientalischer Metaphysik untergejubelt werden und daß, würde man alle Furien der Entzauberung so schonungslos darauf ansetzen wie auf vergleichbare westliche Texte, wenig Achtenswertes übrigbliebe von dem, was strenggläubige Muslime für den im Himmel gespeicherten O-Ton Gottes halten. Fazit: Wenn wir dem anderen von gleich zu gleich begegnen wollen, wahrhaft von gleich zu gleich, laufen wir Gefahr, ihn zu vernichten.

Bemerkenswerterweise geschieht jedoch genau das nicht oder allenfalls an den polemischen Rändern (und dort mit schlechteren Argumenten). Der kulturelle Mainstream im Westen, zumal in Deutschland, reagiert auf den theoretischen Selbstwiderspruch in der denkbar überraschendsten Weise. Er weicht ihm aus. Er betrachtet die fremde Kultur eben nicht wie die eigene, er legt andere Maßstäbe an oder gar keine. Das Fremde wird von den Betrachtungsweisen, mit denen man an die eigene Kultur herangeht, ausgeschlossen und zu einem vor diesen geschützten Areal, zu einem kulturellen Spielfeld, in dem weniger strenge, wenn nicht gar keine der geistesgeschichtlich gewachsenen Regeln gelten; in dem man sich gehenlassen kann, in dem der kritische Furor ruht.

Weil dies so ist, muß das in den neunziger Jahren (nicht erst seit dem 11. September) stetig gewachsene Interesse an orientalischer Kultur und Literatur als Ausdruck eines massiven gegenaufklärerischen Bedürfnisses verstanden werden. Das ist nicht zu bedauern und nicht zu beklagen. Als schieres Phänomen aber verdient es, von allen Seiten betrachtet zu werden. Es könnte das Ende der westlichen Hegemonie über das Denken seit langem wieder einmal vorstellbar machen.

Man traut diesem Publikum nichts zu. Immer unterschätzt man es. Aber nach einem verhaltenen Applaus kamen die Fragen und Entgegnungen präzise, bezogen sich exakt auf die Punkte, die ich gesetzt hatte. Kaum einer, außer ein paar jüngeren, verschleierten Frauen, der zu schüchtern gewesen wäre, sich zu melden. Es folgte ein zünftiger, zugleich sachlich-höflicher Schlagabtausch zwischen mir und dem Publikum, mal ernst, mal humorvoll, mal polemisch, mal verständnislos, eine Diskussion, die an Lebendigkeit derjenigen in Aleppo nicht nachstand, vielleicht noch freier war, unbeobachteter, weniger offiziell. Mit einem Schlag wußte ich, warum ich hier war. Eine solche Veranstaltung, eine solche Diskussion, wann hatte ich sie zuletzt in Deutschland erlebt? Hier, in diesem alten Kino in dieser gottverlassenen Stadt an diesem traurigen Donnerstagnachmittag, war Kultur Brot, eben weil sie so wenig verfeinert, weil sie improvisiert war. Und dieses Brot sättigte auch mich jetzt mit Sinn. Ich schämte mich meiner Haltung zuvor, als ich am Rand stand und fluchte und mich fragte, was ich hier verloren hätte. Unter den grauen Gesichtern verbargen sich echte Zuhörer, Leute mit Anliegen, die sie nicht verschweigen können, nicht verschweigen wollen. Keine Spur mehr von Einsamkeit, tausend Fäden hielten mich plötzlich. Ich verstand: Es ging gar nicht um meinen Vortrag, es ging um die Diskussionen im Anschluß daran. Anders als bei uns, wo es fast verpönt ist zu sprechen, so daß nur die Schamlosen dann die Stimme erheben (Diskussion nach einer Lesung mit Imre Kertész: »Und das haben Sie alles erlebt?« Der Überlebende nickt. »Das heißt also, Sie sind wirklich in Auschwitz gewesen?« Nur einem Araber hätte ich diese Frage verziehen.).

Aber in Annaba war keine einzige dumme Frage zu verzeichnen. Manche verwunderliche ja. Auch Widerspruch, ohne Scheu vorgetragen. Manche Verständnisfrage. Oder solch eine, von der Dichterin vorgebracht ganz am Schluß, im reinsten Hocharabisch zelebriert, die nichts mit meinem Vortrag zu tun hatte: Wie es denn sein könnte (wenn es denn stimme, was sie gehört habe), daß man in Deutschland Romane lieber lese als Gedichte, wo Gedichte doch viel schöner seien, sich viel leichter einprägten, Rhythmus hätten, Gefühle, man ihnen zuhören könne, statt sie lesen zu müssen. Khansa, sagte Boudiba mir, heiße sie, wie die berühmte Dichterin zu Lebzeiten Mohammeds, die große Verehrerin des Propheten; und ob sie wirklich so heißt oder von allen nur so genannt wird oder sich selber so nennt, ich frage nicht. Sie wirkt streng, wie eine verhärmte Oberschwester, doch ihre Worte fließen sehr freundlich. Während sie spricht, und es ist ein Genuß, dieses klassische Arabisch zu hören, frage ich mich, wie sie, die das weiße Kopftuch um Haaransatz und Kinn betont eng trägt, zu den Islamisten steht. Ich stelle mir vor, daß es für eine gebildete Frau ihres Alters, Mitte fünfzig, gläubig, auf eine bildungsbürgerliche Art und Weise tief in der eigenen Tradition stehend, unerträglich sein muß, wenn im Namen all der Werte, für die auch sie steht, widerlichste Verbrechen begangen werden. Ein deutscher Patriot 1938, bewandert im Besten deutscher Kultur, ein wenig deutscher Größe nicht abgeneigt, der plötzlich alles, was er liebt, ins Schrille, Dümmliche, Perverse umschlagen sieht. Wird er im Urteil der Geschichte schuldig geworden sein? Was wird aus seinen Werten, Hoffnungen, Weisheiten werden? Aus seinen Söhnen? Eine Religion, darf man hoffen, übersteht die Zeitläufe besser, und nie bleibt die Schuld einer Generation an ihr haften. Bewahre dein schönes Arabisch, o Khansa, behalt deine Werte. Andere wirst du nicht kriegen, zu Lebzeiten nicht!

Nach der Reise will das Fernsehteam, das mich in meiner Vorstellung wie eine zusätzliche Bewußtseinsebene, die alles das einfängt, was mir entgeht, fortwährend begleitet hat, ein abschließendes Interview mit mir durchführen.

– Herr W., Sie haben einmal (ein wenig großkotzig, könnte man denken) geschrieben, das Ende der »Hegemonie des westlichen Denkens« sei nah, und das hänge irgendwie mit den Arabern zusammen. Jetzt waren Sie hier in Annaba, und wir haben Ihnen aufmerksam bei allem zugesehen. Wollen Sie Ihre These nach diesen Erfahrungen aufrechterhalten? Und mit welchem Recht?

– Von »nah« war nie die Rede! Hier steht eindeutig: »vorstellbar machen«. Ob Sie es sich vorstellen können, weiß ich nicht. Vielleicht stimmt die Versuchsanordnung, stimmen die Testbedingungen noch nicht. Wir haben schließlich erst angefangen, sind gerade einmal auf Seite 122. Aber ich kann Ihnen auf die Sprünge helfen. Ein paar Spuren sind schon gelegt. Erinnern Sie sich an diese Frau, Khansa, die Dichterin? Das ist fast so, wie wenn sich bei uns jemand »Napoleon« nennt, mit einer Perücke vom Ende des 18. Jahrhunderts in Veranstaltungen sitzt und bei der Diskussion nur französisch redet, weil es vornehmer ist. Wir würden eine solche Gestalt umgehend für verrückt erklären. Aber diese Frau war nicht verrückt, und niemand hielt sie dafür. Noch nicht einmal ich konnte sie hier für verrückt halten, obwohl ich den entsprechenden Napoleon sofort für närrisch erklären würde. Ich habe sie auch nicht für armselig gehalten, im Gegenteil, sie hatte mehr Würde als viele andere im Saal, die womöglich stärker angepaßt waren an die moderne Welt und deshalb nur um so verlorener wirkten.

Recht besehen lebt diese Khansa in einer Kapsel, selbst wenn sie sich auf solchen Veranstaltungen sehen läßt und damit wohl Zugang zur Welt sucht. Sie sitzt da, aber sieht doch alles wie durch ein Fernrohr. In ihrer Kapsel, aus der sie also manchmal hinausschaut, fliegt sie mit ihrer Familie und vermutlich noch vielen anderen durch eine Zeit, die ihrem Weltbild so fremd und feindlich ist wie dem Menschen der Weltraum. Man könnte diese Menschen Chrononauten nennen. Die Wahrscheinlichkeit ist groß, daß ihr Zeitschiff an irgendeinem Meteor zerschellt, von einem schwarzen Loch verschlungen wird oder auch nur beim mißlungenen Wiedereintritt in eine an sich lebensfreundliche Atmosphäre verglüht. Was von ihnen dann bleibt, sind der Unterarmknochen des heiligen Augustinus und ein paar Pilger, Nostalgiker, die mit dem, was einst war, nichts mehr gemein haben.

Ja, die Wahrscheinlichkeit, daß sie aussterben, ist groß, und dennoch ist es vorstellbar, daß sie eines Tages in einer Zeit landen, die nur auf sie gewartet hat. Eine Zeit, in der ein vormodernes oder irrationales, nur wenig oder gar nicht aufgeklärtes Weltbild das Überleben eher garantiert oder jedenfalls stark erleichtert. Einmal angekommen, sind diese Chrononauten krisenresistent, leicht zufriedenzustellen, ausdauernder, fleißiger, opferbereiter, nicht angekränkelt von Zweifeln und Fragen. Schon jetzt ist es mit ihnen ja so, und wer weiß, vielleicht kommen sie gerade in unserer Epoche in der ihnen gemäßen Zeit an. Mit Spott und mit Neid, mit Bewunderung und Kopfschütteln haben wir ihren Flug verfolgt. Angesichts ihres Starrsinns und ihrer Entschlossenheit beginnen wir nun aber selber zu zweifeln: Könnte es sein, daß es da etwas gibt, das wir verlernt haben, wir, die versuchen, immer alles mitzubedenken, aufzuspeichern, einzuverleiben? Und dann, im vagen Vorgefühl von Krisen, die vielleicht nie mehr sind als eben ein Vorgefühl von Krisen, eine aus Urzeiten ererbte Erwartung von Krisen, die wie ein Wecker nach bestimmten Zeiträumen schrillt, auch wenn der Anlaß längst fortgefallen ist, in diesem vagen Vorgefühl könnte es passieren, daß manche in diesen Chrononauten die Rettung erblicken. Und wenn nicht die Rettung, so doch zumindest ein Schmerzmittel, eine Betäubungstechnik, ein Schiff, das ruhiger durch die rauhen Zeiten fährt. Womöglich haben sie damit gar nicht so unrecht.

– Wir hätten noch eine Frage!

– Nur zu!

– Das mit den Furien der Entzauberung... können Sie die nicht doch einmal von der Leine lassen, nur so für uns, im privaten Rahmen?

– Solange es unter uns bleibt! Und kurz, wirklich nur kurz.

– Einverstanden.

– Also...

Wie jede Religion die Mängel ihres Anfangs bis zu ihrem Verblühen mit sich herumschleppt und manche an eben diesen Mängeln verblüht, hat auch der Islam Geburtsfehler, an denen er heute noch laboriert. Gewiß, die meisten gläubigen Muslime würden mir in diesem Punkt widersprechen (nach dem Motto: »der Islam zeichnet sich eben dadurch aus, keine Mängel zu haben; und besonders in seiner Anfangszeit hatte er keine. Allenfalls später sind welche hinzugekommen, als man vom Urislam abwich«), je fundamentalistischer, desto heftiger; aber es gibt mittlerweile auch solche, die dies zugestehen und mitbedenken. Denn es ist keine Schande. Keine Religion ist frei davon, und die Aufgabe der Theologen besteht häufig nur darin, diese Mängel in Vorteile umzudeuten, sie wegzudiskutieren oder auf günstige Weise zu begründen und zu rechtfertigen. Sie gleichen damit den Chirurgen, die Geburtsfehler nachträglich operativ korrigieren, und wie ein Erwachsener nach einer solchen Operation von seinem ursprünglichen Gebrechen kaum etwas spürt und man sie ihm nicht ansieht, erkennt der unbefangene Gläubige bei einer theologisch gut verarzteten Religion kaum etwas von ihren ursprünglichen Schwächen. Besonders wenn ein wahrnehmungspsychologischer Effekt hinzutritt und den Blick auf die Mängel zusätzlich verstellt: Man gewöhnt sich nämlich an sie und begreift sie womöglich als Vorteil.

Das gilt freilich allein für die jeweiligen Gläubigen selbst. Ihr Blick auf ihre Religion gleicht einem Blick in den Spiegel. Nicht nur scheinen einem die seltsamsten Züge vertraut, auch ist man, durch diese Gewöhnung und weil man das Gesicht von klein auf gesehen hat, blind für Charakteristika, die jedem anderen sofort auffallen. Und was, unter diesen, die Mängel betrifft, so wird man sie ohnedies nicht wahrnehmen oder wahrhaben wollen. Dies erklärt das Schreckliche in der Begegnung mit anderen Religionen: Plötzlich sieht man einen fremden, alle Schwächen schonungslos erkennenden Blick auf sich ruhen. Und der Blick wird mit zunehmender Kenntnis des anderen nicht milder, im Gegenteil. Man erkennt allmählich die Geburtsfehler beim anderen als solche heraus, und dies wird das anfängliche Entsetzen nicht abschwächen: Die Mängel sind keine spätere Entstellung, sondern gehören zu diesem seltsamen Wesen, das man da vor sich hat, ursprünglich hinzu.

Die Einschätzung und Bewertung dieser Fehler wird zusätzlich dadurch erschwert, daß sie keineswegs nichts als Fehler sind. Statt mit einem Geburtsfehler könnte man sie zuweilen nämlich mit einem genetischen Sprung vergleichen, der zwar neue, hilfreiche Fähigkeiten mit sich bringt, die Betroffenen aber auch ein Stück weit aus der Art schlagen läßt. Ein einfaches Beispiel für einen solchen Geburtsfehler, der zugleich ein evolutionärer Sprung ist und mit dem sich die Theologen so lange herumgeschlagen haben, bis die Gewöhnung eingekehrt ist, die uns heute noch alle beherrscht, der aber gleichwohl, von außen betrachtet, ziemlich befremdlich ist, bietet die »Menschsohnschaft« Christi, die in der frühen christlichen Theologie bald zu einer ausgewachsenen Gottessohnschaft wurde. Zu Recht entzündeten sich daran die ersten großen Streitigkeiten der frisch im Römischen Reich angekommenen Kirche. Zu Recht beschäftigte sie die Theologen bis weit ins Mittelalter und kann heute noch jeden, der theologische Fragen ernst nimmt, um den Verstand bringen. Und zu Recht gehört dies zu den Punkten des christlichen Dogmas, an denen jede antichristliche Polemik, sei es von muslimischer, sei es von säkularer Seite, den Hebel ansetzt. Dennoch, welcher Christ, gläubig oder nicht, macht sich heute darüber ernsthaft Gedanken? Es scheint unwichtig, weil man ohnedies nicht mehr glaubt oder weil man die Frage nicht für aktuell hält oder für ausreichend diskutiert. Müßte aber nicht jede Epoche zu ihrem eigenen Verständnis in dieser Sache gelangen?

Denn das Dogma der Gottessohnschaft Christi ist ein atemberaubender Anschlag auf den gesunden Menschenverstand – weit mehr als alles, was der Islam in dieser Hinsicht zu bieten hat. Dennoch stürzen sich abendländische Polemiker bis heute lieber auf die Unbefleckte Empfängnis. Dieses Detail ist ungleich handfester und pikanter, umgeben von einer Aura dezenter Peinlichkeit, die man gerne lärmend durchbricht. Muslimische Autoren hingegen, wohlwissend, daß dies sekundär ist, haben sich dabei nicht aufgehalten. Über das Sexualleben Marias zu spekulieren, abgesehen davon, daß es jeden Menschen mit Taktgefühl vor den Kopf stößt, lenkt nur wunderbar von der viel größeren Problematik ab, wie Gott einen Sohn haben könne, der auch noch ein Mensch ist, und was dann Gott und Mensch in diesem Gottmenschen für eine Mischung oder ein Nebeneinander ergeben. Man kann dafür alle möglichen Erklärungen suchen und finden, und ein ausgewachsener Zweig der christlichen Theologie hat es getan. Aber alle diese Erklärungen setzen voraus, daß man das Grundfaktum, so abstrus es ist, erst einmal akzeptiert; daß man dies glaubt. Tut man das nicht, ist man für diese Religion eigentlich verloren. Wir spüren das so klar nicht mehr, weil wir gelernt haben, die Ernte des Christentums einzufahren, ohne uns um die Herkunft des Saatguts zu kümmern. Einmal in der Erde, einmal Früchte tragend, produziert sich das Saatgut massenweise mit der Ernte schon selber. Unter solch günstigen Umständen über seine zweifelhafte Herkunft zu grübeln wäre töricht.

Was uns heute zu glauben so schwer fällt, dürfte für die frühen Christen ein alles schlagendes Argument gewesen sein. Und es ist gut möglich, daß die Umkehrbarkeit des frühchristlichen Dogmas von der Menschwerdung Gottes, nämlich die Möglichkeit der Gottwerdung des Menschen, schließlich zu dem beigetragen hat, was die Post-Christen heute, ohne sich weiter um dieses Gottmenschentum zu kümmern, als ihr Weltbild pflegen. So oder so, als Gläubiger muß man immer einiges glauben, was eigentlich unglaublich ist. Heute begegnet uns dieses Phänomen im Islam wieder, wir empfinden es als Zumutung für den Verstand und begreifen es als einen spezifisch islamischen Zug, was es natürlich nicht ist.

Beginnen wir bei der Kanonfrage. Auch der Islam ist mit

der Kanonproblematik konfrontiert gewesen, und zwar in einer verschärften, mit der jüdisch-christlichen kaum vergleichbaren Dringlichkeit. Denn der Koran ist ursprünglich kein geschriebenes Buch und auch keine Sammlung tradierter, später niedergeschriebener Geschichten, wie es das Alte Testament und die vier Evangelien sind. Vielmehr ist er, jedenfalls im Verständnis der Muslime, die Sammlung der Mohammed durch den Erzengel Gabriel offenbarten Worte Gottes. Diese sind im Koran, wie wir ihn heute kennen, nicht entsprechend ihrer ursprünglichen Reihenfolge angeordnet, sondern nach einem rein äußerlichen Kriterium, nämlich ihrer Länge. Selbst die Reihenfolge der Verse innerhalb der Suren entspricht nicht stets der ursprünglichen Offenbarung, und nicht alle Suren wurden, so wie man sie heute lesen kann, in einem Stück offenbart, sondern zum Teil in Blöcken von Versen, die nicht zwangsläufig mit den Surengrenzen übereinstimmen. Das klingt verwirrend, wenn man sich als Maßstab ein ›normales‹ Buch vorstellt, aber das wollte der Koran nie sein. Zweck der schriftlichen Fixierung war es nicht, ein Buch im heutigen Sinne zu schaffen, sondern die Verse überhaupt erst einmal zu sammeln und schriftlich festzuhalten. Und weil dieses Verfahren der Anordnung so offensichtlich äußerlich ist und nicht aus den Texten selbst geschöpft, interferiert es nicht mit der Deutung der Texte. Keiner kommt in die Versuchung, in die Textreihenfolge zuviel hineinzuinterpretieren. So gesehen ist dies die schonendste und philologisch korrekteste Art der Textanordnung – vorausgesetzt, man kennt die richtige chronologische Folge nicht, oder sie spielt, aus welchen Gründen auch immer, als Ordnungsprinzip keine Rolle.

Jeder Koranvers ist dabei als Originalzitat der Rede Gottes an den Propheten zu verstehen. Das ist, jedenfalls in diesem Umfang, ein ziemlich einzigartiger Fall. Welche Religion kann schon beanspruchen, soviel reinen, unverfälschten und, nach fundamentalistischer Deutung, präexistenten (will sagen ungeschaffenen) Wortlaut Gottes aufbewahrt zu haben – und dann noch in der göttlichen Originalsprache? Gewiß ist das alles erst einmal nur eine Behauptung, die auch nicht zu allen Zeiten von allen gläubigen Muslimen geteilt wurde (es gibt »weichere« Korandeutungen). Aber dieser Vorbehalt ändert nichts. Denn welche Religion stellt schon eine derartige Behauptung auf? Sie ist ungefähr ebenso dreist wie die mit Christus als Gottessohn, und sie ist, das nebenbei, ebensosehr eine Frucht der späteren Theologie, für die es in den ursprünglichen Texten Ansätze, aber keine eindeutige Ausformulierung gibt. Beide Behauptungen, die christliche vom Gottessohn und die muslimische vom Koran als wortwörtliche Mitschrift, als Originalzitat der Rede Gottes, sind ziemlich originell. Beide dienen dazu, die Präsenz und die Unmittelbarkeit Gottes für die Gläubigen zu gewährleisten. Mit anderen Worten: Im Vergleich zu früheren Religionen steigern Christentum und Islam den Einsatz in der Wette um das Heil des Menschen. Sie pokern hoch, setzen alles aufs Spiel, sie verwetten sich ganz. Sie machen den Glauben schwierig, verlangen dem Gläubigen ab, äußerst verstandeswidrige Behauptungen zu akzeptieren, aber dafür hat, wer dies dann alles glaubt, nicht nur ein Heilsversprechen erhalten, sondern ein Stück realer Präsenz Gottes bereits im Diesseits, sei es beim Abendmahl, sei es in Form des koranischen Textes.

Die Behauptung des Koran, aus Originalzitaten von Gott zu bestehen, ist für eine verwirrende Besonderheit des koranischen Textes verantwortlich, die als Authentizitätsbeweis dient oder dienen soll. Gott redet von sich als »wir«.

Auch sagt er oft »sag!«. Das bedeutet, Gott befiehlt Mohammed, das Darauffolgende zu sagen. Das ist zweifelsfrei ein Kuriosum, zumal Gott es nicht immer sagt, obwohl es doch immer O-Ton Gottes sein soll. Selbst gesetzt aber, dieses »sag« soll die Menschen nur gelegentlich daran erinnern, daß es Gott ist, der hier spricht, ist es dennoch sehr eigenartig. Denn Mohammed, wenn er so das Wort Gottes wiedergibt, führt ja Gottes Befehl nicht ganz korrekt aus. Er sagt nicht, was Gott ihn zu sagen geheißen hat, sondern er zitiert ihn wie ein Medium, welches den Gehalt der Worte nicht versteht und die Aufforderung nicht umsetzt, sondern als Teil des zu Sagenden betrachtet. Diese scheinbar blinde und verständnislose Gotteszitiererei will offensichtlich suggerieren, der ursprünglich von Gott vernommene Text sei völlig unverändert, so daß sogar ein Befehl, statt ausgeführt zu werden, als Befehl noch zitiert wird. Somit spricht Gott immer noch zu jedem Gläubigen, wie er es mit Mohammed tat. Jeder soll sich ein bißchen wie Mohammed fühlen dürfen. Das freilich funktioniert nur so lange, wie der Glaube unerschüttert ist, daß der Koran, den wir heute kennen, exakt derselbe Text ist, den Mohammed empfangen hat. Und genau das ist der Grund, weshalb an diesem Glauben, aller textkritischen Evidenz entgegen, so verzweifelt festgehalten wird.

Manche Philologen, besonders im Westen, fragen sich, ob die Muslime den Koran überhaupt je richtig verstanden oder gelesen haben, eine Frage, die ebenso von der unklaren Überlieferungsgeschichte geschürt wird wie von der Scheu vieler Muslime, die orthodoxe Version dieser Überlieferungsgeschichte einer nüchternen Betrachtung zu unterziehen. In der Tat lebt jeder strenggläubige Muslim, für den vom genauen Wortlaut des Koran so viel abhängt, in der Gefahr, daß die Philologen herausbekommen, Gott habe in

Wahrheit etwas ganz anderes gesagt, oder, schlimmer, eigentlich sei gar nicht sicher herauszufinden, was er denn nun gesagt habe. Würde sich eine solche Meinung in der Fachwelt durchsetzen, wäre das ein harter Schlag gegen das muslimische Selbstverständnis. Genau das ist der heimliche Zweck vieler dahin gehender westlicher Islamstudien. Aber es zeugt von einer seltsamen Naivität. Zum einen, weil diese Forschungen noch am Anfang stehen und die Wahrscheinlichkeit, daß sie grundstürzende Änderungen des Koran-Verständnisses bewirken, ziemlich gering ist. Zum anderen, weil eine neue Lesart des Koran, die den Islam revolutionieren wollte, nicht nur wissenschaftlich völlig unumstritten zu sein hätte (schon das grenzte an ein Wunder), sondern sich in breiten Kreisen durchsetzen müßte, und das ist unter den derzeitigen Umständen völlig undenkbar. Im Westen mit seiner meist verläßlichen kritischen Öffentlichkeit, in der jede folgenreichere Behauptung einem *check and balance* ausgesetzt ist, mag die Überzeugung »die Wahrheit setzt sich durch« auf gut durchbluteten Füßen stehen. Aber das ist weltweit die große Ausnahme. Der islamische Mainstream, ganz zu schweigen vom Fundamentalismus, ist schon heute mit einem derartigen Wust an Aberglauben durchsetzt, an Annahmen und Überzeugungen, die offensichtlich jeder stabilen Grundlage entbehren, daß eine neue Lesart des Koran, selbst wenn sie noch so gesichert ist, nur als weitere Propagandalüge aus dem Westen verbucht wird (wie dies etwa mit der Rede vom Holocaust geschieht).

Denn ob der Koran wörtlich Gottes Wort ist, ist keine philologische, sondern eine Glaubensfrage, ähnlich der Gottessohnschaft Christi. Und so reizvoll es sein mag, einen Glauben mit einem Beweis zu widerlegen oder zu bestätigen, so wenig betrifft dieser Versuch die eigentlichen Probleme, mit denen sich die Gläubigen herumschlagen. Sie liegen auf anderem Gebiet, sind innertheologischer Natur, sie erschließen sich dem außenstehenden Beobachter zunächst nicht. Glaube ich beispielsweise an die Gottessohnschaft Christi und lasse mir diesen Glauben von keinem an den menschlichen Verstand appellierenden Muslim ausreden, fangen die eigentlichen Probleme erst an. So intensiv ich glauben mag, weiß ich dennoch nicht, wie sich in Christus die göttliche und die menschliche Natur zueinander verhalten, wie diese Anteile gemischt oder ungemischt in einem Wesen verteilt sind, das als Mensch unter uns gewandelt ist; sehe ich dennoch die rein logische Schwierigkeit, dieses Dogma zu denken, selbst wenn ich es glaube, und es ist ja gerade der Glaube daran, der mich darüber nachdenken läßt. Diese Schwierigkeit ist keine moderne, ist nicht dem aufgeklärten, individuellen Verstandeskult geschuldet. Sie ist vielmehr aufgetreten, sobald man den christlichen Glauben auf Begriffe gebracht hat, sie besteht fort, und noch heute muß man sie als Christ akzeptieren, und das heißt, man ist mehr oder weniger genötigt, darüber nachzudenken; akzeptiert man sie nicht, so glaubt man irgend etwas, aber ein gläubiger Christ im kirchlichen Wortsinn ist man dann nicht. Womöglich ist genau dies einer der Gründe, warum heutzutage nur noch wenige von denen, die sich gedanklichen Problemen stellen, tatsächlich glauben. Falls dies so ist, könnte sich das Schicksal von Religionen, die auf derartige Dogmen gegründet sind und vielleicht gerade aus ihnen ihre außerordentliche Kraft bezogen haben, in dem geschichtlichen Moment entscheiden, in dem die Kräfte der Rationalität bei den Gläubigen ein Übergewicht über die des Glaubens gewinnen.

Dasjenige aber, was einer als Muslim glauben muß, ist,

neben manch anderem, leichter verdaulichem, der göttliche Ursprung, die Authentizität der göttlichen Rede. Dies ist die Voraussetzung, noch unabhängig von der Frage, ob der Koran ungeschaffen präexistent ist oder von Gott geschaffen – was die frühen muslimischen Theologen sehr beschäftigt hat. Ganz wie im Christentum beginnen erst hier die Probleme. Und hier, dieses eine Mal, zeigen auch die Muslime exhibitionistische Neigungen. Wo ein Christ das Leiden Jesu am Kreuz aller Welt hinhält, tut der Muslim dies mit dem Koran und den Koranversen. Und so wie der gekreuzigte Christus seinen elenden Anblick der Welt darbietet, enthüllt sich auch der Koran in all seiner Größe und damit zugleich in all seinem Elend ständig selbst.

Der Koran ist selbstbezüglich wie kaum ein anderer Text einer Schriftreligion. Ständig kämpft er um seine Anerkennung als göttlicher Text und thematisiert sich daher selber. Die Panik des Anfangs, die Panik, nicht als das geglaubt zu werden, was er ist oder sein will, ist ihm eingeschrieben. Deswegen behauptet der Koran permanent seine Widerspruchsfreiheit, seine Zweifelsfreiheit, behauptet, »klare arabische Rede« zu sein, restlos evident zu sein. Aber gerade die permanente Behauptung der Widerspruchsfreiheit, der Eindeutigkeit, Verständlichkeit und Evidenz des Textes ist es natürlich, die ihn vor dem kritischen Urteil jedes selbstdenkenden Lesers oder Hörers nur um so stärker exponiert. Man braucht kein Koranforscher zu sein, nur ein Leser, der seinen Leseerfahrungen traut, um festzustellen, daß der Koran von Widersprüchen wimmelt, daß er alles andere als klar, eindeutig, evident ist und somit über alle Zweifel keineswegs erhaben. Im Gegenteil, er provoziert, eben weil er so viel von sich selbst redet und seine Evidenz behauptet, Widerspruch wie kaum ein anderer religiöser Text.

Auf dieses Weise baut er eine Art Double-bind-Situation auf. Er läßt die Gläubigen permanent im unklaren, verlangt aber zugleich, an die durchgehende Klarheit des Textes zu glauben, ja, er macht den Glauben an die Klarheit des Koran zu einer Bedingung des Gläubigseins: »Es handelt sich um klare Wunderzeichen (d. h.: Koranverse) in den Herzen derer, die Wissen empfingen. Nur die Frevler leugnen unsere Wunderzeichen ab« (Sure 29, Vers 49). Die behauptete Klarheit bei tatsächlicher Unklarheit ist eine performative Paradoxie. Der Gläubige kann auf sie allein mit geistiger Unterwerfung reagieren, mit einer Art Abschaltung seines Verstandes, die dazu führt, die koranischen Selbstaussagen eben zu glauben und die evidenten Widersprüche als einen Mangel an menschlicher Einsicht zu deuten. Bliebe dies alles im theoretischen Bereich, könnte man es hinnehmen. Aber der Koran will zugleich »Rechtleitung« sein. Wo es darum geht, ihn nicht nur feierlich zu rezitieren, sondern seine Vorschriften in Lebensrealität umzusetzen, wird die Widersprüchlichkeit zu einem unausweichlichen Problem. Natürlich lassen auch andere Religionen ihre Gläubigen häufig im Stich, wenn es darum geht, klare Anweisungen für die Lebenspraxis zu geben. Aber nur wenige beharren gleichzeitig so sehr auf ihrer »Klarheit«: »Durchdenken sie denn nicht den Koran? Stammte er von jemand anderem als Gott, fänden sie darin viel Widersprüchliches« (Sure 4, Vers 82). Nehmen wir das wörtlich, und nach strenggläubiger Auffassung müssen wir den Koran, jedenfalls solche Verse, wörtlich nehmen, wird einem sofort klar, wie hoch dieser Text pokert. Denn das in dem Vers geforderte »Durchdenken« bringt so viel Widersprüchliches zutage, daß der Text, nach des Koran eigener Aussage, nicht mehr von Gott stammen kann (»Stammte er von jemand anderem als Gott«). Aber durchdenken sollen wir ja. Das ist der koranische Double-bind.

Da aber der Einsatz schon so hoch ist – und damit groß die Gefahr, durchschaut und widerlegt zu werden –, wird er schamlos noch einmal verdoppelt. Alles oder nichts, scheint die Devise zu lauten. In diesem Sinne jedenfalls könnte man die Verse 88 in Sure 17 lesen: »Sprich: Wahrlich, wenn sich auch die Menschen und die Geistwesen zusammentäten, um einen Koran gleich diesem hervorzubringen, sie brächten keinen gleichen hervor, selbst wenn die einen den anderen beistünden.« Hier wird das berühmte Dogma von der Unnachahmlichkeit (Idjaz) des Koran formuliert. Es besagt, daß niemand in der Lage ist, einen ähnlichen oder womöglich besseren Text zu erschaffen. Mit dieser Behauptung soll die göttliche Herkunft des Textes belegt und Mohammed vor dem Vorwurf geschützt werden, er habe sich die Koranverse nur ausgedacht. Denn wenn dem so wäre, könnte sich leicht jeder ähnliche Texte ausdenken.

Genau dies, wird sich der Skeptiker sagen, ist der Fall, und dementsprechend berichten muslimische Quellen über etliche Versuche, den Koran nachzuahmen. Natürlich ist nichts von diesen Nachahmungen überliefert worden – weil nicht sein kann, was nicht sein darf. Unabhängig davon scheint es jedoch naiv, die Aufforderung zur Nachahmung wörtlich zu nehmen. Natürlich wäre heute wie auch zu Mohammeds Zeiten nichts einfacher, als ein paar Verslein von der Art eines Koranverses in die Welt zu setzen. Nur: Jeder Gläubige wird überzeugt sein, daß diese überhaupt nicht so sind wie der Koran, den er kennt, schlicht und einfach, weil es ein »wie der Koran« nicht geben kann und nicht geben darf. Es gibt nur den einen, unvergleichlichen Koran. Was aber dieser Koran ist, wissen wir, wir haben ihn vor uns. Und alles andere ist eben nicht der Koran. Nur der Koran selbst kann »wie« der Koran sein. Ein Tertium comparationis ist nicht vorgesehen, ja die bloße Möglichkeit seiner Existenz wird genau in den Versen, die dazu aufrufen, doch etwas Ähnliches zu schaffen, implizit gleich mit ausgeschlossen. Es ist unmöglich, den Koran nachzuahmen, nicht, weil Menschen so etwas Schönes und Wunderbares nicht erschaffen können, sondern weil das Dogma besagt, daß ein Vergleichsdrittes nicht existieren kann, daß es ein Ding der Unmöglichkeit ist. Damit ist für den Gläubigen jeder Vergleich ausgeschlossen, ganz unabhängig von der Qualität der nachahmenden Verse.

Die Behauptung der Unnachahmlichkeit arbeitet überdies mit einem bemerkenswerten Ablenkungsmanöver. Sie lenkt die Aufmerksamkeit auf die sprachliche Form des Koran. Das von der späteren islamischen Theologie detailliert und sprachwissenschaftlich höchst bemerkenswert ausgearbeitete Dogma des Idjaz trifft (was der Koran in den oben zitierten Versen ja nicht tut) nicht zuletzt ein Urteil über die ästhetische Qualität des Koran, behauptet seine unnachahmliche Schönheit. Das aber ist Geschmackssache. Gewiß kann man Koranverse für schön halten, jedenfalls rein klanglich, ästhetisch – man höre sich mal so einen Korangesang an –, und zweifellos halten die meisten Muslime die Koranverse für schön. Selbst mir als Ungläubigem ist es möglich, diese Klangschönheit zu empfinden und zu würdigen, ebenso wie ich die islamische Kalligraphie wertschätzen kann. Aber die Voraussetzung ist in den meisten Fällen, daß ich vom Inhalt absehe und mir keine Gedanken über das mache, was ich da höre oder lese. Sobald ich dies aber tue, muß ich mich unabhängig von den Reizen dazu verhalten. Selbst wenn ich nichts tue, verhalte ich mich dazu. Aber wer wird sich aufgrund ästhetischer Reize mit einem Text versöhnen lassen, dessen Aussage allen seinen angelernten Impulsen widerspricht?

Denn dieses Buch, wie religiöse Bücher oft, ist denkbar autoritär, es lebt von der Drohgebärde. Allah, der »Barmherzige«, wie er immer genannt wird, begegnet uns vor allem als Warner, Droher und Vollstrecker. Dieser Zug paart sich mit einem aggressiven Dualismus, der sein manichäisches Erbe nicht leugnen kann. Das koranische Weltbild kennt kaum Zwischentöne, überall herrscht ein scharf kontrastiertes Schwarzweiß, und das einzige Kriterium für Gut und Böse ist Glaube oder Unglaube, Gehorsam gegen Gott und seine Propheten oder Ungehorsam. Keiner derjenigen, die ihre eigene Religion, Christentum oder Judentum, aufgrund solcher Charakteristika kritisieren würden, wird den Koran mit Nachsicht behandeln können, wo all dies auf die Spitze getrieben ist. Was immer man zur Verteidigung dieses Textes vielleicht anführen könnte: Der moderne westliche Post-Christ wird darin die Urgestalt seines Feindbilds wiederentdecken und die Realität für komplexer halten müssen als die binäre Logik des »Entweder–Oder«, das »Recht und Unrecht«, das »Richtig und Falsch«, das »Gut und Böse«, das »Schuldig und Unschuldig«, »Terrorist und Nicht-Terrorist« suggeriert.

Aber was diesen, der sich dem einfachen Urteil verweigert, von denen unterscheidet, die danach urteilen und handeln, ist vermutlich nicht allein der kritischere Verstand und die gründlichere Bildung, sondern der ungeheure Luxus, wirklich die freie Wahl zu seiner differenzierten Meinung zu haben, das heißt von allen Zwängen und Einflüsterungen unbeeinflußt sich für oder gegen etwas entscheiden zu können, ja eine Entscheidung womöglich gar nicht treffen zu müssen. Wer kann diese Freiheit schon für sich behaupten? Und bevor einer das von sich sagt, muß er erst einmal sicher sein, daß er nicht von umgekehrten Zwängen beherrscht ist. Vielleicht leidet, der sich da so frei wähnt, unter einem kulturell ererbten Zwang, den Koran niederzumachen? Unter irgendeinem aufgeklärten, modernen oder postmodernen Wahn, alles Religiöse oder nur ansatzweise Metaphysische pauschal abzulehnen und als intellektuell und kulturell minderwertig zu verwerfen? Da müßte man sich erst einmal sicher sein, und schon sicher sein geht nicht, dann wäre man wieder Dualist...

Gesetzt aber, wir könnten uns wirklich frei entscheiden oder keine äußeren Zwänge für unsere Entscheidungen ausmachen, so wäre dies jedenfalls ein beträchtlicher Luxus, eine historisch fast einmalige Konstellation. Mag sein, wir, oder jemand vor uns, der zu uns gehört, hat es erarbeitet, dafür gekämpft, dennoch fällt uns diese Freiheit dann doch nur in den Schoß – und wir können uns darüber freuen, weil sie alles so einfach macht für uns. Nur ob wir uns dafür rühmen dürfen, dessen sollten wir uns nicht allzu sicher sein. Fest steht freilich, daß die meisten nicht diesen Luxus der Freiheit genießen, geschweige denn genossen, und fest steht auch, daß alle, die nach Mohammed kamen, alle Muslime, diese Wahl nie hatten. Die Frage, will ich dieses Weltbild oder will ich es nicht, die hier so lässig hingeworfen wurde, hat sich für sie nie gestellt. Das Weltbild, mit dem sie konfrontiert waren, war alternativlos gegeben. Es führte gar kein Weg daran vorbei, ebenso wie es für die mittelalterlichen Europäer nicht zur Debatte stand, Christ zu sein oder nicht. Nur wenn man das einsieht, enthüllt sich einem die Größe der islamischen Kultur.

Denn nicht der Koran ist in Wahrheit groß, sondern was

die Muslime daraus gemacht haben. Oder, etwas koranfreundlicher formuliert: Wenn der Koran eine Größe hat, dann liegt sie darin, daß er für die Muslime offenbar ausreichend Anlaß war, aus ihrer Kultur das zu machen, was sie geworden ist. Und weil das Ergebnis bekanntlich durchwachsen ist (wie das des Christentums nicht minder), bezeichnet dieses Ergebnis, wenn man davon schon abschließend sprechen will, auch die Grenzen seiner, des Koran Größe gleich mit. So betrachtet ist der Koran mit allen seinen Widersprüchen und Widrigkeiten die Kernspaltung, der geistige Urknall der islamischen Kultur – und damit zunächst nichts als rohe, unbeherrschte Energie, die erst einmal nutzbar gemacht werden mußte. Eine derartige Energie kann bekanntlich auf alle möglichen Arten benutzt werden, friedlich und unfriedlich, poetisch und juristisch, geistreich und tumb, sinnenfroh und sinnenfeindlich. Wie fein aber, blicken wir auf die Literatur der islamischen Welt, der anfängliche Dualismus ausdifferenziert wurde – trotz und neben den immer weiter wütenden dualistischen Eiferern! Wie brillant aus dem ursprünglichen Gestammel der Koranverse die Regeln sublimster, unnachahmlicher Poesie destilliert wurden, nicht zuletzt in den vom Idjaz-Dogma inspirierten Poetologien. Wie umsichtig alles, was fehlte, ergänzt wurde! Wie behutsam und klug alles Kryptische interpretiert! Wie barmherzig und milde der Gott auf einmal gedacht werden konnte, nicht weil er es ursprünglich war, sondern weil er so hieß (»barmherziger Erbarmer«) und, dachte man sich, doch unmöglich umsonst so genannt worden ist.

Hand aufs Herz: Ist es nicht eine viel größere Leistung, zu dieser kruden, häßlichen Weltanschauung, die im Koran entworfen wird, ja zu sagen und dann, gegen alle Widrigkeiten und angesichts des Üblen, das auch daraus folgte, all dieses Schöne, Differenzierte, Feine und Intelligente daraus zu machen, das die muslimischen Literaten und Denker daraus gemacht haben? Ist das nicht eine größere Leistung, als den Koran einfach abzulehnen und zu verwerfen, weil er doch nichts wert sei, weil er eine längst überwundene morgenländische oder abendländische oder sonstige Metaphysik repräsentiere? Ist es nicht die größere Leistung, statt sich über das Unnachahmlichkeitsdogma zu mokieren, die Herausforderung anzunehmen und tatsächlich Tausende und Abertausende viel schönere Verse zu schmieden als die Koranverse, unendlich viel schönere, und doch immer Bescheidenheit nach außen zu kehren und zu sagen, »ach, der Koran ist in Wahrheit viel poetischer, mit ihm können wir nicht konkurrieren«, wie es Generationen arabischer, persischer und osmanischer Dichter getan haben?

Frühling 1999: Beirut

S. hatte noch keinen Blick in die Zeitungen geworfen, die jetzt, während er seinen Nescafé aufgoß, neben der Tüte mit dem Croissant zusammengefaltet auf dem Küchentisch lagen. Es waren die üblichen drei, Al-Nahar, Al-Safir und L'Orient-Le Jour. Als er sie auf dem Weg zum Bäcker gekauft hatte, schien ihm, daß sie alle dieselbe Story brächten, dazu ein Foto mit einer sich auf den ersten Blick nicht erschließenden, ein wenig unheimlichen und offensichtlich gestellten Szene. Die Überschrift hatte er rasch mit einem Blick erfaßt:

Widerstandsaktion

Nur die Hisbullah konnte gemeint sein. Hupend, ihre Slogans skandierend und mit wehenden grünen Fahnen waren sie am Abend zuvor die Küstenstraße auf- und abgefahren. S. hatte mit Freunden in einem der Fischrestaurants zwischen den Wellenbrechern gesessen und verstand nicht: War ein Spiel gewonnen worden? Aber die Gewehre, die auch zu sehen gewesen waren, deuteten auf etwas anderes hin, und die Freunde hatten sofort begriffen, daß die Miliz einen Coup gelandet hatte, nach der Ausdauer des Korsos zu urteilen einen ziemlich beeindruckenden. Doch niemand hatte an diesem Abend etwas Genaueres in Erfahrung bringen können. Mit spitzen Fingern angelte er jetzt das Croissant aus der Tüte, biß probeweise hinein – zu trocken! – und rührte das Milchpulver in den Nescafé.

Um seiner Neugier nicht sogleich nachzugeben, sah er, bevor er die Zeitungen aufschlug, hinaus aufs Meer. Das Apartment – vierter Stock an einem der rasch zum Küstengebirge ansteigenden Beiruter Hügel – blickte auf die nördliche Bucht mit dem Hafen und der mit Hochhäusern verbauten Küstenlinie Jouniés. Die Wirkung, die diese Aussicht auf ihn hatte, war ihm mittlerweile vertraut; dennoch erlag er ihr zuverlässig immer wieder aufs neue. Denn dieser Anblick machte aus allem, was er war und zu sein glaubte, für lange Momente, in denen ihn das Zeitgefühl verließ, nichts als ein Auge. Er Auge war wehrlos gegen das Licht, gegen den Würfelwurf der Häuser, die Flachdächer mit den Ohren der Satellitenschüsseln, gegen den Hüftschwung der Küste, gegen den weißen Bizeps des noch schneebedeckten Sannin, die Schußnarben an den Fassaden und die Farbe der riesig pulsierenden Iris, des Meers. Allein die Tauben, die sonst immer um diese Zeit ihre Kreise zogen, fehlten noch. Doch der alte, einarmige Taubenzüchter, sieben oder acht Dächer weiter unten in Richtung Küste, hantierte bereits an dem mannshohen Schlag. Die hölzerne Stange, der Stab dieses Brieftaubendirigenten, lehnte an den Brettern, aus denen das Vogelhaus gezimmert war.

Der Magen verschluckte das Auge. Er war spät erwacht, bis tief in die Nacht hatten sie diskutiert, vom Restaurant in die Bar und dann noch getanzt, er spürte auf einmal den Hunger, den Nachdurst, und mit dem Fett an den Fingern das Schwarz auf den Seiten verschmierend, entfaltete er die Gazetten. Alle drei, jeweils die halbe Titelseite einnehmend, zeigten ein Foto von zwei maskierte Gestalten in Kampfanzügen. Einer trug ein futuristisches Gewehr und einen Patronengurt um den Leib. Der andere hielt etwas vor sich hoch wie ein Plakat. Aber es war kein Plakat. Es war ein Hemd, ein sehr schmutziges Hemd. Die langen Ärmel baumelten leicht in sich gedreht hinab. Wieder biß er in das Croissant, vollends die Finger jetzt fettig, und vom Löffel schlürfte er die heiße Brühe aus Milchpulver und löslichem Kaffee. Die Druckerschwärze war hier anders, penetranter im Geruch, gröber und speckiger, wie billige Schminke, die beim ersten Kuß schon verschmiert. Das Papier dafür holzig, dick, fast brechend, wenn man es scharf genug knickte. Er entschied sich, das Croissant von jetzt ab in die Tasse zu tunken, und auf dem krummen Weg des halbmondförmigen Gebäcks von der Tasse zum Mund tropfte die bräunliche Flüssigkeit mit zahllosen, winzigen Plättchen Blätterteig auf das Papier.

Die beiden Maskierten standen hinter einem Tisch, auf dem verschiedene Gegenstände verteilt waren: Ein zweites Gewehr, Granaten, so schien es, eine Pistole, ein Messer und andere Utensilien, deren Zweck allein Militärs einsehen dürften. Dazu die Bildunterschrift: »Die an der Widerstandsaktion beteiligten Hisbullah-Kämpfer mit den erbeuteten Waffen und dem Hemd des getöteten israelischen Soldaten.« Es war ein Foto, das nicht wirklich etwas abbildete, sondern selber etwas sagte und alles, was es sagte, zugleich selber schon war. Es erinnerte ihn sofort an das Foto mit Schleyer, wie er zusammengesackt auf seinem Stuhl saß, unendlich gedemütigt, dieser große Wirtschaftsboß so klein, mit seinen winzigen, zugequollenen Schweinsaugen, seinem verfetteten, ins Kinn übergehenden Hals, der wenig später durchgeschnitten wurde, und über allem erstrahlte der RAF-Stern, den S., damals zehn Jahre alt, noch nicht von einem Judenstern unterscheiden konnte (nur das Gewehr, ahnte er, hatte, wenn es der Judenstern war, nichts im Bild da zu suchen). Dazu der Klang des Wortes »Mühlhausen«, das er damals zum ersten Mal hörte, und die Erinnerung an ein Kunstwerk, das er viel später sah und mit Hans-Martin gar nichts zu tun hatte, Foto eines entblößten Unterleibs (mehr sah man vom Menschen nicht), auf den groß mit einer Klinge der Stern der Juden geritzt war, rot quoll das Blut aus den Wunden in dünnen Fäden herab.

Ein israelischer Stoßtrupp von sechs Mann hatte die israelisch kontrollierte Sicherheitszone im Südlibanon verlassen und war kurz vor Morgengrauen in das von der Hisbullah kontrollierte Gebiet eingedrungen, um den Freischärlern bereits vor dem Betreten der Sicherheitszone einen Hinterhalt zu stellen. Der Stoßtrupp wurde jedoch von einer aus nur zwei Mann bestehenden Hisbullah-Streife entdeckt und seinerseits in einen Hinterhalt gelockt. Die erste Salve traf den Offizier, der einige Meter vor den anderen lief. Er war sofort tot. Drei andere wurden verletzt. Während sie in Deckung gingen und Luftunterstützung anforderten, gelang es den Libanesen, zu dem Offizier zu kriechen und ihm Uniform und Waffen zu rauben. Die Israelis, die nicht wußten, mit wie vielen Gegnern sie es zu tun hatten, entkamen mit einem Helikopter.

Alle Zeitungen, gleich ob rechts- oder linksgerichtet, christlich oder muslimisch, stimmten darin überein, daß es sich um eine großartige Aktion gehandelt habe, die die libanesische Ehre wiederhergestellt, den Israelis hingegen die überfällige Schmach zugefügt habe. S. las die sich nur in Details unterscheidenden Berichte aller drei Zeitungen gründlich durch, die Kommentare der Kommentare, die Berichte aus Israel, die Stellungnahmen aller Beteiligten, die Berichte über die Berichte in den Medien. Unter dem Eindruck der verstörenden Gespräche am Abend zuvor konnte er nicht genug über das Ereignis erfahren, nicht nah genug daran herankommen. Er war gierig nach Einzelheiten, versessen darauf, sich das Geschehen so präzise wie möglich vorzustellen, daran teilzuhaben, als hätte er es selber erlebt. Von einer Euphorie ergriffen, die allein auf seiner Einbildungskraft beruhte, glaubte er sich den Gründen für seine Verwirrung auf der Spur und steigerte sich doch nur um so mehr in sie hinein.

Das Hemd des Soldaten, sein Unterhemd, war grau geworden von Blut. Er mußte geblutet haben wie ein Schwein. Was Schmutz war, was Schweiß, was Blut, war nicht mehr zu unterscheiden. Das Textil, stellte er sich vor, war mittlerweile steif geworden, zu einer einzigen großen Kruste geronnen. Noch aus diesem Foto, noch aus der Maserung des Bluts auf dem Hemd, aus seinem Faltenwurf, der jeden alten Maler zur Nachahmung gereizt hätte, las er die Anspannung heraus, die Ausdünstung einer plötzlich überdosierten Angst; dann den jähen Umschlag im Moment des Getroffenwerdens, beißender Geruch einer für immer verwirkten Männlichkeit, getötet, gefleddert, entblößt. Die nackte Leiche holten sich die Israelis, aber Uniform und die Waffen, gleichsam Skalp und Geschlecht, hatten sie ihm abgenommen.

Und so wie dieses Unterhemd das Blut des israelischen Offiziers aufgesaugt hatte und stellvertretend für eine ganze, besiegte Armee stand, wenn nicht für ganz Israel, wenn nicht für alle Juden, die blutdurchtränkt von ihren Schlächtern zur Schau gestellt werden sollten (Schlächter, die, wäre die israelische Operation wie geplant geglückt, selbst die geschlachteten gewesen wären, nur nicht zur Schau gestellt), verwandelte sich dieses Bild in einen Schwamm, der alles aufsaugte, was er in Beirut bis dahin erlebt hatte. Wenn er nur lange genug darauf schaute und darüber nachsann, war es, als könnte er alles jetzt wieder auspressen, in ein Gefäß kippen, es mit einem Zug leer trinken und sich für immer damit davonmachen.

Seit er hergekommen war, lebte er in einem stets sich steigernden, grenzenlos dehnbaren Rausch. Dessen Wesen war nicht Trübung, Betäubung, sondern ein Durchsichtig-, ein Klarwerden, als würde im Laufe der Zeit immer weniger von dem, was durch ihn hindurchging, dadurch, daß es durch ihn hindurchging, verwandelt werden, eine immer korrekter geschliffene, keinen Winkel mehr verzerrende Linse, eine Kommunikation, in der Sender und Empfänger ununterscheidbar kurzgeschlossen sind, keiner Vermittlung bedürftig. Einem Suchenden gleich, der von seiner Suche bis dahin nichts ahnte, hatte er sich auf diese Erfahrung eingelassen, sobald er sie witterte, im klaren Bewußtsein, daß sich diese Art Rausch nicht willkürlich reproduzieren ließ, nicht die äußeren Bedingungen dafür und nicht die innere Bereitschaft, und ohne sich Rechenschaft darüber abzulegen, wohin ihn das führen würde, begriff er, was ihm geschah, als Zweck an sich. Assoziationen, Erinnerungen, Gedanken, dieses Empfindungsgeröll, empfand er als Miasmen aus unentdeckten Schründen seiner Seele. Er fragte sich, wie lange es dauern würde, bis dies alles aus ihm herausgetreten wäre, und ob es, wenn er eines Tages alles ausgestoßen hätte, tatsächlich so sein würde, daß auch nichts Neues wieder aufgenommen und hineingekommen wäre, daß seine Durchlässigkeit keine neuen Ablagerungen zur Folge hätte. Er wanderte die Ufer des Möglichen ab, blickte hinaus auf die hohe See und rechnete jeden Augenblick damit, am Horizont das Schiff zu erkennen, das ihn abholen und für immer mit ihm davonsegeln würde, dem Christoph Columbus einer neuen Welt ohne Identitäten.

Von Tag zu Tag fiel es ihm leichter, die verschiedenen fremden Sprachen zu sprechen, das Arabische zumal, dieses klassische Arabisch, auf das er sich kapriziert hatte, es ging ihm auf einmal so leicht von der Zunge wie einem Mekkaner zur Zeit des Propheten. Bald hielt die alte, alles betonende Sprache Einzug in seine Träume, wurde zum Medium ausgedehnter Selbstgespräche. Er vergaß Nummern und Namen, aus denen sich bis vor wenigen Wochen seine Welt zusammengesetzt hatte, und behielt die neuen, als hätten sie ihm seit jeher angehört. Wirr waren die Träume, von ständig neuen Personen bevölkert, die er eben erst kennengelernt hatte und die sich mit früheren Akteuren in seinem Leben zu seltsamen, wie auf Brettern gespielten Szenen zusammenfanden, deren Zuschauer und Souffleur er war. Stets machte er neue Bekanntschaften und wurde von allen ebenso selbstverständlich aufgenommen wie von den ersten Freunden, die er hier hatte. Berührungen, Verabredungen, Küsse wurden leicht, als ob sie gar nichts bedeuteten außer einer kurzen, körperlichen Sensation, deren Spurlosigkeit durch den raschen Wechsel der Partner garantiert war. Es gab keine Regeln, jedenfalls keine, die für ihn galten, keine, die von irgend jemandem, dem er begegnete, ernstgenommen wurden, und wenn jemals einer sich daran hielt, war es wie eine subtile Parodie der Befolgung der Regel.

Er liebte es, mit einem uralten Ford, den er für wenig Geld von einem heimreisenden Freund erstanden hatte, durch die Straßen zu brausen, auf denen jeder so fuhr, wie es ihm gerade gefiel und der Verkehr es erlaubte. Es war möglich, auszugehen, seinen Wagen zu parken und zu trinken, soviel man wollte, man konnte problemlos mit dem eigenen Auto wieder nach Hause fahren. Nur auf Waffen und Sprengstoff wurde man an den Straßensperren durchsucht. Erst daran merkte er, wie eingezwängt, von Regeln zugestellt und rastlos durchkontrolliert er in der Heimat jeden Schritt getan hatte, jeden Kilometer gefahren war, als wollte der Staat dort in seiner Hoheit über den Verkehr alles nachholen, was ihm in anderen Bereichen versagt war. Hier dagegen vermochte der Staat zugleich alles und nichts, denn jeder durfte alles, und wenn auch nicht jeder alles konnte, so konnte er doch Autofahren, und nichts war so unumstritten wie die anarchische, jedem das seine garantierende Freiheit des Verkehrs, für die alle mit vielen Toten bezahlten, an der alle jedoch teilhatten, anders als an allem sonst, und nicht nur symbolisch teilhatten, sondern real, jeden Tag aufs neue ekstatisch erfahrbar. Niemand beachtete die wenigen, wie zur perspektivischen Vertiefung dieses Gefühls der Freiheit neu eingerichteten Ampeln, die mit Engelsgeduld und ohne sich um die Rotsünder zu scheren ihre Farben abspielten, Säulensteher mit der unerschütterlichen Gewißheit echter Gläubiger, eines Tages vor dem Gericht der Geschichte recht zu behalten, Zeugen Jehovas der Straßenverkehrsordnung, ewig unbeachtet ihre ewig gleichen drei Broschüren wechselweise vorzeigend. Einmal gönnte er sich das Vergnügen, vor einer dieser Ampeln zu stoppen, aus Nostalgie oder wie zur Simulation des abhanden gekommenen Heimwehs, und weil er das Zeithaben genießen und den verlassenen Platz betrachten wollte, der einst das Stadtzentrum gewesen war und es dereinst wieder werden sollte. Der überdimensionierte Platz war in ein Flutlicht getaucht, das nichts beleuchtete außer der von Kugeln durchsiebten, aber aufrecht gegen die Leere nach dem Bürgerkrieg die Stellung haltenden, gußeisernen Statue der libanesischen Märtyrer. Den Märtyrerplatz säumend: verwahrloste Kulissen eines lange abgedrehten Kriegsfilms, und dahinter die schon wieder renovierten Fassaden im Orient-Kolonialstil, triumphierend ihren unrenovierten ehemaligen Leidensgenossen gegenüberstehend und voller Vorfreude angesichts der von Schautafeln propagierten Verheißung eines schönen, neuen Lebens, zu dem sie in allernächster Zeit auferweckt würden.

Bevor die triumphierenden Anhänger der Hisbullah den Gesprächen an jenem Märzabend im Restaurant am Meer eine neue Richtung gaben, waren die Themen der Freunde von einem abgründigen (wenngleich, anders als danach, immer noch spielerischen) Ernst gewesen. Ein befreundeter Dichter, Abbas, hatte ihm gesagt, daß Ariane (erst viel später – zu spät! –, als er schon lange fort war aus Beirut, fiel ihm ein, daß es die aus den romanischen Sprachen entlehnte Variante des Namens der Ariadne war), daß also Ariane, der er bis dahin nur flüchtig begegnet war, in Deutschland und der Schweiz studiert habe; und daß sie, was für ihn besonders interessant sei, an einem womöglich revolutionären, wenngleich ihm, Abbas, in Hinblick auf Sinn und Durchführbarkeit nicht einleuchtenden Projekt arbeite, in dem es, soweit er es verstand, darum ging, Sprache gleichsam wirkungsäquivalent in Körpersprache umzusetzen, Laute sozusagen tänzerisch darzustellen, was an sich schon eine ziemlich gewagte Idee sei, seine spezielle Brisanz jedoch dadurch erhalte, daß es sich in diesem Fall nicht um irgendwelche Laute handele, auch nicht, worum es wohl ursprünglich bei dieser heute nur noch von wenigen gepflegten Tanztechnik gegangen sei, um Gedichte, sondern um den Koran. »Du hast dich doch«, sagte Abbas zu S., »immer über das koranische Sprachverständnis gewundert, das diesen Text im Unterschied zu den meisten anderen heiligen Texten als den unverfälschten und über alle Zweifel erhabenen O-Ton Gottes begreift, welcher ergo, wie du richtig gesehen hast, nicht nur unnachahmlich ist, sondern immer auch genau sagt, was er meint. So daß also das Ergebnis dieser ›Vertanzung‹ (vorausgesetzt, es sei überhaupt möglich, Sprache zu tanzen), in einem gefährlichen, nämlich den Text imitierenden Verhältnis zu dem eifersüchtig gehüteten Wortlaut des Koran steht.« Und Abbas fügte hinzu, daß so etwas für ihn, den Deutschen, als Freund der Dichtung, als Sprachwissenschaftler und nicht zuletzt eben als Deutschen, doch besonders interessant sein müsse.

S. war klar, daß damit nicht irgendeine verrückte neue Art von Ballett gemeint war, sondern die Eurythmie, und so abenteuerlich, undurchführbar und allemal im gegenwärtigen Beiruter Klima nicht öffentlich präsentierbar dieses Projekt ihm schien – erst kürzlich war ein berühmter Sänger vor Gericht gestellt worden, weil er ein Gedicht von Mahmoud Darwish mit einem Koranzitat darin vertont, also verbotenerweise tatsächlich ein paar Worte aus dem Koran gesungen hatte –, auf eine solche Idee konnte nur eine hemmungslos besessene Persönlichkeit kommen. Wenige Anrufe genügten, und Abbas hatte das Abendessen mit Ariane, ihm und zwei anderen Dichtern vereinbart.

Kaum hatten sie sich niedergelassen, begann S., vom Teufel geritten, den Streit. So ehrenwert er dieses Projekt fände und um gleich von den richtigen, nämlich von gar keinen Voraussetzungen auszugehen, sähe er sich leider gezwungen, eine tänzerische Koraninterpretation für völlig undurchführbar, ja, eigentlich nicht einmal denkbar zu halten. »Ohne daß wir«, sagte er, »näher auf die Anthroposophie eingehen wollen, ist doch soviel klar, daß es nämlich ausgeschlossen ist, die mit alleinigem Bezug auf die deutsche Sprache entwickelte Kunst der Eurythmie (»Kunst«, setzte er hinzu, bitte in Anführungszeichen) auf eine völlig anders geartete, dem Deutschen so entgegengesetzte Sprache wie das Arabische zu übertragen.«

Danke, entgegnete sie, doch sei es Rudolf Steiner, dem Begründer dieser Kunst, jawohl, sagte sie, Kunst, viel eher um die Laute als um die Worte gegangen, die Worte an sich seien nur sekundär, willkürlich zusammengesetzt, austauschbare Kombinationen für Ideen, Begriffe und Kräfte, die absolut und völlig unabhängig von der einzelnen Sprache existierten. Man könne eine Idee, einen Begriff mit vielen Worten in vielen Sprachen gleich gut ausdrücken, oder genauer gesagt, es gebe zwar sehr genaue, mittels der Laute nachweisbare Unterschiede in den zum Ausdruck kommenden Ideen, doch das Verhältnis der jeweiligen Lautkombination (namens Wort) und der ihr zugrundeliegenden Idee sei in jeder Sprache gleichermaßen wirksam. Der Unterschied zwischen den Sprachen sei schon deswegen zweitrangig, weil jede Sprache eine Teilung, schmerzliche Ausdifferenzierung des eigentlich ursprünglichen Verhältnisses von Urlaut und Kosmos sei, so daß, wenn man nur Laute ausspreche, stell dir ein Kleinkind vor, dieser Laut zwar, sagt Steiner, primitiver und ungenauer sei, dafür eine ungleich größere Intimität zu den Dingen aufweise. Die Kinderlaute aber seien in allen Sprachen gleich, und jede Sprache, jedes Wort lasse sich darauf wieder zurückführen, und das, was hinter den Worten eigentlich stehe, von uns aber durch den alltäglichen Gebrauch der Sprache schlicht vergessen worden sei, das lasse sich ebenso oder viel besser, weil nämlich sichtbar und dadurch unmittelbar evident, durch den Körper und durch Bewegung, das heißt im Raum ausdrücken, sofern man sich nur die Unbefangenheit des Gefühls (und des Auges!) bewahrt habe, sichtbare Ursprache gleichsam, sichtbarmachend, was in der Sprache nicht mehr zu hören sei und doch ihr Eigentliches, ihr Hineinragen in den Grund allen Sprechens, zu dem wir den Kontakt verloren hätten. Wie sollte das auf arabisch nicht möglich sein?

»Tatsächlich hat man das seit über 1000 Jahren versucht«, fuhr sie fort, »die ganze arabische Mystik ist ja, wenn man so will, Buchstabenmystik, und die Kalligraphie, *die* Kunst des Islam überhaupt, ich deute sie als zweidimensionale Eurythmie, Tanz auf dem Papier, und auch den echten Tanz gibt es ja, der Darwishtanz, der Darwishtanz, nur daß sich alles dort um ›Allah‹, um ›Mohammed‹ dreht. Doch auch die Kalligraphen schreiben ja mehr, alle möglichen Suren, warum sollten es dann die Choreographen nicht tun, es ist somit geradezu überfällig, den Koran zu vertanzen, besonders die lyrischen, die rhythmischen Suren, und ich bin überzeugt, wenn das gelänge, würde man den Koran wieder besser, ja überhaupt erst eigentlich verstehen, wir würden ihn so begreifen wie die ersten Muslime, unmittelbar, unverstellt von Interpretationen, aus seinem Geist heraus und in direkter Verbindung mit den Kräften, die ihn speisen, und können auf die Gesetze, die Scharia verzichten, auf die äußere, leblose Form, so wie ja die Sprache, wie wir sie heute verstehen, nur so eine leblose Form ist und keiner mehr achtet auf das, was die Laute bedeuten, als Laute.«

»Gut«, entgegnete S., während die anderen, längst verstummt, die beiden anstarrten, denn sie sprachen auf deutsch, nur noch starrten und gleichwohl alles begriffen, begriffen zumindest, hier ging es um was. »Gut, klingt gut, nur müßte man erst mal dran glauben an diese Laute und diesen Kosmos und alles.« – »Nein«, sagte sie, »das hat nichts mit Glauben zu tun, das ist keine Religion, ich selber glaube an gar nichts. Es geht hier ums Spüren, ums Fühlen, am eigenen Leibe Erfahren, verstehst du? Schmecken, sagen die Sufis, Geschmack. Wir haben es nur verlernt, doch Laute lassen sich schmecken, haben Geschmack, die Kräfte, die durch die Sprache gehen, lassen sich fühlen, körperlich fühlen, da ist für mich nichts zu glauben, ich kann es, wenn ich mich konzentriere, jeden Moment nachempfinden, jeder Laut so klar und spürbar wie ein Nadelstich, jedes Wort wörtlich gemeint, Drohung wirklich als Drohung gemeint und empfunden, heiß wirklich heiß, kalt wirklich kalt, sanft sanft, das ist so ein Wort, sanft, willst du leugnen, daß du das spürst, die Sanftheit des Wortes sanft, siehst du, und die Rauheit von rauh und das Spitzsein von spitz, und ist es nicht spitz, das Wort spitz, schon wie es steht auf der Zeile? Und naß ist schon naß, trocken durchaus sehr trocken, feucht feucht, was sollte es sonst sein, aber blau absolut blau sowie braun sehr braun dank dem au und dem br und dem n, und Wasser auch Wasser, das liegt schon im W und im ss und genauso Schnee

Schnee, nur ein Schwachkopf kann das bezweifeln, sogar der Araber hört das, der Deutsche, in Thaldj, Thaldj, das ganze Gefrieren liegt schon darin in dem th und dem l mit dem dj, es ist kälter und frostiger noch als das Deutsche, und kein Wunder ist Thaldj auch das Eis wie Saqi', das ist noch viel kälter als Eis, vielmehr Frost, man hört ihm die Kälte glatt an, während in Schnee, ja, das Weiß sehr gut mitklingt, oder denk nur an Sense und wie dieses Sensen so gut auf arabisch gleich mittönt, hör: Mindjal, man hört da das Ausholen, die Windung des Körpers, gebogen und hoch bis zur Spitze in Min, und dann schwingt es herunter, macht djal, Mindjal, Mindjal, oder Sandale, guck mal Sandale, wie da die Sohle schon drinsteckt, die Sohlen Ni'aal und die einzelne Na'la oder auch Bahr das Meer und Bihar die Meere und der Seemann Bahhar oder Schwärze Sawad fast dasselbe, wir haben es bloß verlernt und vergessen, verlernt, vergessen, wie alles zusammenhängt, die Kinder noch wissen's, je kleiner, je besser, und dann erst beginnst du zu teilen, immer weiter und weiter zu teilen und schließlich auch Wörter von Dingen und Kräfte von Wörtern, den Kosmos von Kräften, und die Wörter sind nicht mehr, was sie meinen, die Laute nicht mehr, was sie tun, wohin sie ragen und wo sie wurzeln, leicht ist das Lügen und Heucheln, Jonglieren, das immer nur Tun-so-als-ob. Bis du es gar nicht mehr merkst und alles zerrissen, zerfetzt und zerteilt. Doch jetzt, sage ich, kehren wir um, wir machen es anders, wir fügen zusammen, zusammen, zusammen, das ist jetzt die Zeit. Doch ob ich das schaffe, wer weiß das, das kann ich nicht sagen, denn, à la fin, wie es heißt in dem Satz, ich weiß nicht woher: ›La danseuse n'est pas une femme qui danse.‹«

Das verstanden die anderen, die Dichter, und vielleicht hätten sie jetzt mitreden können, hätte die Hisbullah die Freunde nicht sogleich unterbrochen. Doch schlimm war das nicht, S.

kannte ihre Meinung, hatte oft mit ihnen gestritten, komisch verlorene Generation von Poeten, zu jung für große Bedeutung, für klassischen Pomp, zu alt für schiere Leichtigkeit und Spielerei, und die so völlig anders über die Sprache dachten als Ariane, denen alles daran lag, so gewöhnlich wie möglich zu sprechen und die nicht nur hinter den Worten keine Dinge vermuteten, sondern nicht einmal die Worte als Ding, als Klang, als Ereignis erachten wollten, die die Sprache nicht für etwas Formbares hielten oder in ihr, auch ohne Sinn und Bedeutung, ein eigenes System, eine eigene Struktur und Ästhetik sahen, und die schon das Spielen mit der Sprache als ein Zuviel an Rhetorik begriffen, aber ebenso Bedeutung und Sinn nicht mochten, tiefere, tieferen sowieso nicht, und die gleichsam zu schreiben, zu dichten versuchten, ohne zu schreiben und zu dichten, ohne dies oder jenes mit der Sprache zu machen, sich also schämten für ihre Sprache und die Dichtung überhaupt, und die Sprache vor allem vor sich selbst zu retten versuchten und deshalb in Wahrheit oft schwiegen. »Warum aber nicht«, sagte er einmal, als sie wieder so sprachen, »wenn es so ist, wie es ist, wie ihr sagt, warum dann nicht schweigen, keiner zwingt euch, Dichter zu sein, erst recht wenn ihr recht habt doch nicht, wenn es ist, wie es ist, das Arabisch, wenn es ist, wie ihr sagt, voll metaphysischem Dreck, religiösem Gift, politischem Zwang, verseucht von Bedeutung, Zumutung, Drohung, geliftet, aufgespritzt, frisiert, parfümiert, so daß euch nichts bleibt als ein paar Witzchen vielleicht, ein cooles, desinteressiertes mit der Sprache so rummachen, Geliebte, der man seine Gefühle nicht zeigt, weil die so oft schon so falsch schon gezeigt sind und man selbst sich beim Dichten so gar nicht recht glaubt, nicht galant, nicht gefühlsecht und doch auf sie scharf oder wirklich verknallt – was tun? Was tun? Schweigen oder Masturbation. Oder«, warf er damals so ein, schon beschwipst und naiv, wie er war, »warum nicht: Blind drauflos und alles riskiert! Ist nicht, wenn es so ist, wie ihr sagt, sowieso alles egal? Warum nicht die Dichtung aufs Spiel, sie verwetten? Natürlich, ihr glaubt nicht, daß ihr gewinnt. Doch was verliert ihr, wenn ihr verliert? Noch das Verlieren hättet ihr ehrlich verdient, hättet es sattsam gewonnen.« Sagte er ihnen, selber wie wild überzeugt. Sagte: »Ist doch toll! All dieser Schmutz, all diese Zumutung, Drohung, all diese Spritzen, Skalpelle, Parfums! Voll potenter Prophet!«

Plötzlich dann Politik. Die Hisbullah brachte sie zurück in die Welt: West-Beirut, La Corniche, Restaurant Sindbad, gut fünfzehn vollbesetzte Tische, Terrasse auf einer der Klippen hoch überm Meer, 22 Grad Celsius um 20.46 Ortszeit, 5. März des Jahres 1999 nach Christi Geburt, des Jahres 1419 der Hidschra, Planet Erde, versteht sich, keine 200 Kilometer nach Haifa, Jerusalem mit dem Taxi drei Stunden, so weit wie Damaskus, gäbe es einen Weg, doch es gibt keinen, die israelischen Jets brauchen fünfzehn Minuten bis Beirut, letzten Monat erst ein Kraftwerk zusammengebombt, so daß jetzt vor allen Läden wieder die Dieselgeneratoren ratternd die Luft verpesten. Israel, du machst es ihm schwer. Was soll er entgegnen, wenn sich alle beschweren, die arabischen Freunde, und überhaupt, warum er, er weiß es nicht, er will es nicht, und fühlt sich doch immer aufgerufen, irgendwas, irgendwer ruft ihn da auf, so daß immer er antworten muß, ausgerechnet er, zustimmen soll, verurteilen muß, verteidigen soll, warum er? Er blieb stumm und nickte und hörte zu, ist auch schon was, guter Zuhörer, Simulation von Verständnis und in ihm drin Simulation von Unverständnis, wo er doch alles versteht, er könnte genauso sagen, recht habt ihr, ist alles eine ziemlich einseitige Angelegenheit, und jetzt, hier am Tisch, was soll er entgegnen, wenn ein Freund, ein richtiger Freund meint »Seit

Jahrzehnten nicht mehr gebetet, doch ich bin stolz auf diese Hisbullah« und »Wenn der libanesische Staat überall so professionell wäre wie die Milizen, es ginge uns besser«, so dieser Freund, auch da nicht im Unrecht, Schauki, der erst vor kurzem in einer Talkshow von Hisbullah-TV die Journalistin ganz schön hat auflaufen lassen: Ja, früher habe er über den Widerstand Gedichte geschrieben, aber das könne man nicht andauernd machen, literarisch wenig ergiebig, und gab trotz ständigem Bohren und Nachhaken seitens der bekopftuchten Moderatorin, die ihn doch nur deswegen eingeladen hatte, keinen Meter literarischen Boden preis, auch das ein Fortschritt, wie er selber freimütig fand, als gehöre das mit zu dem Stolz auf die Hisbullahis.

Fast wären sie nun vom Thema abgekommen, doch S.s bloße, zudem sehr zurückhaltende Simulation von Verständnis in Sachen Stolz und Hisbullah brachte Ariane wieder ins Spiel, die zwischendurch geschwiegen hatte. Nur wenige Tage später, nachdem S. sich trotz allem, was das Gespräch nun ergab, nicht scheute, mit ihr eine Beziehung einzugehen, erfuhr er, daß mindestens einer der männlichen Angehörigen ihres Clans, schiitische Notabeln aus dem besetzten Südlibanon, immer bei den Milizen mitkämpfen mußte, um die Loyalität der Familie zu verbürgen. Ariane hatte erkannt, daß S. in diesem Gespräch jede Klarheit in Form einer eigenen Stellungnahme zu meiden versuchte. Und spürte dies um so genauer, als sie lange, zu lange in Deutschland gewesen war und folglich mit dem Thema ihre Erfahrungen hatte, als Anthroposophin, logisch, als Libanesin, noch logischer, und allemal als Muslimin (gläubig hin oder her). Schön ist es ja nicht (wenn auch durchaus ein Luxus), als Elfjährige, halbes Kind also noch, in ein Internat ins kalte Mitteleuropa abgeschoben zu werden, nur weil einem daheim zu viele Raketen um die Ohren fliegen. Es störte sie (was für sie sprach), daß er die Unerfahrenheit oder Unwissenheit der Freunde womöglich ausnutzte, um nicht seine wahre Meinung sagen zu müssen (ihre pauschale Annahme freilich, jeder müsse eine eindeutige Meinung haben, traf auf ihn eindeutig nicht zu), und sie fragte ihn mit einer Direktheit, die der seinen, mit der er das Gespräch über die Eurythmie begonnen hatte, nicht nachstand: »Was hältst du von Auschwitz?«

Er hatte oft erfahren, daß viele Araber, sofern sie überhaupt einen Gedanken daran verschwendeten, den Holocaust, zumal in seinen tatsächlichen Ausmaßen, für eine israelische Propagandalüge hielten. Aber Ariane? Sie war in Deutschland gewesen.

»Ob du an den Holocaust glaubst«, legte sie nach.

Eine Glaubensfrage, sagte er, sei das wohl nicht. »Was haben historische Tatsachen mit dem Glauben zu tun?«

»Gewiß«, entgegnete sie, »man kann alles unbesehen hinnehmen, was einem als historische Tatsache verkauft wird, und dann ist es eben eine historische Tatsache. Aber wenn man so naiv nicht sein will, ist es wohl ein Glauben. Oder willst du mir sagen, du hast Beweise? Dann los, beweise es mir! Bücher, Dokumente, Zeitzeugen? Ich lache. Hast du deine Beweise persönlich überprüft? Die Dokumente gesehen? Und wenn du sie gesehen hast, woher weißt du, daß sie echt sind? Wer kann überhaupt echte von falschen Dokumenten unterscheiden? Viele können es nicht sein. Eine kleine, überschaubare, leicht zu bestechende und zu manipulierende Gruppe. Und die Filme: Wer sagt dir, wo was gefilmt wurde? Du mußt es glauben, es hilft nichts, wissen kannst du es nicht. Und die Zeitzeugen, die mit der Nummer am Arm, die wären eher Gegenbeweis, die haben ja überlebt. Die Lager, die gab es, natürlich, jeder hatte sie, die Amis, die Russen, alle. Aber die Morde? Da hat, wer glaubt, der Koran sei original Gottes Wort, viel bessere Argumente als ihr mit euren sechs Millionen Holocaust-Toten.«

S. wußte, daß sie unrecht hatte. Doch er wollte sie nur aus der Reserve locken, ohne sich selbst allzusehr festnageln zu lassen. Statt auf ihre Provokation einzugehen (denn in Wahrheit, ohne daß er es sich anmerken ließ, hatte sie ihn schon gepackt, so unerträglich war, was sie sagte), spielte er daher den Coolen und fragte schlau: »Was haben die Araber eigentlich davon, den Holocaust zu leugnen? Wenn die Deutschen das tun, versteht man das irgendwie, doch was nützt euch Arabern das?«

»Daran sieht man«, rief sie wütend, »daß ihr nicht über euren Tellerrand hinausschaut. Tatsächlich ist auf eurem Teller alles bestens geordnet und schonungslos analysiert. Doch sobald ihr hinausschaut, seid ihr wie kleine Kinder. Ihr habt uns alles gelehrt, die Skepsis, den kritischen Verstand, nichts einfach zu glauben, alles nachzuprüfen, Descartes, Kant, Heidegger, Derrida und so weiter. Und wir sind sehr gute Schüler, wir spucken auf die Religion, wir putzen uns den Arsch mit den schönsten Suren des Koran, nur damit ihr uns glaubt, wir lachen über unsere Propheten, demolieren unsere Traditionen, stoßen unsere Familien vor den Kopf, verspotten die Betenden, tragen die Röcke extra kurz, den Ausschnitt extra tief, schminken die Augen extra schwarz, schau dich um, wie sie hier alle sitzen, aufgetakelt wie bei euch nur die Huren, wir prostituieren uns für die Freiheit, jeden Tag, nur um uns und allen zu beweisen, daß wir so frei sind wie ihr. Und nachdem wir alles, was wir früher einmal waren, so restlos in Frage gestellt, geleugnet, bekämpft haben, nachdem wir in allem nur noch uns selber trauen, dem, was wir sehen und fühlen und wollen, kommst du und sagst uns, wir sollen an den Holocaust glauben, bloß damit die Israelis einen Grund haben, die Palästinenser in ihren Flüchtlingslagern zu massakrieren? Ich bin mit siebzehn mit einem Mann ins Bett, weißt du warum? Ich habe ihn nicht geliebt, ich fand ihn nicht einmal attraktiv, aber alle, meine Mutter, mein Vater haben, weil ich in Europa war, immer Angst gehabt, daß ich mit einem Mann schlafen könnte, bevor sie mich unter die Haube gebracht hätten. Reich und liberal und aufgeklärt sind sie, ja, meine Mutter hat studiert und gearbeitet, nie ein Kopftuch getragen. Alles durfte ich, vorausgesetzt: Ich blieb Jungfrau. Es hat mich angekotzt. Es war widerlich. Ich habe mit dem Mann nur geschlafen, um mich von dieser Heuchelei, diesem Wahn, diesem Denkverbot zu befreien, mir zu beweisen: Das ficht mich nicht an, wenn ich will, kann ich das, ich bin frei. So war mein erster Sex, es hatte gar nichts mit mir zu tun, und soll ich dir das eigentliche Geheimnis verraten? Die eigentliche Schande? Was mich bis heute schmerzt, was ich nicht los werde, weshalb ich mich wirklich schäme, wenn ich das alles erzähle: Ich bin immer noch Jungfrau. Für meine Eltern bin ich immer noch Jungfrau. Ich habe nie gewagt, es ihnen zu erzählen, nie gewagt, sie dieser Illusion zu berauben. All die Männer, die ich ihnen schon vorgestellt habe – es waren immer nur Freunde, Bekannte, Kandidaten. Kein Sex, keine Beziehung, keine Küsse. Ich bin neunundzwanzig und habe noch nie mit einem Mann geschlafen, warte immer noch auf die Hochzeitsnacht, und immer wieder fragen meine Eltern: Willst du nicht heiraten? Und meine Mutter: Wie kannst du es aushalten so allein? Hast du keine Bedürfnisse? Und ich bringe es, ich bringe es nicht übers Herz, ihr das zu sagen. Es geht nicht. Soll ich ihr sagen: Ich habe schon mal, ich hätte jetzt einen Freund? Vielleicht würde sie es verstehen, jetzt, nach all der Zeit und allem, was hier passiert ist. Aber es wäre auch nur gelogen, ich würde sie, indem ich so täte, als ob ich ihr endlich die Wahrheit sagte, nur noch mehr belügen. Denn die Wahrheit, die kann ich ihr nicht verraten. Wie ich wirklich lebe. Sie würde wahnsinnig werden. Und nun kommst du nach all diesen Jahren und willst mich zu eurem Holocaust bekehren?«

Ein Schellen, ein Schrillen, ein Gellen. Pausenglocke für 10.30 Uhr. Der Kaffee war kalt geworden. Der Rest des Croissants lag angebissen auf der Tischdecke. Er stand auf und blickte hinaus. Schreiend rannten die uniformierten Schüler auf den Hof der Grundschule, der sechs Stockwerke tiefer genau unter seinem Fenster lag. Die Berge verschwanden langsam im Dunst. Das weiße Meer glitzerte schwarz unter einem Nebel aus Licht, Schwüle, die schon die Ufer hinaufkroch. Der Taubenmann hatte seine Vögel aus den Käfigen gelassen, nur S. sah sie noch nicht. Er wartete, lauschte auf das Toben der Schüler und staunte wieder über diese Aussicht auf die immer selben Berge, die immer selbe Küste, das immer selbe Meer, die nie, auch nur für einen Augenblick, tatsächlich dieselben waren. Unendliches Schauspiel, scheinbar täglich wiederholt und doch vom Kenner allein wegen der subtilen Verwandlungen, Zufälle und Launen geliebt, die das Stück nie langweilig, sondern im Gegenteil mit jedem Mal packender und ungewöhnlicher machten.

Da sah er auf einmal die flirrenden Kleckse, wie himmlische Satzzeichen tauchten sie in ständig anderen Winkeln seines Blickfelds auf, zerstreuten sich, ballten sich zusammen und verschwanden erneut. Eben schwarze Punkte und Striche, jetzt wie unter einer Tarnkappe aus Licht, und plötzlich viel weiter unten als Blitze zu sehen, dann wieder schwarz und weiß und grau gemischt hochfahrend und – verschwunden. Wohin? Er blickte auf den Einarmigen und folgte der Richtung seines

Stabes nach rechts, und schon kamen sie von links herüber zu ihm, so nah, daß er das Schlagen der Flügel hörte, die Schwingen entzifferte, während sie rasend hinab zum Meer flogen, doch sogleich schlug der Stab wieder um, und bevor er sie in der Ferne aus den Augen verlor, kippten sie weg. Kurz erstrahlten ihre weißen Bäuche, verglühten wie Funken, zerstäubten zu Asche und fächerten sich sogleich wieder auf, schossen nochmals zusammen, hoch und hinab, wieder zerstiebend, auseinanderdriftend, regellos scheinbar und doch war ein Rhythmus erkennbar, ins Blaue geworfene Tänzer, himmlische Eurythmie. Er holte die Kamera, schraubte das Zoom drauf, suchte den Himmel ab mit dem Objektiv, aber es war schwer, die richtige Stellung zu finden, ging er zu nah dran, fand er die Vögel nicht, rückte er ab, war der Schwarm kaum zu sehen. Er wollte den Moment des Flügelumschlags, Flügelaufblitzens erhaschen, dieses Blinzeln der Leiber, das plötzliche Umkippen, Auftauchen, stets hatte er sie und knipste zu spät, er versuchte es deshalb jetzt anders, versuchte, den Moment vorauszuahnen, abzupassen, die Ellipse der Flugbahn genau zu berechnen und im Moment des Kippens, des Umschlagens synchron den Auslöser auszulösen. Klick. Klick. Klick. Mehrmals klappte der Spiegel, zufrieden legte er den Apparat fort.

Als er die entwickelten Filme viele Wochen später betrachtete, zurück in Deutschland und schon lange wieder vor jeder roten Ampel haltend, war ihm entfallen, was er da fotografiert hatte. Streu am Himmel, kaum zu erkennen, wahrscheinlich Schmutz auf der Linse. Und während er sein Gedächtnis nach dem heimlichen Sinn dieser Bilder abtastete, vernahm er noch einmal den Satz, den man so schwer nur versteht: »Die Tänzerin ist keine Frau, die tanzt.«

Nach 9/11: Kairo, Kairo und Kairo

An der ägyptischen Azhar-Universität, der wichtigsten, noch aus dem Mittelalter stammenden islamischen Hochschule, hat das Reformdenken einen schweren Stand. Zwar haben viele wichtige Neuerer dort eine Zeitlang gelernt, manche sogar gelehrt. Zwar sind zeitgenössische wissenschaftliche Methoden bereits seit längerem eingeführt, so daß sich dem Betrachter die Azhar, wie sie kurz genannt wird, einigermaßen modern präsentiert, jedenfalls nicht kategorisch unterschieden von den anderen, säkularen Hochschulen in der arabischen Welt. Die repressive und geistfeindliche Atmosphäre, die in der ersten Hälfte des zwanzigsten Jahrhunderts dort herrschte, scheint Vergangenheit. Dennoch, so ist zu befürchten, wird ein Forscher, der in hundert Jahren über die Krise und Degeneration des Islam zu Beginn des 21. Jahrhunderts schreibt, der Azhar geistige Brandstiftung, zumindest jedoch eine fahrlässige Passivität im Hinblick auf die Radikalisierung des Islam vorwerfen können.

Vor diesem Hintergrund war ich erpicht darauf, eben dort einen Vortrag zu halten, nicht an einem neutralen Ort, einer Stadthalle oder einer Bibliothek wie in Aleppo und Annaba. Ausgerüstet mit diversen erstklassigen Empfehlungsschreiben von deutscher und arabischer Seite, sprach ich wiederholt mit undurchschaubaren Dekanen oder sich gleich Dekanen aufspielenden Sekretären und anderen Azhar-Beamten verschiedener Wichtigkeiten, legte allen brav meinen Vortragstext vor und bot sogar an, wenn etwas mißfiele, würde ich es ändern (wohlwissend, nachher im Vortrag, und besonders in der Diskussion, konnte mich keiner mehr zensieren, konnte ich alles Gestrichene wieder vorbringen, und noch mehr), und erfuhr dennoch nie, wer die entscheidende Person war, die über mein Anliegen endgültig befinden konnte. Stets wurde ich mit freundlichen Floskeln beschieden und weitergereicht. Das zog sich eine Woche lang hin, und plötzlich, vermutlich weil wirklich niemand wußte, wie mit mir zu verfahren war, bekam ich einen Termin beim Leiter der Azhar und zugleich wichtigsten religiösen Würdenträger Ägyptens, Scheich Tantawi. Ich kannte ihn von den Coverabbildungen seiner Videopredigten, die man in Supermärkten und Zeitschriftenläden kaufen kann wie bei uns Groschenhefte. Auf diesen Bildern lächelte er zwar ständig, sah jedoch auch lächelnd nicht gerade einnehmend aus, eher wie ein grinsender Kinderschreck. Eine PR-Beratung hätte ihm gutgetan, aber hier zählt nicht das Aussehen, sondern das Ansehen, und das genoß Tantawi schon von Amts wegen.

Kaum war ich in sein Büro hineingeführt worden, begrüßte er mich so flüchtig, wie er mich, sobald er mein Anliegen aus dem Mund eines seiner Obersekretäre oder Unterdekane vernommen hatte, mit einer bloßen Handbewegung, einen mir unverständlichen Kommentar murmelnd, wieder hinauskomplimentierte. Denn keine halbe Minute, nachdem ich eingetreten war, klingelte, jede Fortsetzung des Gesprächs unterbindend, eines der vier vor ihm liegenden Mobiltelefone, als wenn Allah, der alles souverän überblickt, seinen Sachwalter auf Erden von diesem Fremdling erlösen wollte und ihn daher just in diesem Moment anrief. Sofort wurde ich vom Sekretär oder Dekan aus dem Zimmer gezerrt. Nur wenige Wochen später verkündete Tantawi – eher zur Befriedigung als zum Entsetzen seiner Anhänger –, daß Juden die Söhne von Affen und Schweinen seien, und so war ich froh, keinen Vortrag mit dem Segen dieses Mannes halten zu müssen. Seine Imageprobleme im Westen kümmern Tantawi übrigens nicht. »Warum soll er sich darum scheren, was Ungläubige über ihn denken? Sharon sorgt sich auch nicht um die Meinung der Araber!« sagte mir bei späterer Gelegenheit ein Doktorand der Deutsch-Fakultät an der Azhar, und ein anderer, mit dem ich über die Todesfatwa gegen Salman Rushdie stritt, meinte: »Warum sollen wir Rushdie nicht zum Tode verurteilen, wenn er die Muslime beleidigt? Die Israelis ermorden doch auch alle Muslime, die ihnen unlieb sind.« Ihm den Unterschied zwischen einem Schriftsteller und einem Hamas-Führer zu erklären, war zwecklos. Für ihn wie für so manche, mit denen ich darüber sprach, war da kein Unterschied.

Der Mensch aber, Dekan oder Universitätsdiener, der mich so kurz entschlossen wie barsch am Arm packte, als das Handy klingelte, wollte mich gar nicht mehr loslassen. Gerne hätte ich mich ihm mit einer abrupten Bewegung entwunden. Aber er schritt so zielstrebig voran, als ginge es nicht nur darum, mich aus dem Bannkreis Tantawis hinauszuführen, sondern gleich auch ganz woanders hinein, etliche Flure hindurch, zwei Treppen hinunter, eine wieder hinauf, um mehrere Ecken gebogen und dann im Erdgeschoß in ein anderes Büro, wo ebenfalls ein Scheich saß, obwohl ein wesentlich jüngerer, und mit zwei älteren Studenten etwas beredete. Mir wurde bedeutet, mich hinzusetzen, und als nach zwei Minuten das Thema abgehandelt war, wurde ich von dem Scheich mit den Worten begrüßt: »Da sind Sie ja endlich«, worauf ich, ohne zu wissen, was ich hier sollte, sagte, ich sei gerade bei Scheich Tantawi gewesen und... »Das waren wir alle einmal, bei Scheich Tantawi«, unterbrach er mich, und die Studenten lachten, ohne daß mir ersichtlich war, weshalb. Offensichtlich genau informiert, was ich wollte, fuhr er fort: »Sie können Ihren Vortrag vor Azhar-Studenten in dem Gemeinderaum einer kleinen Moschee in Heliopolis halten, morgen nach dem Fastenbrechen. Das Interesse ist groß, ich würde mich sehr freuen, wenn Sie zusagten.«

Das war zweifellos nicht mehr das, was mir vorgeschwebt hatte, und es gab kaum einen Grund, jetzt eine Art Privatvorlesung vor mir unbekannten Leuten zu halten, doch die Art, wie ich gezielt genau hierhin dirigiert wurde, und die plötzliche Inständigkeit des Interesses überrumpelten mich. Es wäre unhöflich gewesen, nicht darauf einzugehen, eine Unhöflichkeit, die ich ohne Zeit zum Nachdenken kaum über mich gebracht hätte. Und so stimmte ich, obzwar nicht sonderlich begeistert, zu. »Gut«, sagte er. »Seien Sie morgen um 18.30 Uhr hier am Eingang zur Universität. Jemand wird Sie abholen. Der Vortrag beginnt um 19.15 Uhr.« Und mit einem freundlichen, aber entschiedenen »Bis morgen abend« wurde ich verabschiedet.

Ein junger Mann mit Glatze und ohne jede Spur eines Barts, der sich als Loay vorstellte, holte mich zum vereinbarten Zeitpunkt ab und fuhr mit mir in einem klapprigen Toyota durch den abendlichen, nach der Ruhe vor dem Fastenbrechen jetzt wieder auf Normalniveau tosenden Verkehr in eines der aus den siebziger Jahren stammenden, im Vergleich zu den neusten Vorstädten noch zentrumsnahen Neubauviertel. Die urplötzlich ab Ende der sechziger Jahre wuchernden orientalischen Städte, und Kairo ist das typischste und schrecklichste Beispiel dafür, versagen einem jede Möglichkeit, sich zurechtzufinden. Zwar gibt es Adressen, aber sie sind für den, der dort nicht lebt, unauffindbar. Die Straßen sind nach Art von Planquadraten angelegt, und läuft man darin umher, verliert man bald jeden Sinn für Himmelsrichtungen, für ein Zentrum, für eine Mitte, die doch jede Stadt haben muß. Nie kann man einer Straße ansehen, ob sie stadteinwärts oder stadtauswärts führt, ob sie überhaupt in eine dieser Richtungen verläuft und nicht gleichsam parallel zur Stadt. Rechts und links sind austauschbar, und dasselbe gilt für oben und unten. Es gibt keinen Sinn für Höhenverhältnisse, für Harmonien schon gar nicht. Gleich wo man ist, es geht immer noch tiefer, immer noch höher, die Mitte, der Boden, verschwindet in atemberaubendem Tempo. Dafür gibt es in den Außenbezirken, die längst keine mehr sind, weil auch das Außen stets noch sein Äußeres hat, dieses sein Äußerstes und so weiter, sehr viel Platz. Die Straßen sind unmenschlich breit, und diese Breite, diese Zerdehntheit, macht die Vorstellung eines Spazierganges oder eines etwas erledigenden Zu-Fuß-Gehens zur Idee eines Narren.

Man ist versucht zu sagen: In ihren Satellitenstädten reproduzieren die Araber das Gefühl, das sie in der Wüste hatten (die sie *tih* nennen, der Ort, an dem man die Orientierung verliert; eines der Lieblingswörter des Dichters Adonis ist das davon abgeleitete *ta'ih,* umherirrend), aber ich fürchte, das wäre vor allem eine Beleidigung der Wüste. Dort herrscht eine echte, heilige Monotonie, eine Monotonie, die dazu einlädt, jedes Detail, jede Abweichung, jede Besonderheit, jede Sandfarbe, jeden Dünenschwung, jedes Pflänzlein zu würdigen, und genau das taten die alten Wüstenaraber, alles war da besonders in dieser Wüste, hatte Wert, weil man angesichts der scheinbaren Monotonie von jeder Besonderheit tatsächlich herausgefordert wird oder sie vielmehr erst sehen lernt. Die Wüste ist eine Schule des Sehens und eine Schule des Ausdrucks, nämlich das Gesehene nicht nur zu sehen, sondern es auszudrücken, dieser Monotonie etwas Ausdrückenswertes abzutrotzen und dann zu begreifen, wenn man nur genau hinschaut, nur genau genug formuliert, daß alles ausdrückenswert, alles besonders, alles sagbar ist. Welche Entdeckung! Davon künden die ältesten arabischen Texte, die vorislamische Nomadendichtung, die uns heute, wo wir von Eindrücken übersättigt sind, unerträglich monoton scheint.

Gerade wollte ich Loay fragen, ob er aus Kairo stammte und was wohl Imru l-Qais, der berühmteste der vorislamischen Dichter, zu dieser Stadt gesagt hätte, da bog er von der Hauptstraße ab und in eine Einfahrt hinein. Ich hatte keine Vorstellung, wo wir uns befanden. Dieses Gebäude, neben dem wir parkten und das angesichts all der hohen und mittelhohen Häuser ringsum eher flach wirkte, erkannte nur ein geübter Beobachter als Moschee. Lediglich ein an der Fassade hängender Lautsprecher und der bei älteren Moscheen übliche vertiefte Eingang deuteten darauf hin. Erst mußte man zum Schuhausziehen drei Treppenstufen hinab in eine Art Vestibül gehen, dann eine weitere Stufe hinab in den Hof oder den Gebetssaal – stets ging es hinab zu Gott, was bei den älteren Moscheen an der mit der Zeit sich ergebenden Anhebung des Straßenniveaus lag, bei den späteren, wie dieser vielleicht 30 Jahre alten, womöglich an einer unbewußten Nachahmung dieser Altersabsenkung. Bei Moscheen in Hanglage ist folglich der Haupteingang zumeist an der höheren Seite, so daß man, um hineinzugelangen, wiederum hinuntergeht. Nur die neuen Moscheen im saudischen Disneystil hatten für diese alte Sitte keinen Sinn mehr, zu ihnen mußte man hinaufklettern.

Diese, die ich nun betrat, war eine jener menschlich dimensionierten Moscheegründungen aus den siebziger Jahren, die aus einem echten Bedürfnis der umliegend gewachsenen Siedlung hervorgegangen war, nicht protzig, sondern sachgemäß. Ich zog die Schuhe aus und wurde von dem Scheich begrüßt, in dessen Büro ich nach meiner Begegnung mit Tantawi geführt worden war. Der Saal maß keine hundertfünfzig Quadratmeter, die Einrichtung war ärmlich, aber mir dadurch sympathisch, ich befand mich in einer echten, unscheinbaren Vorortmoschee. Nach und nach wurde mir von allen die Hand gegeben, eine eher andeutungsweise, distanzierte Respektsbekundung, leicht die fremde Hand in meine gelegt, zarte, fast feminine Gelehrtenhände der jungen, traditionell gekleideten Azhar-Studenten. Sie hatten gegessen und machten einen aufgeräumten, entspannten Eindruck, saßen in Gruppen im Schneidersitz zusammen oder liefen in tiefem Nachdenken versunken umher. Es waren um die vierzig Studenten und eine Handvoll reifere Männer, aber überraschenderweise kein Älterer darunter. Ich wurde in einen Nebenraum geführt, wo ich von einem Diener einen Tee bekam und warten sollte. Als ich herausgerufen wurde, saßen alle auf dem Boden, bis auf den Mann aus dem Büro in der Azhar. Er stellte mich zu meiner Verwirrung nicht als Islamgelehrten, Übersetzer oder Journalisten vor, sondern als deutschen Schriftsteller, der – das hatte ich ihm allerdings kurz zuvor auf seine Fragen hin anvertraut – an einem Buch mit dem Titel »Mohammedanische Versuchungen« arbeite. Dieser Titel deute ausreichend an, fuhr er fort, daß wir – und er schloß mich in dieses »wir« ein – ein ähnliches Projekt verfolgten und dafür offensichtlich denselben Ansatz gewählt hätten. Ich verstand nicht, und als ich eine Stunde später erfuhr, was es damit auf sich hatte, wunderte ich mich erst recht. Aus einer spontanen Laune heraus legte ich aber das vorbereitete Manuskript beiseite, nahm stattdessen die Notizen zu einem Komplex von Gedanken hervor, die mich in letzter Zeit beschäftigt hatten, und beschloß, meinen Vortrag ausnahmsweise frei zu halten. Und was ich dann sagte, war, obschon nicht im Wortlaut, in etwa das folgende.

Es gibt Ereignisse in einem Leben, die von der Erinnerung auf eine Weise getrübt und verarbeitet werden, daß man nach einiger Zeit, es können Jahre, aber auch Jahrzehnte sein, nicht mehr weiß, ob es sich um einen intensiv erlebten Traum, einen später genau erinnerten und durch die Erinnerung unlöschbar gespeicherten Traum handelt oder um eine echte Begebenheit. Und umgekehrt kann ein bloß geträumtes Erlebnis zu der völligen Überzeugung führen, dies habe man erlebt wie etwas Reales, und zwar nicht nur während des Traumes selber, sondern Stunden, Tage oder Jahre danach. Dieses Phänomen ist nur so zu erklären, daß unter bestimmten Bedingungen, oder nachdem eine gewisse Zeit vergangen ist, das Reale und das Geträumte auf der gleichen Ebene im Gedächtnis, nämlich als Erinnerung, abgespeichert sind, so daß sie subjektiv tatsächlich den gleichen Status haben.

So war ich mir zum Beispiel sicher (und bin es heute noch, obwohl ich es längst besser weiß), daß ich in bestimmten Phasen meines Lebens in der Lage war, unter Wasser zu atmen. Genauer gesagt, ich glaube mich wirklich daran zu erinnern, daß ich als Kind in der Badewanne unter Wasser geatmet habe. Es ist eine reine Frage der Konzentration und zugleich ein Erlebnis großartiger Freiheit, in diesem Medium, im Wasser, auf einmal tief und erfrischend atmen zu können, nicht mit Kiemen, sondern mit der Lunge, als Mensch. Plötzlich fällt eine Barriere, man überschreitet eine Grenze, dringt durch eine Wand und kann atmen, unter Wasser atmen, und man ist frei. Diese Erinnerung, dieses gewiß nur geträumte (bis heute von mir manchmal geträumte) Erlebnis ist so intensiv mit allen dazugehörigen Empfindungen in mir präsent, daß ich es noch in dem Moment, in dem ich dies ausführe, exakt nachfühlen kann, so exakt, daß allein mein Verstand und mein Wissen um die Grenzen des Menschenmöglichen mich vor der Überzeugung bewahren, es tatsächlich einmal gekonnt zu haben. Jedesmal wenn ich es aber tatsächlich ausprobieren wollte, war es so, als ob mir der Trick im letzten Moment entfallen wäre, und ich wußte nicht mehr, wie es geht.

Das Beispiel ist insofern banal, als nicht viel davon abhängt, ob ich unter Wasser atmen kann oder nicht. Aber wie viele haben nicht auf ähnliche Weise viel Wichtigeres geträumt oder anderweitig erfahren und waren von der Realität überzeugt? Visionäre Begegnungen mit Propheten, Engeln, Verstorbenen oder sonstigen, nicht ohne übernatürliche Kräfte sich zeigenden Wesen – die sufische Literatur des Islam ist bis in die jüngste Zeit voll davon. Wie, frage ich mich, hätten diese Geisterseher nicht von der Realität ihrer Begegnungen überzeugt sein müssen, wenn sie sie so intensiv nachschmeckten wie ich mein Unterwasseratmen, zumal sie ihre Erlebnisse nicht nachprüfen und falsifizieren konnten (anders als ich, indem ich es ausprobierte), sondern von vielen anderen ähnliche Erlebnisse berichtet wurden?

Dies erklärt vielleicht, wie irreale Ereignisse für manche zu einer völligen psychischen Realität werden können, und vor diesem Hintergrund lese ich einen Satz des 1240 in Damaskus verstorbenen Großmeisters der arabischen Mystik, Ibn Arabi. In einem der zentralen Kapitel seines mehrere tausend Seiten zählenden Hauptwerks »Die mekkanischen Eröffnungen«, wo er über Traum, Schlaf und die kreative Imagination spricht (einen der wichtigsten Begriffe in seinem Werk), behauptet er, das Mögliche habe einen Geschmack im Sein. So steht es wörtlich da im Arabischen: »Das Mögliche hat einen Geschmack im Sein.«

Dennoch verstehen wir den Satz wahrscheinlich falsch,

wenn wir ihn auf diese Weise wörtlich übersetzen. Es handelt sich um den idealtypischen Fall einer wörtlich richtigen, jedoch im Kulturtransfer kraß irreführenden Übersetzung (was der Übersetzerin nicht anzulasten ist, es stand ihr nicht an, mehr als zu übersetzen). Das Mögliche in der Welt Ibn Arabis ist etwas völlig anderes als das Mögliche in einer säkularisierten, wissenschaftlich-technischen Zivilisation. Denn das Mögliche ist immer nur relativ zum Realen, es hat keinen absoluten Seinsstatus wie etwa das Existierende (dieses Buch hier) oder das Nichtexistente (Menschen, die unter Wasser atmen können). Das Mögliche ist absolut nur dann, wenn wir unseren Realitätsbegriff für absolut halten. In diesem Sinne ist der Flug zum Mars im Bereich des Möglichen, mein Unterwasseratmen hingegen etwas Unmögliches. Dieser Realitätsbegriff, der uns modernen Abendländern zugehört wie ein Glied, und wenn man ihn uns raubte, wären wir verkrüppelt, wir könnten uns nicht mehr orientieren, könnten kaum überleben –, dieser Realitätsbegriff ist deshalb so durchsetzungsfähig, weil er sich an einer physikalischen Realität orientiert, die, sowenig wir sie vollständig überblicken, sehr wohl einen absoluten Status hat. Dank dieses Realitätsbegriffs ist es möglich geworden, Dinge zu verwirklichen, die nach einem herkömmlichen, am Menschen selbst orientierten Realitätsbegriff unmöglich sind. Und die, das kommt hinzu, an keine Erfahrung mehr gekoppelt sein müssen. Anders gesagt: Die real vorkommen, aber keine oder nur eine rudimentäre psychische Realität annehmen.

Mit 800 Stundenkilometern in 30000 Fuß Höhe durch die Atmosphäre katapultiert zu werden, wie es die meisten schon erlebt haben, stellt ein bloßes Wissen dar, keine Erfahrung, und es ist unmöglich, dies wirklich zu erfahren, denn es würde zum sofortigen Tod führen. Die tatsächliche Erfahrung besteht darin, mit 200 anderen Menschen mehrere Stunden lang in einer engen, dröhnenden und gelegentlich zitternden und wackelnden Röhre eingepfercht zu sein und einen dummen Film gezeigt zu bekommen. Der äußerste Punkt des Erlebens dieser Wirklichkeit ist dadurch bezeichnet, die Welt, wenn es nicht gerade Nacht ist oder bewölkt oder man zu weit vom Fenster entfernt sitzt, einmal von oben zu sehen. Das ist schön und erhebend, der Anflug auf Köln an einem wolkenlosen Winterabend, wenn noch alles erleuchtet ist, viel Verkehr, das Wochenende kündigt sich an, die plötzlich völlig andere Sicht auf die Straßen, durch die man jeden Tag läuft, die dunkle Schlange des Rheins, die als tiefes Schwarz, aber ein vielfach überbrücktes tiefes Schwarz, das Funkeln durchschneidet, doch eine Erfahrung ist selbst das nicht. Wenn ich am nächsten Tag unten durch dieselben Straßen hindurchlaufe, ist es wie immer, ja ich erinnere mich kaum daran, daß ich die Straßen von oben sah, es ist ein Bild außerhalb jeden Zusammenhangs, so wenig nachwirkend wie ein Fernsehbild. Während ich also physisch real durch die Atmosphäre sause, merke ich ebenso real nichts davon. Das Unterwasseratmen ist dagegen eine jederzeit von mir intensiv nachzuempfindende, ja sogar erinnerbare psychische Realität. Legt man diesen psychischen, auf dem tatsächlich Erfahrenen oder zumindest als erfahren empfundenen und nicht den physikalischen Realitäts- und Seinsbegriff zugrunde, so wird man das Unterwasseratmen in den Bereich des Möglichen mit einbeziehen. Es hat, als dergestalt Mögliches, einen echten, tatsächlichen Geschmack im Sein. Ibn Arabi und die mittelalterliche arabische Kultur überhaupt (wenn nicht grundsätzlich die vormodernen Kulturen) verfügen über einen

Wirklichkeitsbegriff, der wesentlich näher an der tatsächlichen psychischen Erfahrung ist als unserer.

Übersetzt man die Fügung Ibn Arabis vom Geschmack des Möglichen, die einen solchen, letztlich religiös motivierten Wirklichkeitsbegriff zur Grundlage hat, in einen Kulturraum, der sich streng an physikalischen Maßstäben orientiert, so muß man, entgegen allem Wörterbuchwissen, übersetzen: »Das Unmögliche hat einen Geschmack im Sein.« Genau dies ist es, was uns der Satz von Ibn Arabi sagt. Wollte man indessen umgekehrt unsere Realität in die Welt Ibn Arabis überführen, übertragen, nehmen wir das Beispiel des Fliegens in der Röhre, so würde man zunächst sagen müssen: Das Mögliche (nämlich das Fliegen) hat keinen Geschmack im Sein – ich erfahre es ja nicht als Fliegen, sondern als Herumsitzen in einer Röhre. Ein solcher Satz wäre für Ibn Arabi unverständlich. Das Mögliche ist für ihn geradezu dadurch definiert, daß es einen Geschmack im Sein hat, während für uns, aufgrund unseres Realitätsbegriffs, sogar das Tatsächliche vielfach keinen Geschmack mehr hat.

Damit ist der Unterschied in den Wirklichkeitsbegriffen noch nicht völlig erfaßt. Dies muß aber versucht werden, denn hier liegt der Kern des Unterschieds von religiösem und säkularem Weltbild, oder anders gesagt, von Möglichkeits- und Wirklichkeitssinn beschlossen. Um keinem Trugschluß aufzusitzen: Weder unser heutiger Wirklichkeitsbegriff noch derjenige Ibn Arabis (der freilich um einiges komplizierter ist; doch argumentieren wir hier als Essayisten, nicht als Philologen, und ein inspiriertes und inspirierendes *misreading* wäre uns ein sehr erstrebenswertes Ziel) hat die jeweils anderen Spielarten völlig verdrängt oder ausgeschlossen. Es werden nur unterschiedliche Prioritäten gesetzt, mit entsprechenden Folgen. Auch in der verwissenschaftlichten Gesellschaft wird man nicht ausschließen wollen, daß das, was gemeinhin als unmöglich gilt, nämlich zum Beispiel das Atmen unter Wasser oder vielleicht sogar eine religiöse Vision, einen Geschmack hat, das heißt, wie etwas Reales erlebt werden kann. Was aber das nach einem streng physikalischen Realitätsbegriff Mögliche betrifft, so ist darin heute das ganze Spektrum enthalten: erfahrbar, unerfahrbar, realisierbar, wahrscheinlich unrealisierbar (aber aus dem Bereich des Realisierbaren nicht auszuschließen); schließlich möglich in dem Sinne, daß es nicht definitiv widerlegbar ist – so wie selbst der größte Skeptiker und Atheist zugeben muß, daß die Existenz eines Gottes möglich ist.

Andererseits ist es nicht so, daß Ibn Arabi oder die Araber und mittelalterlichen Menschen überhaupt vom physikalischen Wirklichkeitsbegriff nichts gewußt hätten oder die physikalische von der psychischen Realität nicht hätten unterscheiden können. Im Gegenteil: Ibn Arabi warnt ganz explizit davor, die tatsächliche sinnliche Wahrnehmung (nämlich der physikalischen Realität) mit der bloß in der Vorstellung erfahrenen Realität zu verwechseln: »Nichts verursacht größere Verwirrung in der geschaffenen Welt als die Verwechslung der Vorstellung mit der sinnlichen Wahrnehmung«, sagt er an einer Stelle. Und anders als das mittelalterliche Europa hatten die Araber einen sehr wachen Sinn für das physikalisch Mögliche und Machbare, so sehr, daß sie von den Europäern, die noch lange nicht so weit waren, als Magier verschrien wurden, weil sie scheinbar Unmögliches möglich machten. Dennoch war dieser physikalische Realitätsbegriff nicht der einzige, nicht der erste und wichtigste, und nur deshalb konnte es geschehen, daß der Sinn für die physikalische Realität in der arabischen Welt im Zuge der Aufwertung der religiösen im Spätmittelalter schrumpfte, während in Europa der kritische Verstand schließlich nur noch diese Realität als einzig unbestrittene Referenz übrigließ. Denn obwohl Ibn Arabi den physikalischen Realitätsbegriff nicht geringschätzte, hing für ihn nicht das Heil des Menschen daran. Und ebenso, wie Ibn Arabi die physikalische Realität nicht ignorierte, gesteht man im Westen dem Traum in bestimmten Bereichen eine Bedeutung zu.

Die vormoderne oder mystische Weltwahrnehmung und die wissenschaftliche schließen also einander nicht aus. Sie konkurrieren bisweilen um die Aufmerksamkeit, aber solange die Bereiche klar getrennt sind, koexistieren sie reibungslos miteinander, ja können einander befruchten. Auf irgendeine Weise bewahrt jeder in einem Bereich seines Bewußtseins oder Unterbewußtseins Reste anderer, nicht streng wissenschaftlicher Wirklichkeitsvorstellungen in sich auf. Je innerlich reicher einer ist, desto mehr Eigenleben können die Bereiche entwickeln. An sich ist es nur eine Frage der seelischen Großzügigkeit, ob es gelingt, den technischen Verstand mit dem phantastischen und mystischen zu verbinden, den Dinge schaffenden mit dem immaterielle Werte verkündenden.

Nur wo diese Art innerer Großzügigkeit herrscht, können die Religion und darin vor allem die mystische Tradition im kulturellen Hauptstrom der modernen Gesellschaft bewahrt werden (in Rinnsalen und Nebenflüssen halten sie sich immer, spielen aber dann keine Rolle). Aber soll man sie überhaupt bewahren, soll man nicht vielmehr froh sein, daß sie keine Rolle mehr spielen? Andererseits scheint, wer den Heilsversprechungen des Säkularismus glaubt, heutzutage noch naiver als der, der an das Heil in der Religion glaubt. Aber auch um die säkularistische Naivität wäre es schade. Das Ideal ist, pathetisch ausgedrückt, eine Zeit der Waage, in der beide Wirklichkeitskonzeptionen sich auf derselben Höhe begegnen. Und vielleicht wird der Westen im gegenwärtigen geschichtlichen Moment gerade auf die Augenhöhe des anderen wieder hinabgelassen von den Gipfeln seiner aufgeklärten Einseitigkeit. Naturgemäß sind wir darum über den aktuellen Lauf der Dinge ein wenig pikiert. Wer findet sich schon so einfach mit der Unterstellung ab, es gäbe an seinem Weltbild etwas zu ergänzen – zumal von anderen, viel geringer Geschätzten, erst noch Aufzuklärenden!

Erkennen wir versuchsweise einmal an, es gab oder gibt religiöse Visionen. Sie waren oder sind für viele Menschen Realität. Und zwar für die größten Geister ihrer Zeit. Vieles hing daran, sie richtig zu interpretieren und zu kategorisieren. Es war eine Frage der Existenz, des Heils. Das scheint aus heutiger Sicht unvorstellbar, auch wenn man nicht annimmt, diese Visionen seien tatsächlich transzendentalen Ursprungs. Woher sie stammen, wie sie zustande kamen, ist gleichgültig: Drogen, übermäßige Askese, hormonelle Extremzustände. Wichtig ist allein, daß es sie gab und daß die größten Geister sie für wichtig hielten und sich damit beschäftigten, während heute keiner, der Ehrgeiz hat und Verstand, darüber nur diskutieren würde. Das Visionäre, Transzendentale ist im Westen den Spinnern überlassen worden, die unkontrolliert, weil sowieso verachtet, das Erbe der Mystiker verprassen und in Verruf bringen. Das an die gesellschaftlichen Ränder ausgewanderte transzendentale Bedürfnis degeneriert sozusagen zwangsläufig, weil es keinen Kontrollmechanismen mehr unterliegt, keinem Wettbewerb, keinen Disziplinierungen. Anthroposophen, Sekten aller Couleur, evangelikale Fernseh-Prediger, jeder strickt sich sein Weltbild zurecht, ohne daß jemand dagegen das Wort erhebt, weil das Resultat ohnedies nicht ernst zu nehmen ist und vordergründig keine weitergehenden gesellschaftlichen Konsequenzen hat. Aber am Ende hat es sie doch. Die Verdrängung rächt sich. Der islamische Fundamentalismus war lange solch ein belächeltes Randphänomen. Mittlerweile übt er die Diskursherrschaft aus. Auch der Nationalsozialismus war einmal das Projekt einer Handvoll revanchistischer und antisemitischer Spinner, die keiner, der bei Verstand war, ernst nehmen wollte. Die amerikanischen Fundamentalisten haben heute schon einen kaum zu ermessenden Einfluß auf die Politik – und sind an Geistlosigkeit doch vollauf mit den genannten Bewegungen zu vergleichen.

Auch ohne diese Gefahr kann man das Verschwinden eines rationalen Diskurses über das Irrationale betrauern. Eine Kulturtechnik, die Jahrtausende menschlichen Denkens prägte, scheint zu verkümmern. Was folgt daraus? Verloren, Schwamm drüber, vergiß es? Vielmehr die Frage: Wo ist das jetzt? Hier bei mir, ganz privat, ganz intim, wo? Daß es restlos verschwunden ist, keine Spur hinterlassen hat, ist kaum zu glauben. Also: Wo könnte das sein? Was könnte dazu werden? Was könnte dazu geworden sein in einer anderen Zeit? Wo wird der Faden dieser Psychotechnik wieder aufgenommen? Was spricht dagegen, sie neu zu lernen oder mit anderen Mitteln an sie anzuknüpfen? Sie mit ins Boot der Aufgeklärtheit zu holen oder vielmehr mit ihr und dieser einen Katamaran zu bauen? Seit Wochen befrage ich meine Träume, unbewußten Phantasien, querschießenden Gedanken – alles, was sich nicht steuern läßt –, wer von euch ist der Anfang? Worauf kann ich hier bauen?

Eine These, versuchsweise: Auf den Kontrollverlust. Alles, was ich nicht beherrschen kann. Das Unwillkürliche, nicht Gesteuerte, nicht Gelenkte, nicht selbst Bewirkte. Statt dessen das Eingegebene, Geschenkte, einem Zugefügte. Was man, nüchtern betrachtet, gar nicht eigentlich haben will. Was man duldet und doch als erstes sich wünscht. Daß man so überfallen wird mit Bildern, Worten, Gefühlen. Dazu gehört, dieses Nicht-Gewollte, Unwillkürliche, Eingegebene, gleichsam Selbst-Fremde aufzunehmen, aufzuzeichnen, zu bewahren, niederzuschreiben, zu filmen, zu fotografieren. Ihm eine Folie, ein Medium zu geben. Es überhaupt erst einmal wahrzunehmen, sein Augenmerk (jawohl, Augenmerk) darauf zu richten. Es ernst zu nehmen, ja, es ernst zu nehmen. Es zuzulassen. So wie ich es hier zulasse, zu reden, was mir in den Kopf kommt. Ich gestehe, ich weiß nicht, was kommt. Was da rauskommt. Aber ich lasse es zu. Vielleicht ist Schreiben, dieser ganze Betrieb, nur die Demenzform, die Degeneration der religiösen Vision, vielfach gebrochen, durchrationalisiert, in eine ökonomische Verwertungskette eingespeist. Schon Schrift geworden, schon Allgemeingut, für alle sichtbar und prüfbar. Schon Formen sich fügend (»Das ist aber kein Vortrag, was ich hier lese. Das ist aber kein Essay, was Sie hier schreiben! Das ist aber keine Erzählung!«), schon auf Wirkung gepolt. Trost: Auch die Visionen der Mystiker waren vorgestanzt, sehr genauen Wunsch- und Zielvorgaben geschuldet, islamisch oder christlich durchgestylt, in den mystischen Diskursmarkt eingespeist und, falls in Gedichten sich äußernd, den lyrischen Regeln streng gehorchend, von Floskeln durchsetzt, von wegen spontan, da ist alles, was hier steht, spontaner.

Oder finden Sie nicht?

Ein lautes Murmeln wurde vernehmlich, das ich als eine Art Applaus deutete. Nachdem wieder Stille eingekehrt war, ergriff der erste, ein Mann, nicht viel älter als Mitte zwanzig, das Wort. Er wolle mir für diesen Vortrag danken. Zwar wisse er nicht, ob er alles verstanden habe, auch hätte ich mit meinen Gedanken einen sehr weiten Kreis gezogen, zu weit wohl, um ihn an diesem Abend im Gespräch zur Gänze durchschreiten zu können. Allerdings sei es bedauerlich, daß ich nicht näher auf den Titel des Werks, das ich zu schreiben beabsichtige, eingegangen sei. Vielleicht dürften sie diese Enthaltsamkeit aber auch als Einladung deuten, ihre eigene Interpretation der gegenwärtigen mohammedanischen Versuchungen zu liefern, denn sie hätten sich intensiv mit diesem Thema auseinandergesetzt und begriffen es, um es klar zu sagen, als zentral für das zukünftige Schicksal des Islam. Richtig, sagte jetzt ein anderer, älterer, wir glauben nämlich – sagen Sie das den Menschen im Westen! –, daß der Islam bald nicht mehr der Islam sein wird, sondern etwas ganz anderes, das sich nur noch so nennt, er wird eine weltweite, von tiefem Aberglauben durchwachsene Sekte sein ... Genau, unterbrach ihn, wie in einem Wechselgesang, ein dritter, eine Sekte, eine mohammedanische Sekte, die Muslime werden zu Mohammedanern, ist Ihnen das schon aufgefallen? Und der vierte: Ihr Orientalisten habt das instinktiv richtig gemacht, als ihr uns früher Mohammedaner nanntet. Natürlich, ergänzte der fünfte, tatet ihr dies, weil ihr als Christen, getreu dem Vorbild eurer Religion, auch unsere auf einen Menschen bezogen und sie nach ihm benannt habt. Und das Tragische ist, sagte jetzt der sechste, daß die Muslime es irgendwann ebenso gemacht haben. Wir reden übrigens, ergänzte der siebte, über recht spezifische theologische Fragen. Selbst wenn sich bei den Religionsgelehrten unsere Ansichten durchsetzen, heißt das für das äußere Erscheinungsbild des Islam zunächst einmal nichts. Den volkstümlichen Islam werden wir vermutlich nicht ändern können. Aber vielleicht, vielleicht doch, unterbrach ihn der achte. Wenn wir uns durchsetzen, wird all den Leuten, die den Islam verzerren, der Boden unter den Füßen weggezogen. Und wissen Sie, wie dieser Boden heißt, den wir ihnen wegziehen werden? Mohammed!

Mohammed? fragte ich zurück. Wie meinen Sie das, Mohammed?

Verstehen Sie uns recht, redete jetzt der neunte weiter, auch wir verehren Mohammed. Aber zwischen Verehrung und Anbetung, zwischen Respekt und Vergötterung besteht ein Unterschied. Von diesem Unterschied hängt alles andere ab, und er ist es, der irgendwann in unserer Geschichte verlorengegangen ist, zerredet wurde. Aus sehr verständlichen Gründen übrigens, griff der zehnte dieses Argument auf. Denn es ist immer gut, wenn man sich an einem konkreten Menschen ein Vorbild nehmen kann. Abstrakte Religionen können nie ein Massenerfolg werden. Die Begründer des Christentums waren so klug, das instinktiv zu wissen. Wahrlich, sagte der elfte, dieser Synthese aus Gott und Mensch ist Genialität nicht abzusprechen. Gleichwohl, man kann sie nicht ernst nehmen. Es ist ein Phantasieglaube, ein Aberglaube, dem niemand, der recht bei Verstand ist, folgen kann. Eine Wunschphantasie. Ein utopisches Modell. Schön, aber unwahrscheinlich. Gott in der Haut eines Menschen. Oder Gottesnatur und Menschennatur in einem Wesen, unvermischt. Wie soll ich mir das vorstellen? Ein Zwitter? Ein Übermensch? Der Islam ist dagegen eine ungleich vernunftgemäßere Religion. Davon sind wir überzeugt, sagte der zwölfte, freilich gilt das nur ohne das derzeit herrschende Mohammed-Bild. Ohne diesen idealisierten Ideal-Mohammed, der in den Köpfen unserer Gelehrten herumspukt. Soll der Mann auf der Straße Mohammed zur Ikone machen. Schlimm ist es, wenn es auch die tun, die es besser wissen müßten. Wenn auch unsere Gelehrten das tun.

Jetzt sprach wieder der erste: Sie sind doch Islamwissenschaftler, nicht wahr? Ist Ihnen schon einmal klargeworden, was aus dem Islam, den wir heute kennen, werden könnte, wenn wir alles zur Diskussion stellten, was auf Mohammed zurückgeht, also menschlichen Ursprungs ist? Der Islam wäre die modernste und flexibelste Religion überhaupt. Er wäre die einzige moderne Religion! Dies heißt nicht, schränkte der zweite ein, daß wir Mohammeds Leistung in Frage stellen wollen. Zweifellos war er für seine Zeit genial. Und das heißt auch nicht, daß wir alles, was auf den Propheten zurückgeht, also die ganze Sunna, ein Großteil des islamischen Rechts, einfach abschaffen wollten. Aber wir weisen mit Nachdruck darauf hin, daß, weil Mohammed ein Mensch war, dieses Recht letztlich menschlichen Ursprungs ist. Wir glauben, sagte der dritte wieder, daß sich der Schwerpunkt der derzeitigen Diskussionen über die Reform des Islam auf einem Nebenschauplatz abspielt. Es geht gar nicht um die Interpretation des Koran oder überhaupt nur die Frage, ob der Koran interpretierbar sei. Wir glauben, daß der Koran nicht interpretiert werden darf. Er ist absolutes Gotteswort, er ist hinzunehmen, so wie er ist. Wir glauben aber auch, daß wir ihn gar nicht interpretieren müssen. Und zwar nicht, weil er, wie einige der populistischen Verzerrer unserer Religion behaupten, ohnedies verständlich und widerspruchsfrei sei. Nein. Wir müssen ihn deshalb nicht interpretieren, weil wir ihn gar nicht interpretieren können. Seine Bedeutung ist für den Menschen ohnedies nicht zu erfassen. Zwar besteht er aus sprachlichem Material, richtig, aber er ist überhaupt nicht so zu gebrauchen wie Sprache, jedenfalls nicht in dem Sinne, daß er uns etwas sagt. Und wenn wir ihn so lesen, als wollte er uns etwas sagen, kommen auch gleich Zweifel auf, nicht wahr? Wenn der Koran uns sagt, er sei über alle Zweifel erhaben, so heißt das nichts anderes, als daß wir alle Operationen, die einen Zweifel auch nur in den Bereich des Möglichen rücken, an ihm nicht vornehmen dürfen – mit anderen Worten, wir dürfen ihn gar nicht auf Bedeutung hin lesen. Wir dürfen auch nicht seine Entstehung erforschen. Wir können ihn nur stehenlassen, wie er ist. Und das machen wir auch.

Und was, entgegnete ich, soll dann mit den koranischen Vorschriften geschehen? Bedeuten die auch nichts?

Richtig, sagte der vierte, faktisch bedeuten sie nichts, was man schon daran erkennt, daß sie sich häufig widersprechen. Jeder, der versucht, diese Vorschriften auf einen Nenner zu bringen, äußert ja im Grunde schon durch seinen Versuch ernste Zweifel, er zweifelt an der Fähigkeit des Koran, die Dinge klar auszudrücken, nämlich so klar, wie es die Menschen bräuchten. Was machen wir mit einem vermeintlich klaren Buch, das nicht klar ist, mit einem Buch, das über Zweifel erhaben sein will und doch unter Menschen nur den Zweifel produziert, das widerspruchsfrei sein will und doch, wenn wir unseren Kopf benutzen, von Widersprüchen wimmelt? Wir können damit nichts machen. Es ist zu hoch für uns, wir verstehen seine Sprache nicht. Es ist ein Zeichen Gottes, das uns auf uns selber wirft. Wir können ihm nicht genügen.

Bleibt Mohammed, meinte der fünfte. Ein großartiger Mensch, zweifellos, der perfekteste Mensch, den wir kennen, aber – eben nur ein Mensch! Und darüber hat man uns und alle Muslime immer täuschen wollen, bis aus Muslimen schließlich wirklich Mohammedaner geworden sind. Während ihr Christen Gott zum Menschen machtet, machten wir einen Menschen zu Gott. Das ist so offensichtlich, es braucht kaum bewiesen zu werden. Aber wir können es beweisen, sagte der sechste. Drei sichere Beweise gibt es. Der erste ist, daß die Muslime, und besonders die Sufis, die keineswegs so nett, harmlos und fortschrittlich sind, wie ihr im Westen das gerne hinstellt, Mohammed den »perfekten Menschen« nennen. Wer das glaubt, betreibt Vielgötterei – die größte Sünde gegen den Islam, und Sie haben sehr recht, wenn Sie sich fragen, warum Mohammed angeblich nicht fehlgehen kann. Denn erstens kann nur ein Gott perfekt sein. Wir glauben, daß Mohammed der perfekteste Mensch ist – besser als alle. Aber trotz aller Perfektion ist er nicht perfekt an sich. Der zweite Beweis: Wir dürfen das Antlitz von Mohammed nicht malen. Ist das nicht das sicherste Zeichen, daß wir ihn mit Gott gleichsetzen? Ihr Christen dürft Jesus malen – weil er ein menschgewordener Gott ist. Gott selbst malt ihr normalerweise nicht. Wir Muslime dürfen Mohammed nicht malen. Warum nicht? Weil er ein gottgewordener Mensch ist! Und wenn wir ihn malen, malen wir ihn mit dem Schleier. Es ist ein Schleier, wie er nur die Gottheit verbirgt. Wir Ägypter haben Mohammed den Schleier der Isis übergeworfen und ihn so gekapert und entstellt.

So drastisch muß man es nicht sehen, sagte der siebte, aber es ist richtig, der verschleierte Mohammed deutet darauf, daß wir ihn als gottgleich erachten wollen. Deshalb berauben wir ihn seiner menschlichen Züge. Noch stehen wir mit dieser Ansicht allein, aber es gibt einen Weg, das zu ändern, einen Königsweg: Der große Mohammed-Film! Es muß ein großer Mohammed-Film gedreht werden, mit einem großartigen, bekannten Schauspieler als lebensechtem Mohammed. Der alte Mohammed könnte von Omar Sharif gespielt werden. Was den jungen Mohammed betrifft, gehen unsere Meinungen über die richtige Besetzung auseinander. Aber wir haben das sowieso nicht zu entscheiden. Wir Ägypter werden einen solchen Film nie wagen. Doch Hollywood kann das. Und Hollywood wird das tun. Natürlich wird es Proteste geben. Aber auch Diskussionen. Weltbewegende Diskussionen! Das wird unsere große Stunde sein, das ist der Moment für unsere Revolution. Unsere Argumente werden sich durchsetzen. Sie sind unwiderlegbar. Mit dem großen Mohammed-Film wird die Stunde eines neuen Islam beginnen, des post-mohammedanischen Islam. Wir wissen, dieser Film wird kommen. Und natürlich werden gerade die ihn sehen wollen, die am lautesten dagegen anschreien. Ein Mohammed-Film wird Weltpolitik machen, vielleicht werden Kriege dafür geführt, zahlreiche Attentate verübt. Wir fürchten nur, sagte der achte, daß Saudi-Arabien und die saudisch unterwanderte amerikanische Regierung das zu verhindern wissen. Haben Sie sich noch nie gefragt, warum es bis heute keinen echten Hollywood-Film über Mohammed gibt? Schauen Sie sich diesen Stoff an: Schlachten, Sex, Offenbarungen, große Gefühle, großartige Landschaft, und das angesichts einer weltpolitischen Lage, die dem Film jede Aufmerksamkeit sichert – und mit ein wenig Glück hat er sogar didaktische (wenn nicht missionarische!) Qualitäten, ihr im Westen werdet dann erst wissen, wie groß Mohammed wirklich war. Und da denkt keiner über einen Mohammed-Film nach? Ist Hollywood von allen guten Geistern verlassen? Müßten nicht wenigstens die Juden ein Interesse daran haben, wenn es stimmt, was wir Araber gerne denken, daß sie sich gegen uns verschworen haben? Bei uns sagt man immer, die beherrschen Hollywood. Ach, täten sie es doch! Wir jedenfalls sind überzeugt, irgendwann wird, irgendwann muß es einen Mohammed-Film geben. Bitte sagen Sie den Leuten in Hollywood, man möge so bald wie möglich einen Mohammed-Film drehen. Und wenn er hier verboten wird, ihn mit dem Satelliten auf unsere Bildschirme übertragen. Nur so kann der Islam vor den Mohammedanern gerettet werden!

Ich traute meinen Ohren nicht und fluchte, daß ich mein Aufnahmegerät nicht mitgenommen hatte. Was ich hier in dieser kleinen Moschee in diesem verlorenen Kairoer Stadtteil hörte, war das wahnsinnigste, was mir bisher in allen meinen Begegnungen mit Arabern und Muslimen vorgekommen war. Es war nicht nur ungehört und unerhört, es war undenkbar, es sprengte meine wildesten Phantasien. Und es waren Azhar-Studenten in traditionellen Gewändern, die hier vor mir saßen. Vielleicht, so denke ich heute, ist dies die späte Frucht der seltsamen geistigen Enge der Azhar, einer Enge, die zuverlässig einmal im halben Jahrhundert ein Genie hervorbringt, wie sie Taha Hussain hervorgebracht hat, den großen blinden Gelehrten, auch Schüler der Azhar, den Vater aller heutigen ägyptischen Intellektuellen, der in den zwanziger Jahren die damals nicht minder unvorstellbare, einem Sakrileg gleichkommende These geäußert hat, die vorislamische arabische Dichtung (als Vergleichsmaterial höchst wichtig für alle Koran-Studien) sei eine Fälschung späterer Generationen. Heftigste Diskussionen und Anfeindungen zog diese These nach sich. So erstarrt das religiöse Gelehrtentum von außen gesehen wirkt, stets braut sich in seinem Inneren die Lava einer künftigen Revolution zusammen. Findet sie einen Weg nach draußen, ist die Kraft, mit der sie hervorbricht, verheerend. Hier in dieser Moschee in diesem unscheinbaren Kairoer Vorort wurde ich Zeuge der ersten Rauchzeichen, der ersten schwefligen Düfte dieser Eruption. Aber es ging weiter.

Ja, sagte der neunte, es gibt noch den dritten, den entscheidenden Punkt. Ein Großteil des islamischen Rechts beruht auf dem Hadith, der Überlieferung von Taten und Aussprüchen des Propheten, wie Sie als Islamwissenschaftler wissen. Das soll auch so bleiben. Alle Muslime werden sich immer daran orientieren. Aber wir behandeln dieses Hadith fast so wie den heiligen Koran selbst. Dabei ergibt sich der Unterschied zum Koran genau aus dem, was wir eben über den Koran gesagt haben. Beim Hadith kommt es, anders als beim Koran, nicht auf den Wortlaut, sondern nur auf die Bedeutung an. Da ist Sprache etwas ganz anderes als im Koran. Das Hadith gilt eben nicht absolut. Hätte Gott das gewollt, hätte er die darin enthaltene Botschaft direkt offenbart und nicht von seinem Propheten erschaffen lassen. Nähmen wir den Koran wörtlich, müßte er absolut gelten. Daher ist es (Gott sei Dank, fügte er hinzu) unmöglich, ihn wörtlich zu nehmen, er löschte seine eigenen Befehle in einem ständigen Double-bind selber aus, wenn wir ihn wörtlich nähmen. Das Hadith hingegen gibt jeweils eine sehr konkrete Handlungsanweisung in einem genau bestimmten Kontext. Und so ist es auch immer begriffen worden, und deshalb ist es die wichtigste Grundlage des islamischen Rechts, der Scharia. Aber zugleich besteht es aus Erzählungen von Taten und Worten eines Menschen, nämlich Mohammeds, nicht eines Gottes. Euer Jesus kann sich nicht irren. Folglich mußtet ihr ihn ab einem bestimmten Punkt in eurer Geschichte abschaffen. Unser Mohammed kann irren. Deswegen können wir ihn behalten. Er ist einer von uns, in unseren Stärken sowie in unseren Schwächen.

Wissen Sie, fuhr der zehnte fort, was das bedeutet? Es bedeutet nichts anderes, als daß die Scharia nicht heilig ist. Im Gegenteil: Jeden, der die Scharia für heilig erklärt, werden wir als Götzendiener entlarven. Er macht aus Mohammed einen Nebengott, eine Art Unterallah, nur dadurch von Gott unterschieden, daß er nicht zaubern und nicht begnadigen kann. Sowieso sind die Muslime in dieser Mohammed-Verehrung natürlich stark von der christlichen Jesus-Verehrung beeinflußt.

Doch wenn man genau hinschaut, muß man zugeben, daß die Muslime diese Verehrung nicht einfach nachäffen, sondern in einem entscheidenden Punkt verfeinert haben. Wir halten es nämlich für erstrebenswerter, einen Menschen mit göttlichen Attributen zu versehen als einen Gott mit menschlichen, wie die Christen es tun. Die Muslime halten es da mit Nietzsche. Auch ist, nicht zaubern, nicht Wunder bewirken, nicht in Gottes Namen verzeihen zu können, ein beträchtlicher Fortschritt zur Trennung der Sphären von Gott und Mensch, zur Abschaffung des Wunderglaubens, der ja letztlich nur Aberglauben ist. Mohammed hat das alles geleistet. Aber seine Nachfolger, Kalifen, Theologen, Rechtsgelehrte, Sufis, sie haben das nicht ertragen wollen, sie waren nicht reif genug für diese Nüchternheit, und indem sie Mohammed in den Himmel erhoben, haben sie seine eigentliche Leistung zunichte gemacht. Aber heute sind die Muslime reif für den Neubeginn. Überreif!

Daraus folgt, erläuterte jetzt der elfte weiter, daß der Islam wieder ganz am Anfang steht. Wieder – oder immer noch. Irgendwann hat er einen Pfad eingeschlagen, der, wie wir heute sehen, in eine Sackgasse geführt hat. Wenn wir ihn jetzt zurückgehen, sehen wir, daß es keineswegs der einzige mögliche Pfad war (wissen Sie, was »Scharia« ursprünglich hieß, vor dem Islam? »Weg«, hieß es, »Weg zur Tränke«). Vermutlich war damals diese Mohammed-Vergötterung nötig. Heute ist sie das nicht mehr. Im Gegenteil ist sie, und allein sie, das Hindernis. Lassen wir den Koran in Ruhe. Er ist göttlichen Ursprungs. Aber Mohammed ist ein Mensch, und alles, was er gesagt und getan hat, kann unter Umständen auch ganz anders gesagt und getan werden. Seinem Geist folgen wir gerne, aber wer blind seinen Buchstaben folgen will, ist ein Narr. Wir sind überzeugt, endete jetzt der zwölfte, daß diese Ansicht sich in allernächster Zeit überall durchsetzen wird. Der Druck auf den Damm steigt. Das sehen Sie nicht, wenn Sie auf der anderen Seite des Dammes stehen. Bis er bricht. Aber dann bricht er endgültig. Dann ist alles befreit, und es beginnt die Zeit eines neuen Islam, der modernsten, anpassungsfähigsten Religion der Welt. Alles werden wir neu diskutieren können. Alles wird wieder offen sein. Und argwöhnen Sie nicht, das sei dann nicht mehr der Islam. Dagegen sind wir gefeit. So geschult sind wir im Sinne Mohammeds und der Scharia, daß es undenkbar ist, dieses Erbe einfach über Bord zu werfen. Wir glauben sogar, daß die Beschränkungen, die wir bisher durchmachen mußten, nichts als ein Training waren. Wir sind so gedrillt worden, daß wir der Freiheit, die kommen wird, gewachsen sein werden. Ihr hingegen seid in der Freiheit jetzt schon verloren, wenige Generationen, nachdem ihr sie erlangt habt. Wir werden uns, werden unsere Traditionen nie in ihr verlieren, zumal wir euer schlechtes Beispiel vor Augen haben. Wenn wir die Freiheit erlangt haben, werdet ihr euch bereits wieder nach dem Gefängnis sehnen. Wir werden die Freiheit nutzen, nicht ausnutzen. Wir werden sie gebrauchen, nicht sie uns. Sie wird uns nicht verführen. Das unterscheidet uns dann von euch. Wir sind zu tief verwurzelt in unserer Sitte. Wir sind den Stürmen, den Krisen gewachsen, während bei euch jedes Gewitter die Erde unter den Wurzeln wegzuspülen droht. Bei euch hält die Erde die Wurzeln. Bei uns halten die Wurzeln die Erde.

Wieder erklang das mir nun vertraute, zustimmende Murmeln. Ich konnte vom Pult wegtreten. Das Gespenstische dieser Veranstaltung wurde mir auf einmal brutal bewußt. Flackernde Neonröhren. Billige Teppiche. Schweißgeruch der Füße aus den billigen Schuhen im Schuhregal. Zerfledderte Koranausgaben. Fanatische, sektiererische Gesichter. Oder doch nicht? Ich hatte Durst. War erschöpft von Anspannung und Aufmerksamkeit, von der Konzentration, die es erforderte, diesem feinen, mit religiösem Fachvokabular durchwirkten Arabisch zu lauschen, ich traute mir in diesem Zustand kein Urteil über diese Leute zu. Waren sie genial, oder war alles bloß eine große Scharlatanerie? Ich dachte nur: Das träumst du, das ist ein Traum. Und während ich am Arm sofort wieder zum Wagen herausgeführt werden sollte, riß ich mich noch einmal los, ging auf Nummer zwölf zu, den ich als den Chefdenker zu erkennen glaubte, und fragte ihn geradeheraus: Ob er wirklich wolle, daß ich über das, was ich hier gehört hätte, schriebe. Ernst sah er mich an: »Wir erwarten das sogar.« – »Gut«, sagte ich, »dann bitte ich um ein weiteres Gespräch. Am besten morgen, ich fliege übernächste Nacht zurück.« – »Geben Sie mir Ihre Nummer«, antwortete er, »ich rufe Sie an.« Das sagte er auf englisch. Aber in was für einem Englisch! Ein echtes New Yorkerisch. Rein wie das von Woody Allen. Plötzlich stand da eine andere Person vor mir. Ein New Yorker in dieser Moschee. Mich schauderte.

Zurück im Hotel, wollte ich das Gespräch aufzeichnen. Aber es gelang nicht. Ich konnte es erst viel später aus dem Gedächtnis rekonstruieren. Zwar sagten sie, meinten sie genau das, was hier steht. Aber so, wie es dasteht, ist es doch viele Male gefiltert und wochenlang nachgereift. Damals stand es zu nah, wie ein Gebirge nicht in allen Umrissen zu überblicken ist, wenn man es gerade durchschritten hat. Ich kannte die wildesten arabischen Atheisten. Ich kannte revolutionäre Islamdenker, es gab sie in Beirut, in Princeton, in Paris, mondäne Gestalten, die sich die Religion als postkolonialen Schick anhefteten. Hohes Niveau. Aber unglaubwürdig. Das waren keine Leute, die die Religion lebten. Selbst Abu Zaid tat das nicht mehr. Vielleicht betete er noch, fastete, aber als Gestalt, als Typ, im Habitus war er ein Westler wie ich. Das macht viel aus. Diese aber, in ihren Burnussen, mit ihren Bärten, waren anders. Sie lebten in der Religion. Bislang war mir dieser Typus immer nur als beschränkt entgegengetreten. Selbst Klugheit und Intelligenz führten bei solchen nur zur Meisterschaft in der Beschränktheit. Diese waren anders. Es waren Traditionalisten – aber mit dem Horizont der echten Intelligenzia. Ich hätte nicht gedacht, daß es solche noch gibt. So muß es früher gewesen sein, in der Blütezeit des Islam, wo auch der Intellektuelle selbstverständlich ein traditioneller Moslem war – etwas anderes konnte man nicht sein. In solch einer Atmosphäre haben frivole Meisterdichter wie Abu Nuwas, haben Denker wie al-Farabi, al-Ma'arri, Ibn Khaldun und Ibn Arabi gewirkt. Nicht nur gewirkt. Sie sind dort hervorgebracht worden. Das war ihre Welt. So selbstverständlich, wie der heutige Intellektuelle säkular war, waren sie religiös. Aber daß es das heute noch gäbe, hier, in diesem verkommenen Kairo, ich hätte es nicht geglaubt, und bis heute fällt es mir schwer, das zu glauben. Aber so war es.

Schlafen konnte ich nicht. Der Fernseher half nicht. Arabische Serien. Drittklassiger amerikanischer Spielfilmkanal. Al-Djazira. CNN. Viele von denen, die bei uns über CNN schimpfen, feiern das Aufkommen arabischer Satellitensender als demokratische Entwicklung. Dabei ist der einzige Unterschied, daß Al-Djazira antiamerikanisch ist. Besteht darin also der Fortschritt? Bevor ich mich einmal mehr in eine sinnlose Wut hineinsteigerte, griff ich zu meinem Buch. Seit einer Woche pendelte ich jeden Abend zwischen Kairo und der französischen Kanalküste, pendelte zwischen einem Kairo, das sich mir entzog, das ich nicht fand, und der Bunkerstellung eines Flammenwerfersoldaten in der Bretagne, die mir nahe rückte, als seien die Briefe, die dort geschrieben wurden, an mich gerichtet. Heinrich Böll an Annemarie Böll, am sechsten Dezember 1942: »Im Radio schwätzt irgendwo ein außergewöhnlich hassenswerter Ansager, so ein seichter Hund, der wirklich für seine Worte geohrfeigt und getreten gehörte. Gott halte mein Herz in seiner Hand, daß ich nicht schwach werde in dieser Zeit, die so unsagbar blöde ist. Gott erhalte mir die Kraft meines Geistes, damit ich, wenn wir den Krieg überleben, mein Wort sagen kann, was ja nichts anderes sein soll als ein Echo der Stimme Gottes in uns. Gott helfe mir; ach, ich hatte mir sehnlichst gewünscht, diesen Winter einmal zu arbeiten, wirklich etwas Menschliches zu tun, wirklich zu schuften. Aber vielleicht wird Gott es noch erlauben, ich hoffe so sehr darauf! Gott, Gott hilf uns, daß wir diese Zeit der schweren Prüfungen überstehen und hineingehen können in eine andere Zeit, wo wir in Freiheit unsere Flügel regen können! … Arbeiten, schaffen, wirklich etwas menschlich Glühendes! Etwas wirklich Lebendiges!«

Mit welchem Dünkel hatte ich Böll verachtet in meiner Jugend. Seichte Agitprop-Literatur, so stellte es sich mir dar, hatte er geschrieben, bundesrepublikanische Politik-Farcen. Sich überhaupt mit dieser Bundesrepublik abzugeben, schien mir ein Verbrechen am Geist. Sein Frühwerk kannte ich nicht, es interessierte mich auch nicht, der Krieg war vorbei, und daß er schlecht war, das wußten wir alle, dafür brauchten wir keinen Böll. Seine Briefe von der Front kannte damals außer seiner Frau niemand. Nachdem sie 2001 erschienen waren, bat mich eine libanesische Zeitschrift, eine kleine Auswahl dieser Briefe für eine arabische Übersetzung zusammenzustellen. Ich wußte, ich würde dafür nicht die gesamten 1200 Seiten lesen müssen. Aber ich tat es wie besessen dann doch. Ich hatte viel Zeit in Kairo, oft nur einen Termin am Tag. Der Ramadan fiel in diesem Jahr auf November, die Zeit bis zum Fastenbrechen nach Sonnenuntergang war kurz, und ab dem frühen Nachmittag dachte sowieso jeder nur noch ans Essen. Die eine oder andere Begegnung, sofern sie nicht offiziell war, konnte man auf den Abend legen, und zwischendurch blieb viel Zeit. Ich hatte ein wunderbar großes Hotelzimmer im elften Stock mit Blick auf einen Seitenarm des Nils, dessen eines Ufer mit bunten Hausbooten aus Holz gesäumt war, die von reichen ausländischen Studenten als Unterkunft angemietet wurden und aus denen jeden Abend eine Mischung aus westlichem und arabischem Pop erklang. Im elften Stock hörte man noch das Getöse des Verkehrs, so daß ich, wenn ich schlafen wollte, das Fenster schloß; stets aber tat ich es mit einer gewissen Trauer. Obwohl störend, klang der Lärm bereits wie aus der Ferne, und aus der Ferne sind alle Geräusche, selbst offenbar schreckliche, wenigstens ein bißchen schön, sie wecken, gleich wie sie klingen, immer die Sehnsucht nach Anteilnahme, nach dem Leben, dem Geschehen, der Präsenz, die dort weit draußen beheimatet sind. Daher ließ ich das Fenster offen, während ich, vom Warten auf das Fastenbrechen zum Nichtstun verdammt, stundenlang döste und las, döste und las. »In den Dünen, 29. August 1943, fünf Uhr morgens: Ich komme eben von meiner ersten Runde zurück, die ich verschlafen antrat und auf der ich eigentlich erst geweckt wurde durch mein eigenes lautes Rufen: ›Köln‹, wenn die Stimme der Posten durch den Sturm hindurch mich nach der Parole fragte; ich tapse meine Tretpfade über und zwischen den Dünen hindurch und sehe, wie unter meinen Füßen ganz hell und glitzernd der trockene weiße Sand unter dem nassen hervorquillt, so leuchtet mein Weg fast wie eine geheimnisvolle Spur. Dann tauche ich unter in die dumpfe Düsternis der Bunker, die nach der frischen schönen Klarheit der Umwelt wie ein Alp auf die Lunge und das Herz und das Gehirn fällt.«

Erst als es draußen völlig dunkel geworden war und der Verkehr nach dem Fastenbrechen von neuem anhob, brachte sich mir Kairo wieder in Erinnerung. Zum Eintauchen in diese sechzig Jahre alten Briefe eines damals sechundzwanzigjährigen Gefreiten gehörte es, vom Buch aufzusehen, die Augen zu schließen, dem Lärm zu lauschen und in jedem Moment die ausgelassene Ramadan-Stimmung am Nil aus der Höhe beobachten zu können. Dazu gehörte, daß ich nichts wirklich Unerläßliches zu tun hatte. Gewiß, ich besuchte eine wichtige Konferenz deutscher Mittlerorganisationen, die in Kairo ansässig waren, aber dafür hätte ich am nächsten Tag wieder abreisen können. Die Einschränkungen der Flugtermine, die mit den günstigen Tarifen einhergingen, machten es jedoch erforderlich, daß ich viel länger blieb als nötig, und so nahm ich mir weiteres vor, den Vortrag an der Azhar, das Treffen mit einem Ibn Arabi-Spezialisten, die Begegnung mit Autoren und Kritikern sowie Stadterkundungen und fotografische Raubzüge. Doch der Sog der Briefe von Böll war oft größer, die Ramadan-Lethargie hatte auch mich ergriffen, und so realisierte ich von all diesen Plänen nur wenig.

Was aber Kairo betraf, wurde ich, seit ich das erste Mal hiergewesen war, das Gefühl nicht los, diese Stadt wollte sich mir systematisch entziehen. Das Eigentliche an ihr war nicht zu entdecken, oder es existierte überhaupt nicht. Kreuz und quer war ich zu Fuß durch Kairo gelaufen, aber das, was man gemeinhin unter Kairo versteht, habe ich nicht gefunden. Wieder und wieder habe ich im Reiseführer nachgeschlagen: Hier ist doch die Midaqq-Gasse, berühmt durch den gleichnamigen, dann auch verfilmten Roman von Nagib Machfus. Das hier ist doch die Ibn Tulun-Moschee, eine der ältesten, berühmtesten und schönsten Moscheen der arabischen Welt, und hier ist doch der berühmte Khan al-Khalili, der Bazar von Kairo!?

Ich befand mich, traute ich meinem Stadtplan, genau davor oder war sogar mittendrin – aber ich sah nichts. Ich war mit einer eigentümlichen Kairo-Blindheit geschlagen. Das Kairo, von dem alle redeten und so manche schwärmten, wurde unsichtbar unter meinen Schritten. Oder es war, als verfügte ich über eine andere Art von Gedächtnis, als hätte ich vor vielen Jahrhunderten hier gelebt, vielleicht nur vor hundert Jahren, und erkennte diesen Ort nach all seinen Entstellungen jetzt nicht wieder. Nicht einmal der Nil war der Nil, wie man sich den Nil bei uns im Norden so denkt. Die Häuser und Hochhaushotels, die sich in seinem Wasser spiegelten, veränderten, entstellten auch ihn. Und schon gar nicht sah ich die Pyramiden. Eine Taxifahrt dorthin kostete keine zehn Euro, aber ich war mir sicher, das wären dann, für so einen Spottpreis, nicht die Pyramiden, zu denen man gefahren würde, jedenfalls nicht die Pyramiden, die ich sehen wollte, sondern irgend etwas, das so ähnlich aussah. Und da die Pyramiden für mich mehr waren als das, was voraussichtlich davon zu sehen war (und wie und unter welchen Umständen es zu sehen war), bin ich nicht hingefahren und habe bis heute die Pyramiden immer nur vom Flugzeug aus gesehen. Was müssen das für Pyramiden sein, wenn sie vor dieser, sie restlos entweihenden Stadt lagen, deren Bewohner und Regierung sich ständig auf sie und ihre Erbauer, auf die alten Ägypter beriefen, und die doch so gar nichts von ihnen hatten. Als ob ein Bettler sich ständig auf einen steinreichen Onkel beruft, der ihn schon seit Jahrzehnten verleugnet, und durch Kairo zu den Pyramiden zu gehen, das wäre so, wie mit Hilfe des Bettlers zu einer Audienz bei diesem Onkel vorgelassen werden zu wollen. Fast alle, mit denen ich sprach, Araber, Deutsche und andere, verstanden nicht, wovon ich redete (nur ein iranischer Freund schilderte es später genau so, wie ich es erlebte), wenn ich sagte, nachdem ich schon Wochen hier war, ich suche immer noch Kairo. Und daß ich niemanden fand, der mich verstand, steigerte naturgemäß das Gefühl, nicht am richtigen Ort zu sein, und so geschah es, daß ich immer tiefer in die Briefe Heinrich Bölls aus dem Krieg versank: »25. Juli 1942. Wir kennen ja nur Gebrüll, Gebrüll und keine Ruhe, keine Minute bis abends so gegen halb zehn, wirklich, keinen Abend vor 10 habe ich Ruhe; und doch schreibe ich noch jeden Tag mindestens zwei Briefe, das erregt das Staunen und ebenso die Wut sämtlicher Vorgesetzter immer wieder aufs neue, meine tägliche Schreiberei, die ich durchführe und durchführen werde, wenn ich am Sterben bin und sämtliche Zugführer der Wehrmacht sich den Hals abreißen ... Jeden Abend erscheine ich mit meinen Briefen in der Bude des Zugführers, selbst wenn der ganze Tag wieder voll Dienst und Exerzieren und Appellen und Nachtappellen war; immer schreibe ich Dir mindestens einen Brief und möglichst auch noch einen nach Hause; das erregt die Leute maßlos, auch den Leutnant. Man soll nicht soviel schreiben, denn das verrät zuviel persönliche Interessen.«

Immerhin gelang es mir, das Institut der französischen Orientalisten zu kontaktieren, wo ein Schüler der berühmten Ibn Arabi-Forscher Henri Corbin und Osman Yahia an einer vielbändigen, kritischen Ibn Arabi-Edition arbeitete, eine Aufgabe, die voraussichtlich noch einige Generationen von Orientalisten beschäftigen wird. Seit jeher sind Ibn Arabi-Forscher sehr eigenwillige Gelehrte. Niemand, der einigermaßen normal veranlagt ist, würde sich auf das Studium etlicher Tausend Seiten abenteuerlichster und aberwitzigster mystischer Spekulationen einlassen. Und so verdanken wir zum Beispiel Henri Corbin neben seiner berühmten Studie »L'imagination créatrice dans le soufisme d'Ibn Arabi« die erste, in den dreißiger Jahren erschienene französische Übersetzung von Heideggers »Sein und Zeit«. Nach einigen Telefonaten hatte ich eine Verabredung mit C. in seiner Privatwohnung im Stadtteil Zamalik, nur wenige Straßen von meinem Hotel. Er arbeite, wie er sagte, während des Ramadan lieber zu Hause, das heißt, er finde während des Ramadan eine bessere Ausrede, zu Hause zu arbeiten (nämlich die, untertags essen zu können, ohne seine muslimischen Kollegen zu beleidigen), und das nutze er aus.

Wir waren an einem Freitagmittag verabredet, ganz Zamalik war in eine unerwartete Stille getaucht, es war ein schöner, ruhiger Novembervormittag, die Sonne angenehm warm, aber nicht zu heiß, und von den Nilarmen her, die diesen Stadtteil umschlossen und zur Insel machten, kamen einzelne Böen noch kühler Luft herübergeweht. Zamalik ist für seine prächtigen Mietshäuser und Villen berühmt, und viele Botschaften sind hier angesiedelt. Es ist einer der wenigen Stadtteile Kairos, in denen man regelmäßig Bäume und Grün sieht, meist in den Gärten, aber vereinzelt entdeckt man sogar einige verstaubte öffentliche Platanen. Unter dieser Sonne aber, im Spiel von Schatten und Licht, wo alles leicht bewegt war vom Wind, wirkte selbst der Staub auf den trockenen Blättern, selbst der auch den prächtigsten Häusern noch anzusehende Verfall wie einer jener geheimnisvollen Pinselstriche, die sogar nichtssagenden Gemälden einen Zauber verleihen.

Jäh wurde ich, so zwischen Licht und Schatten schlendernd, durch das Knacken eines Lautsprechers aus meinen Meditationen gerissen. Ein Geräusch, wie wenn ein großer, schwarzer Rabe, der zu einer historischen Rede an die Vögel ausholt, sich dreimal kräftig räuspert. Ich hatte ihn nicht kommen sehen. Er mußte irgendwo hoch oben zwischen den Ästen sitzen. Dann entdeckte ich ihn. Von seinem Platz auf dem Ast führten zwei schlapp herunterhängende Kabel tief hinab in ein

Haus. Das war die Moschee, oder jedenfalls etwas, das kurzerhand zu einer Moschee erklärt worden war. Wenige Tage zuvor hatte ich in der Zeitung gelesen, daß der Religionsminister mit der Azhar im Streit läge, weil er ein Gesetz durchbringen wollte, das für Moscheeneubauten einen Mindestabstand von 500 Metern zur nächstgelegenen Moschee vorsieht. Anders war dem Moscheenbauwahn nämlich nicht beizukommen, und die »Moscheegrundversorgung« war seit langem gewährleistet. In demselben Artikel wurde geklagt, daß zahlreiche Prediger, besonders auf dem Land, von abergläubischen und apokalyptischen Weltbildern besessen seien, oft keine angemessene Bildung aufwiesen und den Islam, um das mindeste zu sagen, in eine wenig aufgeklärte Richtung drängten. Vom Räuspern gewarnt, sah ich zu, daß ich fortkam, bevor das Predigt-Gewitter losbrach. Ich wollte mir die Laune nicht verderben lassen. In der Beschallung des öffentlichen Raums, egal ob mit frommem oder giftigem Geschwätz, mit Glockenschall oder mit erhabenen Koranversen, die auch nicht durchgehend ungiftig sind, oder mit topaktuellen Kommentaren zur politischen Situation, äußert sich immer die Arroganz einer keine Widerrede duldenden, höheren Macht.

Immerhin wird man in christlichen Gefilden außerhalb der Gotteshäuser nicht mit Predigten und Haßtiraden behelligt. Das wirkt, wenn man es mit der gegenwärtigen Praxis des Islam vergleicht, unschätzbar kultiviert. Es gibt Mächte, die haben die Seehoheit, und solche, die haben die Lufthoheit; die Domäne des sunnitischen Islam aber ist die Schallhoheit. Das ist besonders perfide, weil man wehrlos dagegen ist, ausgeliefert. Zugleich ist die ständige Manifestation der Schallhoheit ein Schachzug, der die Religion von jeder räumlichen Einhegung befreit. Der Lärm auf der Straße ist ein absolutes Medium. Einen Fernseher kann man abschalten. Seine Ohren nicht. Es ist eine Vergewaltigung, aber das Mittel scheint friedlich, manche sagen sogar, schön. Es sei doch schön, den Muezzin zu hören, meinen sie. Das kann es auch sein, nur ist eine Predigt mehr als ein Gebetsruf. Ja, sagen sie, aber oft sind es bloß Koranverse, und die sind doch schön! Nein, schön sind sie nicht, wenn sie von einem miserablen Vorbeter fehlerhaft vorgelesen und von ausgeleierten Tonbändern viel zu laut über scheppernde Megaphone in das Tohuwabohu des Verkehrs gespuckt werden. Allein durch diese um jede akustische Harmonie unbekümmerte Schallhoheit, durch bloßen, mit der Religion assoziierten Lärm gelingt es den Islamisten, auf der Kairoer Buchmesse den Eindruck zu erwecken, man befinde sich auf einer religiösen Propagandaveranstaltung. Und doch sind es nur Koranverse, die die Käufer da in die islamischen Bücherstuben locken sollen. Eine Beschallung durch Technolärm, um die Entsprechung aus unseren Breiten zu nennen, finde ich ebenso abstoßend. Aber man ist ihr nicht ganz so systematisch ausgesetzt. Und sie transportiert keine Inhalte. Und schließlich kann man, wenn es zuviel wird, die Polizei rufen und sie verbieten.

Dennoch, den Gebetsruf will ich nicht missen, besonders nicht den ersten und den letzten am Tag. Nichts ist geheimnisvoller, als zufällig kurz vor Sonnenaufgang in einer stillen Nacht wach zu werden, die unzähligen östlichen Sterne, wenn man hinaus auf die Terrasse tritt, noch alle klar an einem schon ins Blau sich färbenden Himmel zu sehen, und dann wie auf einer von Ferne heranrollenden Welle die erste weiße Schaumkrone eines Schalls zu vernehmen, ein vorerst kaum verständliches *Allahu akbar* zu hören, das sich, sobald es am Horizont sichtbar geworden ist, mit zunehmender Geschwindigkeit nähert, immer mehr Wellen mitführt, immer weitere Kreise zieht, immer neue Gefilde der Stille erobert, bis es, und für das

Auge hat sich gar nichts verändert!, einen plötzlich umspült und man mitten darinsteht, ein Gesang und Geschrei, wie wenn die ganze Schöpfung, nachdem stets nur vereinzelt hier und da einer weinte, sich mit einem Mal zu einem einzigen, großen Wehklagen, Anklagen gegen den Schöpfer zusammentäte. Und wenn man so mit knapper Not aufrecht stehenbleibt in dieser Brandung des Klagens, wenn man hilflos versucht, auf den Beinen zu bleiben, und der Boden rutscht weg, zerwühlt von dem Tosen, wie möchte man da nicht einstimmen, mitklagen, mitbeten, und wer ist so eitel, dann noch zu glauben, er könne den Kopf über Wasser halten, ohne sich aufzulösen in diesem alleslösenden Element, diesem Schall?

Um zwölf Uhr mittags in Zamalik blieb dieser Effekt freilich aus. C. wohnte gerade einmal drei Häuser weiter, auf der gegenüberliegenden Straßenseite. Während der Gebetsruf anhob, klingelte ich, ein zierliches schwarzes Dienstmädchen machte mir auf und führte mich in ein lichtes Arbeitszimmer mit Blick auf den tiefer gelegenen, verwilderten Garten hinter der Villa. Der Hausherr begrüßte mich, wie aus einer Kulisse tretend. »Die Moschee drüben ist neu«, sagte er. »Eigentlich illegal. Aber keiner traut sich, etwas zu sagen. Von wem das Haus gekauft wurde, wissen wir nicht, aber jetzt unterhält dort eine islamische Wohlfahrtsorganisation ihr Büro – und eine Moschee. Die sammeln Spenden, für was, ich möchte es nicht wissen. Aber lassen wir das. Trinken Sie Tee?«

Schnell kamen wir ins Gespräch. Er arbeite, sagte er, an einer Ausgabe mit Ibn Arabi-Apokryphen, Texten also, die später Ibn Arabi zugeordnet wurden, doch aus seinem Schülerkreis stammten, fast alle nach seinem Tod verfaßt. In den meisten Fällen, erläuterte er, handele es sich um Ausdeutungen, Verfeinerungen oder politisch opportune Umdeutungen von Ibn Arabis spekulativem System. Gelegentlich gebe es

Texte, deren Absicht nicht mehr erkenntlich sei, authentische mystische Visionen oder meist nur fragmentarisch überlieferte politische Utopien in der Nachfolge Platons und al-Farabis. Zur Zeit bemühe er sich um die Edition eines berühmten, seit Ende der siebziger Jahre verloren geglaubten Manuskripts aus dem Museum von Kabul. Kopien habe es außerhalb von Kabul nicht gegeben, jedenfalls wisse man nichts davon. Bisher sei nur eine Inhaltsangabe bekannt gewesen. Corbin habe es in den fünfziger Jahren in Teheran gesehen und den Inhalt knapp referiert. Dann sei es, wie erst später bekannt wurde, vom persischen Schah bei einem Staatsbesuch den Afghanen geschenkt worden. 2002 sei das Manuskript dann in Karachi bei einem Antiquitätenhehler wieder aufgetaucht.

»Wissen Sie, wer das Manuskript gekauft hat? Wir hatten natürlich kein Geld. Es war sehr teuer, und wir mußten schnell reagieren, wußten nicht, wie lange die Blätter auf dem Markt bleiben würden. Aber wir haben unsere Beziehungen. Wir konnten den päpstliche Nuntius in Pakistan dazu gewinnen. Gelder der katholischen Kirche, mindestens 50 000 Dollar, jetzt in der Kriegskasse von Al-Qaida. Die betreiben einen äußerst schwunghaften Handel mit allem, was in den neunziger Jahren in Kabul an Antiquitäten noch aufzufinden war. Die buddhistischen oder kafirischen Stücke freilich, für die man heute viel höhere Preise bekäme, wurden von diesen Schwachköpfen vernichtet. Hätten sie das Manuskript, das sie jetzt verkauft haben, gelesen und wäre ihnen nur ein Rest von Verstand geblieben, sie hätten es ebenfalls verbrannt. Doch ich glaube, die können das gar nicht lesen. Sie wissen nicht, wie man die alte Handschrift entziffert. Dazu braucht man Erfahrung. Diese Leute können nicht einmal ihre endlos wiederholten Koranverse richtig aussprechen! Nun, ich sehe, Sie wollen endlich wissen, worum es sich handelt! Ich erzähle es ihnen.

Genaugenommen ist es nur ein Gedankenspiel. Vieles bei Ibn Arabi sind ja Gedankenspiele, wenn Sie so wollen. Mittelalterliche, religiös verkleidete Gedankenspiele. Die den Begriffen inhärenten Möglichkeiten werden durchexerziert. Unter den Vorgaben des Koran wird die Welt neu erfunden. Was ja zuvor nie der Fall war. Da wurde immer nur das eine dem anderen angepaßt. Die Fundamentalisten paßten die Welt dem Koran an. Die Reformer die Koranauslegung der Welt. Aber daß man sich die Welt einfach neu ausdenkt, das ist etwas Ungeheures. Dann ist auch der Koran keine absolute Grenze mehr. Schon Ibn Arabi hat sich jenseitige Welten ausgemalt, gegen die das koranische Paradies nichts ist. In der höchsten dieser mystischen Paradieswelten ist der Beischlaf mit den Jungfrauen tausendmal schöner als der mit den im Koran versprochenen Paradiesjungfrauen. Schiere Transzendentalerotik. Häresie, von heute aus betrachtet.

Es muß nun unter Ibn Arabis Schülern für kurze Zeit eine Gruppe gegeben haben, die weniger an der Ausmalung höherer Welten interessiert war als an einer Neudeutung der realen. Eine Gruppe, die den, wie man sagen könnte, systematisch-phantastischen Charakter des Denkens von Ibn Arabi auf irdische Verhältnisse und Bedingungen gerichtet hat. Leider sind alle Berichte über diese Gruppe von ihren Gegnern verfaßt, lediglich herausgerissene Zitate aus ihren Schriften sind uns überliefert. Und dieses Manuskript. Es reicht aus, um zu ahnen, warum sich diese Schule nicht durchsetzen konnte. Ihr Denken war zu gewagt, die reinste Freidenkerei. Ibn Arabi tastete die irdischen Gesetze ja nicht an, und immer ging er aus von der religiösen Tradition. Hier aber verhält es sich anders.

In dem Manuskript wird eine Gemeinschaft oder Sekte imaginiert, die aus dem Islam erwachsen sein soll. Sicher könnte man reale Vorbilder dafür ausmachen, aber daß es sich um eine Fiktion handelt, steht außer Frage – eine Fiktion mit einem beträchtlichen Aussagewert über die Realität. Kennen Sie al-Farabis politische Schriften? Da finden Sie zum Beispiel den Entwurf einer idealen, demokratischen Gesellschaft mit absoluter Freiheit für jedes ihrer Glieder, hören Sie nur, ich habe es so oft gelesen, ich kann es Ihnen auswendig hersagen: ›Die dort herrschen, herrschen durch den Willen der Beherrschten und folgen ihren Wünschen. In Wahrheit besteht nicht einmal ein Unterschied zwischen Herrschern und Beherrschten. Dennoch genießen die, die als Führer die Freiheit garantieren und dafür sorgen, daß der Wille der Bürger erfüllt wird und die Stadt gegen äußere Feinde verteidigt wird, hohes Ansehen. In ihren eigenen Wünschen beschränken sie sich auf das Notwendigste.‹ Aber damit fängt es erst an. Darf ich Ihnen verraten, wie sich al-Farabi die multikulturelle Gesellschaft vorstellte? ›Die Stadt sieht aus wie eine buntgemusterte Stickerei in allen Farben. Jeder liebt sie und möchte in ihr wohnen, denn es gibt keinen Wunsch, der in dieser Stadt nicht erfüllt werden kann. Die Völker wandern zu ihr ein, lassen sich dort nieder, und sie wächst grenzenlos. Menschen aller Rassen vermehren sich durch alle Arten von Paarungen und Vermählungen, so daß es dort ganz unterschiedlich veranlagte Kinder gibt, von unterschiedlicher Erziehung und Herkunft. Fremde können von ursprünglichen Einwohnern nicht mehr unterschieden werden, und alle Arten von Lebensweisen können sich dort entwickeln. In dieser Stadt findet man auch Philosophen, Redner und Dichter, die über alles mögliche sprechen. Gut und Böse findet sich in ihr in größerem Maß als anderswo.‹

Das war im 10. Jahrhundert nichts als Fiktion. Aber heute liest man es wie eine aus der Anschauung gewonnene Beschreibung der westlichen Wohlstandsgesellschaften der Gegenwart. Und einen ähnlichen Status an potentiellem Realitätsgehalt hat auch die Gemeinschaft, die in dem Manuskript aus Afghanistan beschrieben wird. Darüber hinaus läßt sich ein reales Vorbild ausmachen, nämlich die Assassinen, die Sekte der haschischrauchenden politischen Mörder, die ihre Blütezeit ziemlich genau zu Ibn Arabis Lebzeiten hatte, an der Wende vom zwölften zum dreizehnten Jahrhundert. Bemerkenswert an dieser Gruppe sind ja nicht allein die politischen Morde, die von ihren todesmutigen Anhängern verübt wurden, weshalb jetzt alle die Assassinen mit Al-Qaida vergleichen. Viel exotischer ist der extreme Chiliasmus und Antinomismus dieser Gruppe, ihr ernsthafter Versuch, den Tag des Jüngsten Gerichts und was danach kommt, nämlich den Zustand der Erlösung und das Paradies, zur Realität werden zu lassen, einer der kühnsten Gesellschaftsentwürfe der Menschheitsgeschichte. Die haben tatsächlich den Zustand der Erlösung ausgerufen! Und zuvor haben sie das Jenseits simuliert, indem sie ihre zukünftigen Selbstmordattentäter im Haschischrausch durch künstliche Gärten mit den dazugehörigen Jungfrauen und allen erdenklichen Annehmlichkeiten führten, um ihnen einen Ausblick auf ihren Lohn im Paradies zu geben. In solchen Verrücktheiten liegt für mich das Genie des Islam. Wo gibt es das im Christentum, außer in der allerersten Zeit, außer in Jesus selber?

Verzeihen Sie, ich rede mich in meine Begeisterung hinein. Das kommt davon, daß ich die ganze Zeit hier alleine arbeite. Also, es ist ganz einfach. In meinem Manuskript wird eine Glaubensgemeinschaft, eine aus dem Islam hervorgegangene Glaubensgemeinschaft beschrieben, die sich selber, wie es in dem Text heißt, als Firdausiyin bezeichnet habe, man könnte das mit »die Paradiesgläubigen« übersetzen. Wie der Name schon sagt, sollen diese Paradiesgläubigen dem Glauben angehangen haben, sie wären bereits im Paradies, mit anderen Worten, die Erde selbst sei das Paradies. Eine phantastische Idee, finden Sie nicht?«

»Eher gewagt«, entgegnete ich. »Wie kann man unter irdischen Bedingungen das Paradies für möglich halten?«

»Denken Sie nach! Der Trick ist ganz einfach. Es gibt ja nicht nur die Gläubigen, die Paradiesgläubigen. Es gibt die viel größere Masse der Ungläubigen. Sie wollen partout nicht glauben, daß sie sich im Paradies befinden. Und diese sollen natürlich auch im Paradies bei ihrem Irrglauben bleiben dürfen. Und der Irrglaube, oder vielmehr der Unglaube, das Zweifeln, Verzagen, das ist es, was überhaupt erst das Leiden schafft und ins Paradies hineinträgt, so jedenfalls der Text. Ob sie leiden oder nicht leiden, ist allein eine Frage des Glaubens. Ein Gedanke, den viele Religionen kennen, nur selten so radikal durchführen und auf das Diesseits, die tatsächliche Situation des Menschen beziehen. Der Gläubige ist in jeder Religion immer der glücklichere, erlöste, hoffnungsfrohe und so weiter. Noch für seine Schmerzen kann man Gott danken, wie es die Christen zuweilen tun. Gemäß dieser Logik, wie sie auch unser Text entwickelt, beleidigen die Ungläubigen den Schöpfer und seine Schöpfung, indem sie die Qualitäten des Paradieses – der Erde – nicht zu schätzen wissen.«

»Und wie wird erklärt, daß diese Paradiesgläubigen sterben, oder sterben sie gar nicht?«

»Doch, sie sterben, aber in unserem Manuskript wird es damit erklärt, daß das ewige Leben, wie man es sich früher auf der Erde ausgedacht habe, zu langweilig sei. Die Vorfahren seien unsterblich gewesen, aber sie hätten sich alle in den früheren Zustand der Sterblichkeit zurückgesehnt und wähnten sich vor lauter Unsterblichkeit in der Hölle, ja tatsächlich, dies ist die Hölle, sagten sie, heißt es an einer Stelle, so furchtbar langweilig sei es in diesem Paradies gewesen, das man sich einst als schönes Gegenbild zur Erde ausgedacht und das Gott entsprechend eingerichtet hatte. Folglich fühlten sich die Paradiesbewohner von ihrem Gott betrogen und versuchten, sich umzubringen, was natürlich nicht ging und in ein furchtbares Blutvergießen und schreckliche Verstümmelungen ausartete, bis man schließlich darauf kam, sich zu verbrennen. Alles das wird referiert, wie man eine mythische Erzählung eines fremden Volkes zusammenfaßt. An diesem Punkt, angesichts der massenhaften Selbstverbrennungen, heißt es weiter, habe Gott ein Einsehen gehabt und die Vergänglichkeit wieder eingeführt. Auch den Schmerz, dessen erster Zweck es war, die Paradiesbewohner vor der Selbstverstümmelung zu bewahren. Seitdem sterben sie wieder, aber auch ihre Lustgefühle, haben sie festgestellt, seien gestiegen, die ganze Intensität ihres Lebens. Lust und Schmerz, heißt es einmal im Text, kann man nicht trennen. Was nützt es, steht dort, mit den schönsten Paradiesjungfrauen zu schlafen, wenn man nichts dabei fühlt? Hier freilich, räumt der Text ein, hätten sich die Geister geschieden. Denn es habe wohl solche gegeben, die den Beischlaf mit einer schönen Frau als rein geistiges Vergnügen geschätzt hätten. Denen sozusagen die realisierte sexuelle Phantasie ohne die tatsächliche körperliche Befriedigung vollauf genügt hätte. Aber da war es schon zu spät, und Lust und Schmerz waren wieder die Regel. Sie kennen doch Abu l-Ala al-Ma'arris ›Sendschreiben über die Vergebung‹, nicht wahr? Die Parallelen sind verblüffend. Beide Texte setzen sich kritisch mit den islamischen Paradiesvorstellungen auseinander. Und beide tun dies in Form einer Parodie, wobei diese in unserem Text hier nicht ganz so ausgeprägt ist wie bei al-Ma'arri.«

»Was aber ist mit der Erde, mit dem Leben, gibt es noch eine Verbindung zu ihr?«

»Die Erde ist lange schon untergegangen. Der Jüngste Tag hat stattgefunden. Wir befinden uns in einer zeitlosen Zeit.«

»Absurd«, sagte ich. »Gar nicht«, entgegnete er. »Man muß sich nur wirklich darauf einlassen, versuchen, mit diesem Text zu denken. Wirklich mit ihm. Die Erde als Paradies zu denken, so wie sie ist, also zu denken, wir seien nicht auf der Erde, sondern längst schon im Paradies, ist nur die höchste Konsequenz des ohnedies an irdischen Idealvorstellungen ausgemalten Paradieses. Ich habe viel darüber nachgedacht. Wir können uns tatsächlich kein anderes Paradies vorstellen als eines, das voll und ganz von der Erde inspiriert ist. Niemand würde ein anderes, ein völlig anderes, als Belohnung empfinden können. Die Vorstellung, die unser Text entwirft, ist daher viel realistischer, als es auf den ersten Blick scheint. Nicht Tod und Schmerz sind übrigens das größte Problem der Paradiesgläubigen, sondern das Problem aller Religionen, nämlich daß es immer noch andere gibt, die partout nicht glauben und vehement ableugnen, daß sie im Paradies sind, die sich also noch auf der Erde wähnen. Die Schwierigkeit ist in unserem Fall dadurch verschärft, daß man diesen Ungläubigen das Paradies nicht mehr verheißen kann, da man sich bereits darin wähnt. Man kann ihnen nicht mehr das Blaue vom Himmel herunter versprechen. Das ist sozusagen der Geburtsfehler dieser Religion, aber der wird natürlich bedacht. Hören Sie, wie bei den Firdausiyin diese Schwäche kompensiert wird. Es ist einfacher, als man denkt.

Die Lösung besteht darin, den Ungläubigen das Leben der Gläubigen schmackhaft zu machen, so wie es ist. Wenn es den Gläubigen besser ergeht als den Ungläubigen, ist dies gleichsam der Erweis für die Wahrhaftigkeit ihrer Religion. Sie müssen also Lebensbedingungen schaffen, von denen die anderen nur träumen können, mit anderen Worten, sie müssen versuchen, auf Erden tatsächlich paradiesische Zustände herzustellen – freilich nur für sich selber. Die Verwirklichung des Paradieses auf Erden ist ihr Glaubensakt, ihr Gottesdienst, und einen anderen haben sie nicht. Das Paradies auf Erden ist einfacher zu haben, als man denkt. Denn die Paradiesgläubigen sind natürlich von ihrem Recht überzeugt, die Ungläubigen, die nicht Paradiesgläubigen, ausbeuten zu dürfen. Ihnen alles zu rauben, sie zu unterwerfen – bis sie sich bekehren lassen. Auf diese Weise gelingt es ihnen tatsächlich, gleichsam paradiesische Zustände herzustellen – freilich immer nur für sich selbst. Sie lassen sich von den unterworfenen Ungläubigen bedienen, sie lassen sie für sich arbeiten, sie beuten sie in jeder Hinsicht aus, natürlich auch sexuell. Was sie selbst betrifft, haben sie freilich äußerst liberale und humane Gesetze, und sie sind auch sehr stolz darauf und bilden sich vieles auf ihre Werte ein.

Ganz entsprechend der multikulturellen Vision von al-Farabi, haben wir eine mittelalterliche Utopie, freilich eine Horrorutopie, die mittlerweile ihre reale Entsprechung gefunden hat. Alles, was heute den Konflikt zwischen armen und reichen Ländern, zwischen an die Erde und an das Jenseits glaubenden Gesellschaften bestimmt, wird bedacht und in seinen Konsequenzen ausgemalt. Am kühnsten schließlich darin, daß es zum Leben hier und jetzt keine Alternative mehr geben kann, wenn das Diesseits schon als Paradies erachtet wird oder zum Paradies gemacht werden soll. Es gibt dann keine Transzendenz, alles hat seinen Lohn nur in dieser Welt. Sogar das größte Problem einer solchen Gemeinschaft kommt zur Sprache: Jeder zunächst Ungläubige wird, sobald er gesehen hat, welche Vorteile der Glauben an das Paradies auf Erden bringt, sich natürlich sogleich bekehren lassen wollen. Aber wenn alle es tun, bricht das System zusammen. Mit diesem Hinweis endet der Text. Wiederum äußerst prophetisch.

Was immer man davon halten mag: In diesem Text aus dem dreizehnten Jahrhundert kommt ein Paradigmenwechsel zum Ausdruck, an dessen Folgen wir immer noch zu tragen haben. Erstmals ist die Erde der Ort der Erfüllung. Hier vollzieht sich das Heilsgeschehen. Es gibt kein Jenseits mehr, kein Entkommen. Und ob man dieses irdische Paradies erkennt oder nicht, ist in erster Linie eine Frage des Willens. Will man, daß diese Erde das Paradies wird, oder will man warten bis zum Jüngsten Tag? Das ist die Frage, die alles entscheidende Frage. Wenn wir eines Tages mehr über diesen Text wissen, wenn wir nachvollziehen können, wie er weitergegeben und rezipiert wurde, gelingt es uns vielleicht, Bezüge und Abhängigkeiten zu den europäischen Denkschulen herzustellen, die derartige Gedanken fortentwickelt und groß gemacht haben.«

Abrupt unterbrach C. an dieser Stelle seinen Redefluß. Er müsse weiterarbeiten, sagte er und verabschiedete mich mit einem kurzen, aber kräftigen Händedruck, nicht ohne hinzuzufügen, daß ich gerne über das, was ich von ihm erfahren habe, berichten könne. »Sagten Sie nicht, Sie seien Journalist?«

Das war einige Tage vor meinem Vortrag bei den Azhar-Studenten gewesen, und als an dem Nachmittag darauf, etwa zwei Stunden vor Sonnenuntergang und Fastenbrechen, Nummer zwölf verabredungsgemäß anrief, hatte ich schon nicht mehr damit gerechnet. In meinen Gedanken war ich nicht in Kairo, sondern wieder mit dem Gefreiten Heinrich Böll an der französischen Kanalküste. 12. Februar 1941: »Wenn ich aber noch etwa ein Jahr oder weiter dieses Leben führen müßte, dann würde ich bestimmt nie mehr die Kraft aufbringen können, geistig zu arbeiten; Gott wird mich nicht mehr lange in dieser Wüste lassen, ich glaube es bestimmt. Weißt Du, daß ich jetzt schon einfach völlig erschöpft bin, wenn ich eine Stunde intensiv Holländisch lerne, viel mehr noch, wenn ich in einem philosophischen Buch lesen müßte... Gott hat mir nicht umsonst eine so tiefe Empfindsamkeit gegeben und hat mich nicht umsonst so leiden lassen, ich habe gewiß eine Aufgabe zu erfüllen... Ich glaube, ich habe den Auftrag, allen Menschen eindringlich zu sagen, daß es nichts so Geheimnisvolles gibt wie das Leid; nichts, das so unmittelbar uns geschenkt ist, regelrecht geschenkt, nicht auferlegt.«

Abgetaucht in diese Botschaften aus einem Jenseits, das meine Vergangenheit, meine Vorvergangenheit war, holte mich der häßliche Klingelton des Zimmertelefons in die Gegenwart zurück. Ich kann nicht sagen, daß ich vorbereitet gewesen wäre, aber ich steckte meinen Minidisc-Recorder in die Innentasche meines Jacketts, das Mikrophon in meine Hosentasche, stellte die höchste Empfindlichkeit ein und schaltete noch im Fahrstuhl das Gerät an. Jetzt konnte er siebzig Minuten reden, ich würde es aufgezeichnet haben. Aber unten entdeckte ich ihn zunächst nicht und setzte mich in einen tiefen Sessel in die Lobby.

Dann sprach mich ein Mann in einem eleganten dunkelgrünen Anzug mit Krawatte an und fragte verschmitzt, wen ich suche. Hier sei er doch. Ich sagte ja, ja, wußte, nur er konnte es sein, da war dieser unverkennbare New-Yorker Akzent, und dennoch erkannte ich sein Gesicht erst viele forschende Blicke später wieder. Mit dem Bewußtsein, dies war derselbe Mann, die Nummer zwölf von gestern, wuchs auch meine Bestürzung. Gestern hatte ich mich gewundert, einen weltgewandten Intellektuellen in so traditioneller Kleidung zu sehen – jetzt traf ich ihn in westlicher Kleidung an. Welcher war der richtige? Wer verkleidete sich da wie? Er stellte sich als Ibn Abi Kabsha vor.

Er sagte, ich müsse mein Mikrophon nicht in der Hosentasche behalten, sondern könne es direkt vor ihn hinstellen. »Das wird der Aufnahme guttun.« Leicht betreten, zupfte ich das Mikro heraus. Ich begann, ihn zu fragen, woher er so gut Englisch könne, wie seine Stellung an der Azhar sei und einiges andere, aber er blockte ab. Er habe nur eine halbe Stunde Zeit, er wolle rechtzeitig zum Fastenbrechen zu Hause sein, der Verkehr sei furchtbar um diese Zeit und er wolle nur ein paar Dinge ergänzen, die gestern ausgespart bleiben mußten, wo es um rein innerislamische Probleme ging. Ob ich gestern mein Aufnahmegerät dabeigehabt hätte? »Wirklich nicht? Bedauerlich! Ich hoffe, Sie haben ein gutes Gedächtnis.« Und dann sagte er ungefähr folgendes.

Er kenne den Westen. Er habe nicht nur lange in Amerika gelebt. Auch in Holland. Deutsch verstehe er, es reiche, um Zeitung zu lesen. »Wahrscheinlich mißverstehen Sie, was Sie gestern gehört haben. Sicher kommt Ihnen das wie eine Attacke auf den Islam vor. Aber das ist es natürlich nicht. Wir sehen unser Tun immer im größeren Kontext. Was Sie gestern gehört haben, ist nur Teil einer Gesamtstrategie, die viel größer ist als jeder einzelne, der eventuell daran mitwirkt. Zu diesem Ganzen zählt auch der Terrorismus. Wir sind nicht eigentlich für die Gewalt. Aber im Gesamtbild erkennen wir ihren Nutzen an. Ich weiß, Sie werden mich auch hier wieder mißverstehen. Ich habe, wir haben mit dem Terrorismus nichts zu tun. Aber wir begreifen ihn. Er hat seine Logik. Lassen Sie mich ein wenig ausholen. Sie als Deutscher verstehen es vielleicht am ehesten. Sie müssen lernen: Ihr grandioser Sozialstaat, ihre vielgepriesene Demokratie sind zum Untergang verurteilt. In dem Moment, wo ihre demokratische Rhetorik am größten ist und sich ihr Gesellschaftsmodell anschickt, auf alle Welt auszugreifen, ist sein Untergang bereits unabwendbar, und zwar nicht durch äußere Einflüsse, sondern einfach durch einen Systemfehler. Der Westen kann seine Versprechungen vielleicht noch guten Glaubens machen. Aber halten kann er sie nicht mehr.

Das ist unsere Stunde – die Stunde all jener Völker, deren sozialer Zusammenhalt noch substaatlich und nicht kapitalistisch geregelt ist. Wir sind krisenresistenter. Das Chaos, das im Westen erst ausbrechen wird, durchleben wir bereits, und zwar reibungslos, jeden Tag. Die arabischen Gesellschaften werden die kommenden Krisen so gelassen bewältigen, wie sie das gegenwärtige Elend bewältigt haben. Und sie werden fortbestehen, wenn die europäischen Staaten längst verkommen sind. Diejenigen werden den längeren Atem haben, die nicht auf die Versprechungen eines schönen, freien Lebens ohne Zwänge hereingefallen sind, die sich das Gedächtnis an die alten Zusammenhänge und Lebensweisen bewahrt haben. Das längere Gedächtnis überlebt, und es ist das arabische. Der islamische Fundamentalismus ist nur eine Strategie, um die islamischen Völker sicher durch das 21. Jahrhundert zu führen. Er ist eine Tarnung. Ich wundere mich über diejenigen, die verkünden, er sei eine islamisch verkleidete, totalitäre Ideologie, eher der Moderne als dem Islam zugehörig. Eben dies vorzuspiegeln ist seine Aufgabe, und er hat sie erfüllt. In seinem Schatten, unter seinem Schutz gedeiht der tatsächliche Islam, blühen die guten islamischen Tugenden. Er ist der Blitzableiter gegen die Schläge der Verwestlichung. Er schließt unsere Reihen, der äußere Druck, den er provoziert, schweißt uns zusammen.

Auch die Gemäßigten unter uns werden mit Hilfe des Fundamentalismus auf den Islam zurückgeworfen, besser gesagt, mit Hilfe der panischen westlichen Reaktion angesichts des Fundamentalismus. Wenn es darauf ankommt, werden alle zum Islam stehen. Somit hat der 11. 9. seine Funktion bereits erfüllt. Die Reaktion des Westens darauf, besonders die amerikanische, hat uns für lange Zeit gegen jede tiefergehende Art von Verwestlichung immunisiert – wenn wir nicht schon lange vorher immun waren. Haben Sie jemals die Zuschauermeinungen bei Al-Djazira gehört? Dann wissen Sie Bescheid. Die Araber agieren, der Westen reagiert, aber glaubt, er agiert, die Araber agieren und glauben, sie reagieren, und deshalb agieren sie um so heftiger, und der Westen reagiert um so heftiger. Dazu die Verschwörungstheorien und die These, die Juden beherrschten die Welt. Wir ahnen, daß es nicht stimmt, aber als antiwestliche Impfung ist es äußerst nützlich. In Wahrheit haben die Juden die Kontrolle längst verloren. Und soll ich sagen, was das Beste daran ist: Die Israelis selber wissen es nicht. Sie glauben immer noch, sie agierten. Aber sie denken nicht langfristig. Sie denken in Jahren, sie schaffen es nicht einmal, in Jahrzehnten zu denken. Das ist die Krankheit der Demokratie. Wir dagegen denken in Jahrhunderten. Beunruhigend sind für uns nur Entwicklungen wie in Iran. Dort ist das Umgekehrte geschehen, nicht der Westen, sondern der Islam ist diskreditiert. Aus diesem Grund hoffen wir, daß in keinem arabischen Land die Fundamentalisten wirklich an die Macht kommen. Dann hätte der Westen gewonnen. Zehn Jahre Fundamentalistenherrschaft, und der letzte Schuhputzer wird den Islam hassen. In Algerien hat sich das angedeutet. Auch da ist unsere Position sehr schwach. Ein echter, ein fairer Friede mit Israel wäre aus ebendiesem Grund schrecklich, auch er untergrübe unsere Moral.«

Er sagte dies alles ganz ruhig und freundlich. Die Logik war bestechend. Er krempelte alles um, und auf einmal ergab das verworrene Szenario Sinn. Ob es zutraf oder nicht, war egal, das würde allein die Zukunft zeigen. Aber die bloße Möglichkeit dieser Sichtweise schuf plötzlich eine mentale

Überlegenheit, die jede militärische und politische Überlegenheit aufwog. Was auch immer geschah, dieser Logik zufolge förderte es den Islam. Es war eine zynische Wette auf die Zukunft, und der Einsatz oder Preis dafür war eben dieser Zynismus und das Wissen, daß es keine schöne Zukunft sein würde, jedenfalls nicht schön in dem Sinne, wie man sich eine schöne Zukunft so vorstellt. Kein Fortschritt, keine Entwicklung, keine Verbesserung. Die Muslime sind nichts als Schachfiguren in diesem großen Spiel, ohne eigene Identität, eigenen Willen, eigene Träume. Und wenn sie welche haben, ist dies, ohne daß sie es wissen, eben ihre Funktion.

»Und dann«, fragte ich, als er sich schon verabschieden wollte, »in hundert Jahren, wenn der Islam gesiegt haben wird und die westliche Zivilisation zerrüttet zu Boden liegt, was ist dann?« – »Nichts«, entgegnete er. »Der Islam ist auch nur eine Funktion. Er wird uns helfen zu überleben, und dann wird es uns bessergehen als euch, oder zumindest: Wir werden uns wohler fühlen in unserer Haut. Die Verhältnisse werden sich umkehren, wie sie sich schon einmal im Mittelalter umgekehrt haben, damals zu euren Gunsten. Dann werdet ihr an unsere Tür klopfen, weil ihr eure maroden Stromleitungen und Netzwerke nicht mehr selbst reparieren könnt, während bei uns jeder Dreher aus einem Stück Schrott ein passendes Ersatzteil bastelt. Eure ganze großartige Geschichte und Ethik werdet ihr vergessen haben. Sie ist sowieso nicht verwurzelt in euch. Die Menschenrechte werden euch einen Dreck kümmern, weil ihr Brot braucht und nur eine Flugzeugladung verfaulter Mangos habt. Ihr werdet fortziehen, übers Mittelmeer in den Süden, auf der Flucht vor euren Eltern und Großeltern und Urgroßeltern und ihrer Gerontokratie.

Als Gastarbeiter werdet ihr bei uns Imbißstuben mit Currywurst und Reibekuchen betreiben. Dann können wir, in euren deutschen Gastarbeiterimbissen, gefahrlos Schweinefleisch essen, unseren Glauben wird das nicht mehr untergraben. Der Islam wird seine Funktion erfüllt haben, aber vor eurem ressentimentgeladenen Kulturchauvinismus werden wir Angst haben müssen. Den Verlust eurer einstigen Größe und Überlegenheit werdet ihr nicht ohne weiteres verkraften, und hier und dort werdet ihr eine Bombe hochgehen lassen, um euch wichtig zu machen. Eure jungen Leute werden schließlich gegen die Alten revoltieren, von denen sie geknechtet werden, und eines Tages werden sie sie einfach verhungern, erfrieren oder verdursten lassen. Und geschieht das alles nicht schon längst? Seht nur, wie jetzt schon eure Greise einsam in ihren Wohnungen verrecken, wie jetzt schon eure Stromkraftwerke reihenweise ausfallen, wie jetzt schon eure Akademiker in den Golfstaaten ihr Geld verdienen, weil es bei euch keine Jobs mehr gibt.

Während eure Bibliotheken verfallen und vergammeln, haben wir das bessere Gedächtnis. Wir behalten im Kopf, was uns wichtig ist. Es gibt keine größere Kraft im Volk als die Analphabeten. Sie sind immun gegen alle Einflüsse und tragen die Traditionen fort, auch wenn der Strom ausfällt. Nicht einmal das Fernsehen kann ihre bewahrende Kraft anfechten. Sie haben keine Zeit dafür, sind zu arm. Waren Sie in Afghanistan? Diese Menschen werden alles überleben, aber bei euch überlebt man nicht einmal höhere Steuern oder niedrige Renten. Ihr könnt keine Kriege mehr führen, weil ihr glaubt, nicht mehr sterben zu dürfen, weil ihr kein Verhältnis zum Tod habt. Sterben gilt als Schande bei euch, als ein dummer, rein persönlicher Fehler des Sterbenden. Deshalb seid ihr feige, feige wie die amerikanischen und britischen Bomberpiloten, die lieber, um einen Al-Qaida-Mann zu finden, ein ganzes Dorf auslöschen, als diesen Mann mit dem Gewehr in der

Hand dort herauszuholen oder zu töten, weil das ein bißchen gefährlich sein könnte. Das sind die feigsten Soldaten der Militärgeschichte. Ihr Deutschen seid genauso. Wie wollen eure Soldaten Kabul verteidigen, wenn sie es nicht einmal betreten dürfen, wenn sie die Stadt, die sie verteidigen sollen, überhaupt nicht kennen? Zuletzt ist dort einer von euch auf eine Mine getreten, als er auf ein Feld ging zum Pinkeln. Die Mine explodierte, er lag schwer verletzt auf dem Feld, aber seine Kameraden durften ihn nicht da herausholen. Vorschrift: Sie sollten sich nicht gefährden. Sie mußten einen Hubschrauber anfordern, der ihren Kameraden aus der Luft birgt. Aber der Soldat wäre verblutet, bis der Hubschrauber gekommen wäre. Zum Glück waren afghanische Soldaten mit dabei. Die kennen eine solche Vorschrift nicht, und wenn es sie gäbe, sie würden sie ignorieren. Sie haben noch Ehre im Leib. Also liefen sie auf das Feld und holten den Deutschen. Trotz der Minen überall. So, und jetzt stellen Sie sich die afghanischen Frauen vor, die von euren NGOs zur Emanzipation erzogen werden sollen. Wer wird denn, wenn es drauf ankommt, ihre Rechte schützen, wenn die deutschen Soldaten sich nicht einmal selbst schützen können? Glaubt einer bei euch wirklich, irgendeine westliche Regierung wird auch nur ein halbes Soldatenleben für irgendein Frauenrecht in Afghanistan opfern? Die Politiker, die das suggerieren, sind Maulhelden, die ihrer weiblichen Wählerschaft nach dem Mund reden, sonst nichts. Die kluge afghanische Frau wird zusehen, daß sie es mit den Rechten hält, die ihr die Tradition gewährt. Viele sind es nicht, doch die wenigstens sind garantiert. Ihr hingegen wollt alle Traditionen freimütig abschaffen, weil sie euren ach so viel besseren Werten im Weg stehen. Narren seid ihr!

Selbst die Juden sind neuerdings so. Feige. Ein paar Tote, und sie ziehen aus dem Libanon ab. Nicht einmal vor denen müssen wir Angst haben. Zwar sind sie besser bewaffnet, doch ab einem bestimmten Punkt zählt allein die Bereitschaft zu sterben. Und die haben sie jetzt schon nicht mehr. Ihr schickt Astronauten ins Weltall, und wehe, sie sterben dabei! Welch ein Entdeckergeist! Haben Sie von Niebuhr gehört? Ein dänischer Gelehrter, der mit sechs anderen im achtzehnten Jahrhundert Ägypten und die arabische Halbinsel erkundete. Nichts gegen eine Weltraumexpedition, nicht wahr? Doch Niebuhr war der einzige, der lebend zurückkam. Niemand hat sich da aufgeregt. Es war traurig. Aber es gehörte zum Geschäft. Nur aus diesem Geist heraus konntet ihr alles entdekken und kolonisieren. Aber den habt ihr nicht mehr, und schon jetzt habt ihr deshalb verloren. Über vierzigtausend Gewalttote jährlich allein im christlichen Brasilien. Das ist mehr, als in der ganzen islamischen Welt trotz aller Bürgerkriege und Attentate. Zahlen lügen nicht. Aber ihr blendet sie einfach aus. Wie viele Einwohner hat Kairo? Fünfzehn Millionen? Fünfzehn Millionen, und weniger Verbrechen als in jeder mittelgroßen Stadt in den USA. Ihr seid schachmatt, nur wollt ihr es nicht wahrhaben. Ich kenne die Züge schon, die es braucht. Ich kann sie euch zeigen. Eure einzige Chance wäre ein Fehler von uns. Aber bisher haben wir alles richtig gemacht. Es lebe das arabische Jahrhundert!«

Ich war froh, als er fort war. Am Ende konnte er seine Triumphgefühle nicht mehr unterdrücken. Er hatte es mir gezeigt. Er hatte es dem Westen gezeigt. Ein Spinner war er leider nur in seinen Schlußfolgerungen, in seinen großen, an Huntington erinnernden historischen Szenarien. Die einzelnen Beobachtungen waren zum großen Teil sehr richtig. Erschreckend genug. Ich war zu aufgewühlt, um im Hotel zu bleiben, und begab mich hinaus auf die Straße. Bald würde der Verkehr nachlassen. Zum Fastenbrechen wollten alle zu Hause sein. Ich ließ mich vom Lärm in Richtung Altstadt treiben. Nachdem ich eine halbe Stunde gegangen war – die Sonne, schätzte ich, würde in einer dreiviertel Stunde untergehen, und während es noch hell war, würden die ersten draußen auf den Straßen anfangen zu essen –, merkte ich, wie der Verkehr allmählich abflaute. Viele waren noch unterwegs, aber es schien, als ob niemand mehr nachkäme. Von jetzt ab, lautete die geheime Verabredung, fuhr keiner mehr los, jeder blieb, wo er war. Nur noch ankommen war erlaubt. Und so geschah es. Zugleich verflog die Schwüle, die die ganze Zeit unter einer milchigen Wolkendecke gebrütet hatte. Das Getöse bekam einen anderen Klang, nicht meßbar leiser, nur harmonischer, melodiöser, genauer abgestimmt auf das, was sonst sich regte und klang in der Stadt.

Nun konnte ich leichter ausschreiten, und noch einmal fünfzehn Minuten später waren die Fahrbahnen frei, so daß ich den holprigen Bürgersteig verließ und bequem auf der Straße weiterging. Jetzt, für diese halbe Stunde vor Sonnenuntergang, bekam die Stadt sogar Farbe. Nicht, daß sie auf einmal bunt war oder leuchtete. Das tat sie nie – außer nachts, wo sie funkelte. Aber sie schien wärmer. Man fühlte diese Wärme nicht, warm war es ja immer, sondern man sah sie auf einmal. Das Rauschen verebbte, und dann war die Hochstraße keine Sache für Autos mehr, kein häßliches Mittel zu einem fraglos akzeptierten Zweck, sondern ein langes, sehr langes, ungewöhnliches Wesen, das sich auf tausend Füßen in das Häusergeröll der Stadt gefressen hatte. Und derart unbefahren war es, recht besehen, ein schönes Ding, das nicht störte.

Wenn man diese maßlose und maßlos häßliche Stadt nur lärmend und in Bewegung oder aber nachts kannte, mußte einem diese Verwandlung des Tags wie vollendete Zauberei erscheinen. Was dieser Allah nicht alles vermochte! Es gelang ihm, eine Riesenstadt innerhalb von einer Stunde leerzufegen. Jetzt brauste da noch ein einzelnes Taxi hinterher, eine panische schwarzweiße Karosserie, die die Straße ganz für sich allein hatte und entfesselt die Fahrbahn entlangschlitterte. Eine ähnlich vollendete Wandlung kann eine große Stadt nur erleben, wenn es Winter ist und sie im Norden liegt: Indem sie im Schnee versinkt und alles über Nacht von einem weißen Pelz umhüllt wird. Aber diese Entleerung zum Ramadan ist doch eine sehr andere Art der Verwandlung. Für beide, ja, bietet sich das Bild der Reinheit an. Im einen Fall entsteht sie, indem die Straßen verdeckt werden. Im anderen werden sie – enthüllt. Und während Schnee froh macht und es einer Großstadt immer guttut, für eine gewisse Zeit unter einem anderen Element zu verschwinden, wirkt eine leere Riesenstadt unheimlich und entblößt, nackt und ausgeliefert. Könnte etwas anderes als eine geschehene oder bevorstehende Katastrophe diese Menschenflucht bewirkt haben? So sehen Städte vor dem Einrücken feindlicher Besatzer aus, vor einem Atomschlag, vor einem Orkan. Und wie ein Besatzer fühlte ich mich beinahe. Die Stadt gehörte mir. Es war noch hellichter Tag, und ich lief allein, völlig allein, ohne einen Menschen zu sehen, durch die zweitgrößte Stadt der Welt, ein Archäologe aus ferner Zukunft, der eine zu Anfang des dritten Jahrtausends aus religiösen Gründen verlassene Riesenstadt entdeckt.

Ich lief und lief. Manche großen Städte werden klein, ja überschaubar, wenn man sie einmal nicht aus Fahrzeugen sieht, sondern zu Fuß erwandert. Das gilt um so mehr, je älter in ihrem gegenwärtigen Bestand eine Stadt ist. Paris zum Beispiel ist sehr überschaubar für den Passanten. Auch San Francisco und seltsamerweise auch noch New York. Das, was wir heute von diesen Städten wahrnehmen, ist viel älter als das meiste, was in Kairo oder Damaskus heute an Gebäuden noch steht.

Ein Stadtbild wird nicht durch eine alte Moschee oder Kathedrale geprägt. Die Frage ist vielmehr, wann die Struktur geschaffen wurde, mit der man gegenwärtig tatsächlich konfrontiert wird. So betrachtet ist das Haussmannsche Paris älter als alle orientalischen Hauptstädte. In Kairo und Damaskus, ganz zu schweigen von Teheran und Casablanca und zumal von Mekka und Medina, ist nichts mehr zu sehen von diesem Alten. Es strukturiert diese Städte nicht einmal mehr. Es steht nur verloren und zufällig mitten in einem Wildwuchs aus Neuem wie ein alter Maya-Tempel im tiefen Urwald. Und so lief ich und lief und glaubte, ich käme nicht voran. Gerade einmal den Bahnhof hatte ich passiert. Selbst dort Stille. In manchen Seitenstraßen sah ich, wie Tafeln aufgestellt wurden, lang wie Tapeziertische, eine hinter der anderen, für die Speisung der Tausend. Unzählbar die Schüsseln, die Stühle, die Löffel, und nur zwei, drei Mann, die das aufbauten. In einer halben Stunde würden alle dort sitzen und hektisch ihre erste Mahlzeit an diesem Tag in sich hineinschlingen. Es war mein letzter Tag in Kairo. Um Mitternacht ging meine Maschine. Ich hatte nichts mehr zu tun und beschloß, noch einmal zum Hussain-Platz zu gehen, dorthin, wo die Reste des alten Zentrums standen und sich während des Ramadans jeden Abend die Massen zu einem riesigen Volksfest, einem einzigen gigantischen Gedrängel versammelten.

Da kam mir der Gedanke. Warum ging ich unten auf der Straße, im Staub? Es fuhren keine Autos mehr: Ich konnte ebensogut oben in zehn Meter Höhe auf den Hochstraßen gehen. So kam ich viel direkter ans Ziel, und ich konnte mich nicht verlaufen, zumal ich die Stadt aus dieser Perspektive viel besser kannte. Das war ja der Weg, den ich häufig im Taxi gefahren war. Ich schritt die nächste Auffahrt hinauf. Erst war mir ein wenig unwohl zumute. Zwar gab es keine Schilder, die das Zufußgehen auf hochgebauten Schnellstraßen verboten, doch erlaubt war es sicher nicht. Unter normalen Umständen wäre auch niemand auf die Idee gekommen. Es war lebensgefährlich. Zuweilen wurde die Fahrbahn einspurig, nur durch eine Leitplanke von der Gegenfahrbahn und dem Abgrund getrennt, und sowieso ohne jeden Seitenstreifen, ohne schützende Einbuchtung, ohne Steg für Arbeiter oder Notfallfußgänger. Gehen oder Stehenbleiben war hier unmöglich. Aber genau das tat ich. Ich ging – immer mit dem Impuls, schneller zu werden, zu laufen, zu rennen. Ich war wie berauscht, es fehlte nur die passende Musik, aber in dieser Stadt, der der Lärm eingewachsen war, angewachsen wie ein neues, einzig der Schallerzeugung dienendes Körperteil (das gleichzeitig die einzige Art der Potenz dieser armen Stadt verkörperte), war selbst die Stille Teil der Musik, wie sie es manchmal in den lautesten Symphonien auch ist. Jetzt, endlich, gab das klingende Glied einmal Ruhe, nur der Wind wehte, wirbelte Staub auf, und in dieser plötzlichen Ruhe öffnete sich die Stadt wie ein Ohr, das nun umgekehrt in mich hineinhorchte und das Tohuwabohu in mir entdeckte.

Ich lief jetzt hoch über der Stadt, konnte direkt in Wohnungen im dritten Stock hineinsehen, blickte hinab auf die Kuppeln der älteren, nicht im Größenwahn gebauten Moscheen, blickte plötzlich dem Posten in einem auf eine eiserne Säule gebauten Wachhäuschen in die Augen, in dem es gewiß enger war als auf der Säule des Heiligen Simeon. Seine Essensration, über die er sich gleich hermachen durfte, hatte er schon ausgebreitet, die Mündung des Gewehrs lugte müde aus dem Ausguck heraus. Als er mich sah, stierte er mich ausdruckslos an, als sei es ganz normal, um diese Zeit Fußgänger auf der Fahrbahn zu sehen. Den Kniefall zum Gebet, fiel mir ein, konnte er da oben wohl nicht ordnungsgemäß vollziehen.

Kurz darauf gelangte ich zu einem Hochautobahnkreuz und mußte, um zur Altstadt zu gelangen, auf die höchste Etage hinaufgehen. Tatsächlich lag jetzt fast alles unter mir, nur die schlanken Minarette der neusten Moscheen ragten höher, aber sie waren weit weg, und daher schien es, als blickte ich auf alles hinab. Links unter mir erstreckte sich das weitläufige Gleisfeld hinter dem Bahnhof, einem riesigen Schrottplatz nicht unähnlich, denn nicht nur bewegte sich nichts, auch sah alles verbogen und liegengelassen aus, wie von einer grauen Patina überzogen. Auf der anderen Seite lag ein trauriger kleiner Park. Das wenige Grün, das ich sah, hatte den Charme einer Pfütze, es spiegelte doch nur ringsum das Grau.

In der Ferne erspähte ich, mitten in dieser Metropole, eine sich selbst überlassene Fläche, die Gräberstadt. Das riesige, uralte Friedhofsgelände ist längst von den Lebenden zurückerobert worden; die Gräber sind jetzt bewohnt. Ich sah die Zitadelle auf dem Hügel und darunter die Kuppeln der beiden riesigen Moscheen, die zu ihren Füßen gebaut worden waren. Der letzte Schah von Persien war in der einen begraben, die andere, ältere, aber größere, war die Sultan-Hassan-Moschee. Als ich 1999, aus Beirut kommend, zum ersten Mal hier war, bestach ich den Aufseher, und er führte mich gegen alle Vorschrift hinauf auf das Minarett. Es gab kein Licht in dem engen Turm, in völliger Finsternis stiegen wir die steile Wendeltreppe hinauf, und alle paar Meter warnte er mich, hier fehlt eine Stufe, hier fehlen zwei, gib acht, und ich konnte mich nicht einmal festhalten, es gab kein Geländer. Aber der Ausblick belohnte für die Gefahren. Ich schaute über den Lauf des Nils bis zu den Pyramiden, die schemenhaft im Dunst sichtbar waren. Ich sah die Müllhalden auf den Dächern, die sich zu lauter Parallelpyramiden auswuchsen und statt der weltweit üblichen Müllautos eines Tages die Einführung von Müllhubschraubern notwendig machen würden. Ich sah die Hotels, die Hotels, die Hotels, und dann, fast geduckt und doch wie das Zentrum von allem, das berühmte, stufenförmige Minarett der Ibn Tulun-Moschee, einer der ältesten hier und fast in der ganzen islamischen Welt.

Ich konnte sie in jenem Jahr nicht besichtigen, zwischen Bretterzäunen erspähte ich eine riesige Baustelle, nur ohne Kräne und Bagger. Alles geschah in Handarbeit, altertümliche Seilwinden sah man, und die Baugerüste waren, wie überall in Ägypten, tatsächlich die schönsten der Welt, nicht die gußeisernen, ineinander gesteckten Rohre, die man bei uns kennt, sondern Hölzer, Holzstangen, dünne Stämme, die in jahrtausendealter Tradition mittels einer besonderen Technik durch dicke Hanfseile aneinandergeknotet waren, helles, schönes Holz, dunkelbraunes, grobes Hanfseil, ein riesiges Holzgitter, Struktur wie aus einem Traum, ein Baugerüst aus nichts als Materialien der Natur, in denen sich die Bauarbeiter mit der Geschicklichkeit von Tieren bewegten. Sonst sah ich nur die Außenmauern der Moschee. Ein eigentliches, echtes, ursprüngliches Kairo schien nicht zu existieren, aber hier oben von diesem Minarett, das wie die Moschee auf einer Anhöhe lag, sah man doch, gleich einer Luftspiegelung aus einer früheren Zeit, dieses andere Kairo, das sich zurückzog, wenn man sich, von der Fata Morgana verführt, dorthin aufmachte. Dieser neue, das Ungefundene offenbarende Blick verdankte sich jedoch weniger einem sich plötzlich zeigenden Objekt, sondern der speziellen Art und Weise, in der man von einem Minarett hinabblickt. Es ist so filigran, hat so wenig Masse und man steht auf einer so geringen Fläche, daß der Eindruck des Schwebens, des Erhobenseins viel intensiver ist als auf einem Kirchturm. Und dieses Schweben, Erhoben-, Enthobensein hat das Vermögen, selbst das Verschüttete und Zugebaute, das Verfallene und Verkommene, das Vergessene und Verachtete für einen kurzen Moment in den Bereich der Sichtbarkeit zu holen, und plötzlich entdeckt man Dinge, die man vorher nie sah.

Jetzt, über diese Hochstraße laufend, vollzog sich ein ähnlicher Effekt, ich sah all diese Dinge noch einmal, und weil es ein Wiedersehen war, sah ich zugleich, wie ich sie sah, und in dieser sich wie zwei Bilder übereinanderschiebenden Epiphanie erhoben sich göttergleich drei Kraniche vom Minarett der Sultan Hassan-Moschee in den Himmel und begannen mit der Neugier von Geiern über der entvölkerten Stadt zu kreisen (sofort fiel mir der arabische Name ein, *Gharaniq,* ich kannte ihn aus den satanischen Versen, in denen Mohammed die drei Göttinnen von Mekka so nannte, ihre Fürsprache erbittend). Ich lief immer noch, nach einigen Abzweigungen wieder eine Etage tiefer, auf einer Spur, die schon durch bedeutend ältere Stadtteile führte. Allein über die schmale, hohe Fahrbahn inmitten dieser immer älteren, immer verfalleneren Bauten zu wandeln war, wie durch eine besondere Gunst als einziger Besucher durch ein berühmtes Museum laufen zu dürfen. Nur daß das Museale hier nicht das besonders Schöne war, sondern der Verfall des Schönen. So daß dasjenige, was einen, während man unten durch die Stadt lief, schmerzte, was einen wütend machte oder dem man nachtrauerte, nun als sehenswertes Phänomen erschien, sehenswert und museal, nicht weil es irgendwie schön gewesen wäre und nicht einmal weil es einstmals schön war, sondern weil es so, wie es jetzt war, selbst kurios und besonders war. Weil hier etwas unterging und dabei nicht eigentlich dieses Etwas, sondern sein Untergang ausgestellt wurde, und wann sah man schon Untergänge, wer stellte schon Untergänge aus, wann war man schon Zeuge des Untergangs einer großen Kultur? Auf dieser baufälligen Hochstraße durch die baufälligen, alle paar Hundert Meter eine Epoche älter und kaputter werdende Stadt stolzierend, wurde ich der Sichter, Besichtiger, der erste Besucher im neu eröffneten Museum des Untergangs der islamischen Kultur und besichtigte auch gleich die vergeblichen Rettungsversuche dazu, die Restaurierungen, die nichts als billige Neubauten waren. Auf diese Art und Weise, hier und zu dieser Zeit, wird man eines Tages sagen, ist die islamische Kultur untergegangen.

Denn natürlich ist das Stadtbild nur das Sinnbild, nur die plastische Darstellung des tieferen intellektuellen und moralischen Verfalls dieser Kultur, und was daraus wird, man kann es ja schön finden, und wirklich, ich fand es nicht übel, da so über diese Autobahn zu gehen, es war ein Erlebnis für sich, und auch die neuen großen Hotels mit ihren Lichtern im Fluß sind schön, der Lärm ist schön und selbst der auf nichts mehr gründende Stolz der Ägypter ist schön, eben weil er so grundlos ist. Man muß hier nicht trauern und weinen, man kann auch das Schauspiel genießen, man steckt ja nicht drin, man geht ja in zehn Metern Höhe über diese große Besichtigungsrutschbahn und wundert sich und staunt und staunt und wundert sich. Fast inkonsequent, diese Restaurierungen, dieses immer nur halbe Ausbessern, überflüssig, sollte man meinen. Aber nicht doch, das gehört völlig dazu, das ist ein Teil dieses Schauspiels, wie auch die Wiedererweckung der islamischen Theologie, das Geschrei um die Öffnung der vor Jahrhunderten geschlossenen Tore des Idjtihad (hört, hört, »selbständige Meinungsfindung« soll das heißen) ein Teil dieses Schauspiels ist. Öffnet die Tore des Idjtihad, fangt wieder an, selbst zu denken, liebe Muslime, aber bitte als Muslime, sonst wär's ja kein Idjtihad, sondern einfach nur selbständig denken! Und nach dem gleichen Muster: Restauriert doch hier und da mal ein Haus, eine Moschee, eine Karawanserei – und schon ist Kairo gerettet! Wer glaubt das im Ernst? Kairo, das alte Kairo ist nicht mehr zu retten, es ist von Grund auf morsch und verrottet. Und auch der Islam ist von keinem Idjtihad mehr zu retten, aber das muß gar nicht sein, ich kenne genug Muslime, die selbständig denken, sogar ohne Idjtihad. Ich kenne schöne, wilde, große Städte, wie Kairo eine wäre, kultivierte es nicht dieses schlechte Gewissen gegenüber seiner Vergangenheit, die es sowieso nicht mehr retten kann. Dieses Glied, diese Vergangenheit, muß abgetrennt werden, es ist nicht mehr operabel, viel zu schlecht durchblutet, ein Krankheitsherd nur noch, so dachte ich, als ich da lief auf der Fahrbahn, und kein Auto kam, doch in diesem Moment genau erscholl der Gesang. Der Gesang, das Geschepper, das Gebrüll, die Melodie, der Krach, das Gejaule, die Kunst – der Muezzin, die Muezzine, von überall her. Gebet und Fastenbrechen. Startschuß für den Lärm, der die Jungfernhaut der Stille, nachdem er sich lange zurückgehalten hat, rücksichtslos männlich durchstößt.

So eruptiv jetzt die Geräusche hervorbrachen und die Menschen sich auf die Straßen ergossen, so rasch versiegte das Licht. Ich lief schneller, ich mußte die Hochstraße, die hier langsam auf Bodenhöhe hinabführte, verlassen, bevor die Autos, die nun wieder unterwegs sein würden, mich einholten. Die ersten waren am gefährlichsten, weil sie völlig hemmungslos rasten, noch von keinem Verkehr gezügelt. Auf der Gegenfahrbahn fuhren bereits einige Taxen und hupten mich an, ich lief schneller und schneller und rannte schließlich regelrecht. Vor mir lagen knapp 200 Meter. Der erste Wagen hinter mir hatte mich fast eingeholt, noch war ich nicht von der Fahrbahn, ich mußte mich an die Leitplanke pressen, 100 Meter bald noch, aber ich sah schon drei, vier weitere Wagen, schnell würde die Fahrbahn sich füllen. Wo ich jetzt stand, verlief die Straße gerade zwei Meter über dem Boden, und so beschloß ich, mich über die Leitplanke zu schwingen und hinabzuspringen. Es gelang, ohne daß ich mich verletzte, und als ich mich umdrehte, sah ich schon den weiten Platz vor der Sayyidna l-Hussain-Moschee, die dem Hussain-Platz den Namen gab. Emsige Bewegung herrschte. Die Restaurants hatten ihre Tische möglichst weit hinaus auf den Platz gebreitet. Alles war voller Menschen, meist Familien, und sie aßen. Überall hing Festbeleuchtung, und schließlich brannten sogar die Straßenlaternen, als hätten sie die Wochen zuvor nur geschlafen und seien schließlich durch all den Lärm wach geworden, hätten sich kurz geschüttelt und wären angegangen, etwas blaß und verschlafen noch, vorerst.

Mit meinen müden, mir den Sprung übelnehmenden Füßen setzte ich mich in ein moderneres, weniger besuchtes Café in einer Seitenstraße, trank einen Tee und beobachtete das Treiben. Noch war die Menge überschaubar, aber spätestens in einer Stunde würde es brodeln vor Menschen. Immer neue stiegen aus den Taxis und Bussen oder wurden aus den Gedärmen der umliegenden Straßen und Gassen auf den Platz gepreßt. Ich saß, schlürfte meinen Tee und versank in einer Art Kontemplation, verlor jegliches Gefühl für die Zeit, während die Ermattung langsam hoch in mein Hirn kroch. Die Bilder, die mir der Spaziergang auf der Hochstraße offenbart hatte, die Gesichter, Sprachfetzen, das Gebrüll, rennende Kinder, Luftballons, Gerüche, das Hupen der Taxen, dazu die verrückten Gespräche gestern abend in der Vorortmoschee und bei der Begegnung nur wenige Stunden zuvor – ich war angekommen, wenige Stunden vor meinem Flug mußte ich mir gestehen, das hier war Kairo, das wirkliche Kairo, und ich hatte es gesehen, endlich, obgleich es ganz anders war als das Kairo, das die Fremden und die Kairiner sonst sahen oder zu sehen meinten. Und ich kam zu der nicht uneitlen Schlußfolgerung, daß ich vielleicht als einziger, ja womöglich als erster und einziger

Kairo je gesehen, nicht nur gesehen, vielmehr erkannt, im biblischen Sinne erkannt hatte, als erster seit langer, langer Zeit.

Der Ramadanrausch, soviel war klar, hatte auch mich ergriffen. Das Gedränge war bald nicht mehr steigerbar, war jetzt schon absolutes Gedränge, absolute Masse, ich brauchte nur aufzustehen, schon würde mich der Menschenstrom fortspülen. Und ich stand auf, wenngleich in der profanen Absicht, mir eine Zeitung zu kaufen und auf den Boden der Tatsachen zurückgeholt zu werden, bevor ich das Taxi zum Hotel und dann zum Flughafen nahm. Aber finde mal einer im Ramadan am Hussain-Platz eine brauchbare Zeitung. Ich fragte mich durch und wurde in den Suk verwiesen. Links hinein, um ein paar Ecken, geradeaus, da, in einer Sackgasse, ein Zeitungsstand. Ich ahnte, ich würde ihn nicht finden. Die Beschreibung war labyrinthischer als der Suk selber, die gestaltlose Masse Mensch, die dort hindurchschwappte, war beängstigend. Ich ging trotzdem hinein, wie von Sirenen verlockt. Wo man morgens sich problemlos zurechtfand – der Kairoer Suk, der Khan al-Khalili, ist kläglich im Vergleich zu den Suks von Marrakesch, Isfahan oder Aleppo –, erkannte ich vor lauter Gedränge und Geglitzer keinen Laden mehr. Geschoben, geschubst und geknufft taumelte ich durch die Gassen.

Es war, als ob die zeitlupenartige, sich seit dem Nachmittag an mir vollziehende Explosion aus Eindrücken erst jetzt ihre maximale Ausdehnung erreichen, ihre größte Energie entfalten wollte. Ich verlor mich, verwandelte mich in ein bloß rezeptives Organ, ein Speichermedium unter vielen anderen in einem amorphen, universellen Organismus. Was von außen kam, aus der Welt, was von innen, von mir, ich wußte es nicht mehr zu unterscheiden. Vielleicht trat ich jemandem auf den Fuß und spürte den darauf folgenden Schmerz in meinem Rücken, aber vielleicht war das auch der Schmerz eines ganz anderen, dessen verzerrtes Gesicht ich sah, während er sich eigentlich freute, daß mir das Parfum der Frau seines Vetters gefiel, die sich eben weich an mir vorbeidrückte, so weich, daß ich glauben mußte, ihr Busen sei meiner, meine Hand lag in seiner, ihrer? Wessen? Doch es war bereits völlig egal, ich war ein Teil dieser Masse geworden, und »meine«, »seine«, »deine« existierten nicht mehr, wir hatten zweitausend Arme und neunzehntausendneunhundertzweiundsechzig komplette Finger, neunzehntausendneunhundertfünfundsiebzig Zehen, eintausend Nasen und eintausendneunhundertsiebenundsiebzig funktionstüchtige und eintausendneunhundertsechsundneunzig noch in ihren Höhlen steckende Augen. Was wollten wir? Alles mögliche. Wir waren unersättlich. Wir waberten durch die Straßen und waren mal mehr, mal weniger. Fünfundsechzig Hände faßten jetzt Geld an, zweiundzwanzig fingerten an einem Schmuckstück herum, neunzehn Münder sogen an einer Wasserpfeife, zweihundertachtundfünfzig Eck- und Schneidezähne trennten Melonenkerne von ihren Schalen, eintausenddreihundertdreiundvierzig Zungen formten den Schall, fünfhundertneunundachtzig Lungen sogen Tabakrauch ein und machten uns im selben Zeitraum um drei Komma fünf vier Gramm Teer schwerer, indem wir Flüssigkeit im Gewicht von einem Kilo und zweihundertzwanzig Gramm verloren, eine Hand, wirklich nur eine, griff plötzlich nach einer Zeitung und klemmte sie unter den Arm, eine andere bezahlte, während die erste das Portemonnaie hielt und dann zu irgendeinem Gesäß in die Hosentasche steckte und sich unter die anderen Hände und Leiber mischte und weitertrieb, bis schließlich in einem länglichen Raum voller Spiegel, in einem Spiegelkabinett, überraschend wieder alles gerann und distinkte Gestalt annahm, Spiegel in Spiegeln sich spiegelnd, Bänke, Hocker, Sessel, Wasserpfeifen, Teegläser, Tabla-

Spiele, Würfel, Steine, Spiegel im Goldrahmen, wie Gemälde, erblindete Spiegel, spiegelnde Spiegel, längliche, hohe, quadratische, runde, gerade, gekippte, angelehnte, gehängte, horizontale, vertikale, geputzte, verschmutzte, Spiegel über Spiegel, zwei Augen sehen sich selbst an und glauben sich zu erkennen: Willkommen im Kaffeehaus Fishawi, wo jeder, weil er sich sieht, sich selber zum Du wird. Alle Plätze sind belegt, du schaust dich um, alles besetzt, keiner beachtet dich, und doch, wenn du nur genau hinschaust, kommen sie dir alle bekannt vor, ja, kann denn das sein, ist denn das möglich, hier sitzen sie alle, die Khansa, unglaublich, die Khansa aus Annaba, und da, schau genau hin, ist er das nicht, dieser Schauki, sitzt er da nicht, Schauki, Himmel, du hier, wer hätte das gedacht, frisch aus Beirut eingeflogen, so scheint es, und nun im Fishawi, hätte dich eher weiß Gott wo vermutet als hier, wie geht's denn so, was machst du hier, lange nicht mehr gesehen! Hätte nicht gedacht, daß ihr euch kennt, du und Boudiba, hallo Boudiba, woher kennst du den Schauki, das ist ein Ding, ihr teilt euch die Wasserpfeife, ihr beiden, an einem Tisch mit Yasmina, dem Khadra, versteht sich, und mal eben die Wasserpfeife geteilt. Was meint ihr, ich versteh euch so schlecht, ach, meint ihr das ernst, ehrlich, dort drüben, ja wirklich dort drüben, ich lach mich kaputt, da sitzt ja Bou Ward oder heißt er Bouvard? Ob er die Reste seines Algerisch hier findet, ich werde ihn gleich einmal fragen, den Guten, und jetzt wundert mich nichts mehr, natürlich ist hier Walid, ganz klar, plaudert entspannt mit Abbas, auch der aus Beirut, lang hab ich ihn nicht mehr gesehen, und Yussuf Sayyad, sehr grün gekleidet heute zur Abwechslung, hat sicher Urlaub von seiner Auferweckungspartei und pflegt seine Außenministerallüren, aber den Fotografen gleich mitgebracht, wie, was, ist das der Graffenried, wollt ihr mir sagen, das ist der Graffenried, der den

Sayyad da…, na, dann kann es ja noch was werden mit diesen Fotos. Doch erst mal hallo Loay, kannst mich wieder zurückfahren, ich muß nachher zum Flughafen, und wer ist die hübsche Frau da am Tisch neben dir, so groß und so stolz und geschmackvoll geschminkt, mit Pagenschnitt gar, kurzem Rock, schwarzen Strümpfen, Beine, denkt man, bis hinauf in den Himmel, irgendwo habe ich das Gesicht schon gesehen, denk nach, Alter, denk nach, diese Mandelaugen, diese Hazara-Augen, ja ist denn das möglich, die Narges, die Narges, Narges, du hier? Erst Putzfrau in Kabul, nun Schöne in Kairo, gute Nachrichten sind das, sehr gute, nur hab ich leider vergessen, deine Geschichte hier zu erzählen, werde das nachholen beizeiten, damit jeder weiß, wer du bist. Jedenfalls klasse, dich zu sehen, schwer zu glauben, aber doch schön, gute Nachrichten, sehr schön, aber wer ist da in deiner Begleitung, das macht mich fast eifersüchtig, mit wem bist du hier, mit Sabuni, mich trifft der Schlag, der alte Casanova, ich hab's doch gedacht, der hatte den Schalk in den Augen, nur der Riesling war ihm zu teuer, ich will ihm frohen Ramadan wünschen. Aber wenn hier alles voller Bekannter ist, weiß man nicht, wo man anfangen soll, wenn ich recht überlege, kenne ich hier geradezu jeden, mich wundert jetzt nichts mehr, wo Boudiba ist, ist auch die Khansa, versteht sich, nun tief im Gespräch mit Zaoui, was meinen Sie, Herr Islambeobachter, ob da was ist zwischen denen, haben Sie genau hingeschaut, wirklich alles beobachtet? Interessanter für Sie der da drüben, ja der, in den traditionellen Klamotten, den habe ich vor kurzem im Anzug gesehen, ein gewisser Herr Kabscha, Ibn Abi Kabscha, hat ein paar interessante Thesen über die Terroristen und ist am Ende womöglich selbst einer, dafür ist der, den Sie mustern, die Harmlosigkeit in Person, vielmehr ein richtiger Islamhasser, heißt folgerichtig Sagallah, sprechende Namen sind gar nicht so unüblich hier, das haben Sie sicher gelernt, aber was der bedeutet, das sag ich Ihnen gleichwohl nicht, scheint mir ein bißchen gewagt. Und jetzt schauen Sie mal in den Spiegel, erkennen Sie die dort hinten, ebenfalls ein aufschlußreicher Fall, heißt Ariane, wie Ariadne, hilft uns am Ende hier raus, schert sich um nichts, ist ganz sie selbst, spuckt auf Moral und will zum Koran tanzen, was sie in Kairo macht, weiß ich nicht, bin schon lang nicht mehr mit ihr zusammen, vielleicht arbeitet sie für Sekem, die hiesigen Anthroposophen. Trotzdem kommt mir das alles eher komisch vor, mit rechten Dingen geht das nicht zu, einfach alle sind hier, alle und alle, wie um mich zu grüßen, wie um mich zu verabschieden, soll vorkommen, so was, und doch wird mir das zu verrückt, ich muß fort, ich will fort, sonst dreh ich noch durch, ich will das alles nicht sehen, ich will die alle nicht sehen hier, so alle zusammen, das ist doch zuviel, was soll ich da sagen, was werden die denken, die kennen womöglich den Text, die haben das alles gelesen, die wissen, was ich hier schreibe, die schreiben womöglich hier mit, die werden jetzt mit mir böse, nur weil ich so manches geändert, die kommen dann damit nicht klar, die wissen nicht, was ich hier mache, die finden, daß ich hier fälsche, und fälschen doch selber nur mit, ich hab da keine Kontrolle, das ist ja gar nicht mein Text mehr, das schreibt nur hier irgendwer, was sollen wir jetzt bloß machen, das ist ja außer Kontrolle, das führt uns in Teufels Küche, wir wissen auch nicht, was tun, es herrscht hier nur noch Geschrei und Geschrei und Geschrei und…

Und?

Sommer 1985: Schiffspassage Tunis–Genua

Das große Schiff rollte, dröhnte, gischte, ein Körper aus Eisen, Stahl und Gestank, eine Erde aus eigenem Recht, die Arche seines Wahns, seiner kreativen Imagination. Das Meer war schwarz und der Himmel nicht heller: Nacht, Nacht, von höllischem Lärm erfüllt, Schrauben, Brecher, Lüftungen, Motoren und Wind, ach was Wind, Sturm, Stürme, und ringsum das Nichts, bloß über die Reling, zwölf Meter an der Schiffswand hinab, dann ins Nichts. Keiner sieht dich, keiner hört dich, keiner kennt dich, keiner weiß, wo du bist. Letzte Meldung aus Tamanrasset an die Großmutter, ein kurzer Anruf in die Stadt der Reichsparteitage: Er sei wohlbehalten in Marokko angekommen. Punkt. Das war für seine Eltern bestimmt. Weiter durfte er nicht. Marokko war die absolute Grenze. Und ein Brief an die Freundin, die er gern hätte, auch aus der Wüste. Niemand außer ihr wußte, daß er nach Algerien gereist war, aber mehr wußte auch sie nicht, niemand konnte ahnen, daß er nach Tunesien weitergereist war, denn er hatte es selber nie vorgehabt. An wen sonst hätte er Briefe schreiben sollen? Und für Anrufe hatte er kein Geld. Das war die Ausrede. In Wahrheit wollte er nicht. Wenn niemand wußte, wo er war, war er frei. Würde er auf dieser Überfahrt von Bord gehen, mitsamt Paß und Papieren (viele waren es nicht. Ein Jugendherbergsausweis. Ein Schülerzeitungspresseausweis. Ein Impfpaß), irgendwo zwischen Afrika und Europa mitten in diesem Mittelmeer, er wäre spurlos verschluckt, verschwunden, verschollen, erinnerungslos aus dieser Welt gefallen, nichts hätte ihn gehalten, bewahrt, einfach weg, und nie hätte jemand erfahren, was ihm geschehen wäre.

Die Sterne spielten Versteck, schienen wie weggeweht, als hätten sie dem Fahrtwind nicht standgehalten. Hoch war das Deck über Wasser, zehn oder zwölf Meter, schätzte er, dennoch, die Gischt, ein feiner, kühler, salziger Sprüh, legte sich als dünner Film über alles. Die Passagiere hatten sich in Luft aufgelöst oder gingen von Bord, und bald war er an der Reihe? Man sah hie und da einen Körper in eine Ecke gekauert, aber wie ohne Seele, wahrhaftig, keine Menschenseele war zu sehen. Wie die Teufel in die Schweine waren die Seelen aus den Leibern gefahren: Aber hier waren die Leiber noch da und nur die Seelen von Bord. Er lief ums Schiff, durch die Decks, wo tagsüber großes Gedrängel geherrscht hatte; zu den Gebetszeiten war vor lauter Gläubigen kein Quadratmeter Oberdeck frei. Jetzt schliefen da nur ein paar verstreute Schläfer, wie auf bessere Zeiten wartend, unter funzligem Licht, unter Neon. Ein Nebel, wie wenn Licht Nebel wäre, breitete sich überall aus, wo das Licht hinreichte. Es war ein Licht, in dem man nichts sah. Er mußte mit den Armen tastend hindurchrudern, sich hindurchkämpfen wie durch eine Masse aus dichtem Schaum.

Wirklich war alles wie ausgestorben. Ein führungsloses Schiff stampfte stur mit Höchstgeschwindigkeit in ständig dieselbe Richtung, ohne die geringste Gewißheit, ob irgendwo dort ein Ziel zu erwarten war, stampfte in Wahrheit immer nur weiter ins Meer hinaus, bis an den Rand der Erdscheibe. Er wählte zum Schlafen einen Platz halb drinnen, halb draußen, einen Gang zwischen Backbord und Steuerbord, nur mit einer Schwingtür gegen die Winde gefeit, die hier im Halbdrinnen nicht bliesen, sondern pfiffen, durch die Spalten der Schwingtüren pfiffen und sausten und pfiffen. Die Müdigkeit kam mit Halluzinationen über ihn, als hätte er Drogen genommen. Er schlief ein, wie man in einen Strudel gerät, dankbar, daß er einen aufnimmt, obwohl er, man weiß es, einen verschluckt, doch selbst dafür ist man noch dankbar. Die Grenzen, die Ränder des Schlafs, waren verwischt, verschwommen, diffus. Er sah im Schlaf ungleich mehr und besser als zuvor, doch alles, was er sah, war stets nur schlimmer, nur schrecklicher, immer nur seelenloser, wahnsinniger. Nichts, gar nichts hing da mit einem andern zusammen. Jedes war isoliert und für sich nur ein Ding, hatte sich von den anderen abgespalten und wollte für sich sein, war auch für sich, aber dadurch nichts mehr, im Moment der größten Herrlichkeit nichts mehr, erstmals frei und befreit und herrlich und nichts mehr, hatte seinen Namen, aber der war nur wie ein Name, das heißt, so hieß es bloß, sonst nichts, wie die neuen und neuesten Namen einfach nur heißen und nichts mehr bedeuten, nichts besagen. Und so wie diese namenlosen, nichts und zu nichts heißenden Namen erschien in diesem Traum alles, alles entfernte sich voneinander wie das angeblich sich fortdauernd ausdehnende Universum, eine nirgendwo angehaltene, durch nichts aufzuhaltende Explosion, eine nichts zerstörende, nur sich selbst vollziehende Explosion, ein immer weniger Miteinander-zu-tun-Haben, alle Dinge, die er kannte, waren so, alle Menschen waren so, sie waren einfach da und hießen irgendwie, und das war schon alles. Und alles, was war, jede Geschichte, war immer schon nur so für sich und nichts mehr als die Geschichte eines so zu nehmenden, hinzunehmenden Für-sich-Seins.

Er schreckte auf. Er wußte, wo er war, das war das Schiff, aber wo war das Wo, wo im Wo war das Wo, er wußte, wo er war und doch nicht, denn nichts hielt ihn, die Schwerkraft, die Schwerkraft der Seele war aufgehoben, als vollführe dieses

Schiff einen mystischen Parabelflug, und für die Zeit dieser Parabel, diese halbe Minute, war seine Seele schwerelos und zugleich auf schauerliche Weise, wie nur im Tod, vom Körper getrennt, und er wußte jetzt nicht, war er der Körper oder war er die Seele, wo jetzt um Himmels willen steckte er drin, wo war er, der da was wußte, der da was dachte, die Seele da oben wie abgehoben und der Körper hier wie tot, wo aber er? Er stand auf, er konnte das also, konnte den Körper noch steuern, doch wo war jetzt die Seele, sein Hirn war wie gefroren, alles wurde ihm eng, er torkelte durch die Schwingtür hinaus, und draußen war alles noch schlimmer, Sturm, Lärm, Planken, Gischt, Reling, er wollte nicht, wollte nicht, und doch zog es ihn an die Reling, das war doch jetzt er wohl, der seinen Körper da steuerte, sein Hirn nahm noch wahr, ja, aber es tat nichts mehr, Stromausfall, totaler Kontrollverlust, du wirst gesteuert, sagte er sich, irgend etwas steuert dich und schleudert dich an die Reling, und da schaust du hinab, wühlendes, wogendes Schwarz, mit weißen, sprudelnden Kämmen und Reifen, es war unglaublich schön, etwas Schöneres hatte er nie gesehen, wild und friedlich zugleich, tosend, verschlingend, befreiend, befriedend, und er wußte, das war es, er wollte, er mußte hinab, da hinein, er mußte jetzt springen, eintauchen, abtauchen, das war die Lösung, Auflösung, Erlösung – und stieß sich fort, bloßer, körperlicher Reflex, taumelte zurück an den Lüftungsschacht, hielt sich, wie von Dämonen gezerrt, an einem Geländer fest, hangelte sich voran, wollte hinein unter Deck, unter Menschen, so leblos sie schienen, und wenn sie auch schliefen, ans Licht, und es riß an ihm und es riß, wo war seine Seele, was war sein Hirn, was geschah mit seinem Körper, da war nichts mehr, nur noch dieses Geländer, er wußte nichts mehr, dachte nichts mehr, erinnerte nichts mehr, alles war wie zerfallen, zerfallen, zerstoben, sag, sag irgendwas, kannst du irgendwas sagen, sag, sag, sag ich suche Zuflucht ich suche Zuflucht Zuflucht Zuflucht beim Herrn der Menschen dem König der Menschen dem Gott der Menschen vor den bösen Gedanken die in die Brust des Menschen senken Geister oder Menschen, und er wiederholte ich suche Zuflucht Zuflucht beim Herrn der Menschen dem König der Menschen dem Gott der Menschen vor den bösen Gedanken die in die Brust des Menschen senken Geister oder Menschen. Er wiederholte und wiederholte, und wo immer er sich in diesem Moment befand, was immer er war, er spürte, jetzt bekam er etwas zu packen, er war nicht mehr machtlos, es war, als hätte an diesen Köder (wo um Himmels willen hatte er ihn bloß hergeholt, in welchem gottverdammten Winkel seines siebzehnjährigen Ichs hatte er ihn aufbewahrt?) eine Seele angebissen, seine Seele, ein großer Brocken, und behutsam zog er am Seil ich suche Zuflucht beim Herrn der Menschen dem König der Menschen dem Gott der Menschen vor den bösen Gedanken die in die Brust des Menschen senken Geister oder Menschen – stetig mehr von dem Seil holte er ein, hangelte sich ins Innere, eine Treppe hinab in den Bauch des Schiffs, in den großen Saal mit den Sesseln, er schwankte hinein, setzte sich, saß da, stierte vor sich hin und zog am Seil ich suche Zuflucht beim Herrn der Menschen dem König der Menschen dem Gott der Menschen vor den bösen Gedanken die in die Brust des Menschen senken Geister oder Menschen – jetzt sah er sie schon, er sah diese Seele, seine, das Zappeln, ihr Zappeln, sein Körper war ruhig, tat ganz unbeteiligt, regte sich nicht, als würde es ihn nicht interessieren, und seine Seele zappelte und zappelte noch, aber der Kampf war jetzt ungleich, so gut wie entschieden ich suche Zuflucht beim Herrn der Menschen dem König der Menschen dem Gott der Menschen vor den bösen Gedanken die in die Brust des Menschen senken Geister oder Menschen. Es war schon entschieden, sie würde ihm nicht mehr entkommen, jetzt konnte er sie bereits in die Hand nehmen, aber noch zuckte sie, wand sie sich, ein schuppiges, glitschiges Ding, diese Seele, ΙΧΘΥΣ, er hatte sie, er hatte sie wieder, er fühlte, er war davongekommen, noch einmal gerettet, hier auf dem Schiff, nichts hatte sich geändert, objektiv betrachtet, Schiff zwar nur, nach wie vor, aber gerettet, es fuhr, stampfte, schipperte, wohin, wußte er nicht, aber gerettet, festen Boden unter den Füßen, wenn auch nur auf einem Schiff, fest ist fest und sei es ein Schiff, er war jetzt gerettet, Schiff, Fisch, Fisch, Schiff, Schiff, Fisch gerettet. Was auch immer das hieß. Fortan war er gerettet. Er hatte den Fisch. Er war auf dem Schiff.

Sancta Colonia, 8. Dhu l-Qa'da 1424 – 10. Safar 1425

Quellenangaben

S. 13 ff.: Saint Coran. Initiation à l'interprétation du texte intraductible. Traduction et notes du Dr Salah ed-Dine Kechrid. Beirut 1984.

S. 39 f.: Michael von Graffenried: Inside Algeria. New York (Aperture) 1998 (S. 16 f.).

S. 66 ff.: Theodoret von Cyrus: Mönchsgeschichte. München 1926 (S. 156 ff.).

S. 86 f.: Samuel Huntington: Kampf der Kulturen. München 1996 (S. 339, 350).

S. 89: Tilman Nagel: Das islamische Recht. Westhofen 2001 (S. 3).

S. 95: Nasr Hamid Abu Zaid: Ein Leben mit dem Islam. Freiburg 1999 (S. 207 f.).

S. 111: F. Van der Meer: Augustinus der Seelsorger. Köln 1951 (S. 36; 39).

S. 150 ff.: Rudolf Steiner: Eurythmie als sichtbare Sprache. Dornach 1994 (S. 45 ff.).

S. 171: Ibn Arabi: Urwolke und Welt. Hg. Alma Giese. München 2002 (S. 184 ff.).

S. 192 ff.: Heinrich Böll: Briefe aus dem Krieg. Köln 2001.

S. 203: Abu Nasr al-Farabi: Kitab as-siyasah al-madaniyah. Beirut 1996 (Dar wa maktabah al-hilal) (S. 114 f.).

Die Koranübersetzungen stammen teils vom Verfasser, teils aus den gängigen Koranübersetzungen und Korandarstellungen (Paret, Henning, Nagel). Über die Hintergründe der Koranproblematik informiert Michael Cook: Der Koran. Eine kurze Einführung. Stuttgart (Reclam) 2002.

Die Seiten 85–103 sind erstmals erschienen in Merkur 662, Juni 2004.

Aus Gründen des Persönlichkeits- und Informantenschutzes wurden zahlreiche Namen und Daten geändert.

Inhalt